IFRS適用の
エフェクト研究

The Effect Study on the Implementation of IFRS

小津稚加子［編著］

中央経済社

まえがき

　本書は，会計基準の設定問題をIFRS（国際財務報告基準）の適用とそのエフェクト（effect；効果，影響）という思考のもとで多角的にアプローチした研究書である。

　わが国におけるIFRS導入に関する出来事を振り返ると，任意適用は2010年3月31日に終了する連結会計年度に開始した。2010年から2012年までのIFRS適用は上場企業の一部に限られ，適用企業数は決して多くなかった。その後の5,6年で状況は一変し，ここ数年に至っては，着実にIFRS適用企業が増加している。

[IFRS初度適用企業数の変化（2010年から2019年）]

(単位：社)

	2010	2011	2012	2013	2014	2015	2016	2017	2018	2019
J-GAAPからIFRS	1	1	2	12	10	35	28	29	9	3
US-GAAPからIFRS	0	1	0	0	4	2	1	0	0	0

（注）上段は，J-GAAPから，下段はUS-GAAPからIFRSへの変更企業数である。2017年以降はIFRS適用予定企業数である。IFRS適用を公表したものの保留にした4社は含んでいない。日本取引所グループHPに基づき筆者作成（2017年3月31日現在）。

　このような状況を前提に，本書はIFRS適用のエフェクトをどのように捉え，考えていったらよいのかを複数の研究方法，研究主題を用いて論じている。IFRSの導入と適用という出来事が与えた変化を整理し，それが近未来にどのような研究課題を残すのかを共通の問題意識にしつつ，現時点で確認できる事実をまとめ，知見を書き留めるという目的で編集されている。日本では，IFRSはいまだ任意適用であるが適用企業数が増えつつあるとすれば，IFRSは日本企業がこれからも対応し続けなければならない会計基準になるという考えが根底にある。このような意識のもと，IFRS適用の影響を幅広く調査研究することに意義があると考えた。

　実際の影響は広範かつ多岐に及ぶ。そこで本書では，IFRS適用の包括的な影響というフェーズに加えて，事前・事後の影響という時間軸を取り入れることにした。具体的には，第1編（第1章から第4章）では「概念・理論研究」

として，IFRS適用の包括的な影響について論点を整理している。そのうえで第2編（第5章から第12章）では，IFRS適用後の国・地域とIFRS適用前（ないしは移行期）の国との相対化を意識し，さらには税務への影響を視野に入れた議論を展開している。章ごとの議論は独立しているので，読者が興味をもたれた章から本書を開いていただけるように構成している。まずは全体を鳥瞰したいと思われる方のために，序章7頁に，収録論文の研究方法と研究主題を図表にまとめておいた。また，本書全体を通じて得られる知見を知ってからそれぞれの中身を読んでみたいと思われる方のために，序章の最後にまとめを書き留めている。

　最後に，大学や大学院等の研究機関のみならず，公認会計士などの会計プロフェッション，IFRSの採用準備を進めている実務界の方々，さらにはIFRS適用がどのような影響をもたらすのか，もたらしたのか関心をお持ちの方々に本書を手に取っていただきたいと願っている。

謝　辞

　本書は，科学研究費補助金（基盤（海外調査）B，課題番号25301036）の研究成果です。また，本書第10章および第11章に収録した論文の分析に使用した個票データの作成には，公益財団法人日本証券奨学財団から研究調査助成金を受けています。研究を進める過程で西川郁生氏（前ASBJ委員長），山田辰己氏（前IASB理事），鶯地隆継氏（IASB理事）はじめ海外の会計基準設定主体の方々に大変お世話になりました。近藤洋子氏（九州大学テクニカルスタッフ）には，本書の編集を手伝っていただきました。

　とりわけ出版事情の厳しいなか，本書を上梓する機会をくださった中央経済社代表取締役社長 山本継氏に厚くお礼申し上げます。また，本書の出版に至るまで見守ってくださった取締役専務 小坂井和重氏に，心からお礼申し上げます。

2017年7月

執筆者を代表して　小　津　稚加子

目　次

まえがき

序章
なぜエフェクト研究に取り組むのか

第1節　本書の構成と論点　*1*
第2節　本書の着想　*5*
第3節　収録論文の研究方法の多様性と主題　*6*
第4節　収録論文の要旨　*7*
第5節　将来のエフェクト研究に向けて　*10*

第1編　概念・理論研究

第1章
IFRS適用に伴うエフェクトに関する諸概念
―先行研究に基づく整理―

第1節　はじめに　*15*
第2節　会計基準設定におけるエフェクト研究の重要性の高まり　*16*
　　1　EUの会計基準設定におけるエフェクト分析　*16*
　　2　IASBの会計基準設定におけるエフェクト分析　*17*
　　3　IFRS適用に伴うエフェクトに関する概念整理　*19*
　　4　小　括　*21*
第3節　IFRS適用に伴うエフェクトに関する先行研究　*22*
　　1　IFRS適用に伴う経済的影響　*22*
　　2　IFRS適用に伴うエフェクトの範囲　*24*
　　3　IFRS適用に伴うエフェクトの測定可能性　*25*

　　　　　　　4　小　　括　*27*

　　第4節　おわりに　*27*

第2章
IASBによる正統性の追求

　　第1節　はじめに　*31*

　　第2節　国家の枠組みを超えた機関としてのIASB　*32*

　　第3節　Burlaud and Colasse［2011］とDanjou and Walton［2012］との論争　*35*

　　　　　　　1　Burlaud and Colasse［2011］の主張　*36*
　　　　　　　2　Danjou and Walton［2012］の反論　*37*

　　第4節　論争の批判的検討　*39*

　　第5節　金融危機に際してのG20の介入　*41*

　　第6節　おわりに　*44*

第3章
IFRSと会計の機能

　　第1節　はじめに　*47*

　　第2節　資産負債アプローチの計算構造の技術的側面　*48*

　　第3節　IASB概念フレームワーク　*50*

　　第4節　情報提供機能　*53*

　　　　　　　1　公正価値と意思決定有用性　*53*
　　　　　　　2　会計情報と意思決定との関わり　*55*

　　第5節　利害調整機能　*59*

　　　　　　　1　公正価値と配当規制　*59*
　　　　　　　2　その他の包括利益と配当規制　*60*

　　第6節　おわりに　*61*

第4章

会計基準設定と適用後レビュー
―― IFRS 3号を中心に ――

第 1 節　はじめに　*65*

第 2 節　IASBにおける適用後レビュー　*66*

　　1　IASBにおける適用後レビュー　*66*
　　2　FAFとIASBで実施された適用後レビューの一覧　*67*

第 3 節　IFRS 3号と適用後レビュー　*68*

　　1　IFRS 3号に対する適用後レビュー：第1フェーズ　*69*
　　2　IFRS 3号に対する適用後レビュー：第2フェーズ　*70*
　　3　IASB以外の基準設定主体等による関連レポート　*71*

第 4 節　適用後レビューと学術研究レビュー
　　　　－IFRS 3号を事例に　*73*

　　1　IFRS 3号の適用後レビューにおける学術研究レビュー　*73*
　　2　IFRS 3号の適用後レビュー最終報告における学術研究　*74*

第 5 節　おわりに　*76*

第2編　IFRS適用の効果・影響分析

第5章

EUにおけるIFRSのエンドースメント・メカニズムの意義

第 1 節　はじめに　*83*

第 2 節　IFRSのエンドースメント・メカニズムの役割　*85*

　　1　EU財務報告戦略とエンドースメント・メカニズム　*85*
　　2　具体的手続　*86*
　　3　エンドースメント手続が抱える矛盾　*87*

            4　IFRSの開発への関与とエフェクト分析　88
　　第3節　EFRAGの改革　89
            1　総　　会　91
            2　理事会　94
            3　テクニカル・エキスパート・グループ　96
            4　基準設定主体諮問フォーラム　97
            5　改革の特徴　97
　　第4節　おわりに　100

第6章

IASBデュー・プロセスにおける会計基準設定主体の行動
――中小企業向けIFRSに対するドイツの対応――

　　第1節　はじめに　103
　　第2節　先行研究　104
　　第3節　制度的背景　106
　　第4節　中小企業向けIFRSへの対応――DRSCを中心として　110
　　第5節　おわりに　115

第7章

会計基準設定主体の戦略と会計研究
――フランスにおけるIFRS適用後の動向――

　　第1節　はじめに　121
　　第2節　『戦略レポート』　123
            1　2つの機軸　124
            2　『戦略レポート』の構成と承認の経緯　125
　　第3節　研究への関心の高まり　127
            1　研究に対する基本的なスタンス　127
            2　研究者とのソフト・ネットワーク　129

第 4 節　おわりに　*134*

第 8 章

中小企業向けIFRSに対するオーストラリアの選択
――開示要件の削減――

第 1 節　はじめに　*137*
第 2 節　報告差別化　*138*
第 3 節　オーストラリアにおけるIFRSの採用　*141*
第 4 節　開示要件の削減　*142*
第 5 節　研究方法　*145*
第 6 節　結　　果　*145*
　　　　1　RDRで規定された主な開示の簡素化　*145*
　　　　2　なぜ中小企業向けIFRSはオーストラリアの中小企業に
　　　　　 とって理想的ではなかったのか　*148*
　　　　3　さらなる簡素化要求　*151*
第 7 節　議論および結論　*152*

■「第 8 章　中小企業向けIFRSに対するオーストラリアの選択
　――開示要件の削減――」に対するコメント・*155*

第 9 章

台湾におけるIFRSの導入戦略
――企業のIFRS適用事例を手がかりに――

第 1 節　はじめに　*159*
第 2 節　信大セメントの概要　*161*
第 3 節　IFRS適用プロセス　*162*
　　　　1　プロジェクトチーム編成とスケジュール　*162*
　　　　2　外部資源の活用　*163*

第4節　IFRS適用による会計数値への影響　*163*

　　　　1　IFRS初度適用における免除項目　*164*
　　　　2　財務諸表　*164*
　　　　3　IFRS適用による純資産・財務比率への影響　*167*

　　第5節　IFRS適用プロジェクトチームへのインタビュー　*169*

　　　　1　事業の現状　*169*
　　　　2　IFRS適用のコストまたは適用上の困難　*170*
　　　　3　IFRS適用のベネフィット　*170*
　　　　4　IFRS適用の企業行動への影響　*171*
　　　　5　IFRS適用に役立った外部資源　*171*

　　第6節　おわりに　*172*

第10章

わが国上場企業における
IFRS適用に関する事前エフェクト分析

　　第1節　はじめに　*175*

　　第2節　IFRS適用をめぐる日本・米国・IASBの動向　*176*

　　　　1　FASBとIASBの接近とEUにおけるIFRS強制適用　*176*
　　　　2　強制適用をめぐる議論と任意適用への流れ　*178*
　　　　3　FASBとIASBとの関係性のゆくえ　*179*
　　　　4　IFRS適用をめぐる問題と近年の状況　*179*

　　第3節　実証分析　*181*

　　　　1　リサーチ・デザイン　*181*
　　　　2　『2008年調査』および『2013年調査』の傾向と違い　*181*
　　　　3　IFRS適用をめぐる事前エフェクトとIFRS適用に
　　　　　　対する態度　*186*

　　第4節　おわりに　*191*

第11章
IFRS適用の影響に関する CFOアンケートの因子分析とクラスタ分析

第1節 はじめに 195
  1 本研究の目的 196
  2 アンケートの概要 197
第2節 分析手法とその適用方法 198
  1 因子分析 198
  2 クラスタ分析 199
  3 本研究での因子分析とクラスタ分析の適用概要 200
第3節 因子分析の結果 200
第4節 クラスタ分析の結果 204
第5節 各クラスタ構成企業の傾向 209
第6節 おわりに 216

第12章
IFRSの日本の税務への影響

第1節 はじめに 219
第2節 IFRSの課税所得計算への影響−予備的考察 220
  1 制度設計の観点から 220
  2 企業会計と法人税法との関係から 223
第3節 会計基準の変容と法人税法22条4項 224
  1 裁判例にみる公正処理基準の解釈 225
  2 大竹貿易事件の影響−公正処理基準をめぐる訴訟の増加 228
第4節 おわりに 230

■索 引 233

■略語一覧

略語	正式名称	日本語
AAA	American Accounting Association	アメリカ会計学会
AASB	Australian Accounting Standards Board	オーストラリア会計基準審議会
AICPA	American Institute of Certified Public Accountants	アメリカ公認会計士協会
APB	Accounting Principles Board	会計原則審議会（アメリカ）
ARC	Accounting Regulatory Committee	会計規制委員会（欧州）
ARDF	Accounting Research and Development Foundation	財団法人中華民国会計研究発展基金会
ASAF	Accounting Standards Advisory Forum	会計基準アドバイザリー・フォーラム
ASBJ	Accounting Standards Board of Japan	企業会計基準委員会（日本）
ASIC	Australian Securities and Investments Commission	オーストラリア証券投資委員会
ASX	Australian Stock Exchange	オーストラリア証券取引所
BilMoG	Bilanzrechtsmodernisierungsgesetz	会計法現代化法（ドイツ）
BilReG	Bilanzrechtsreformgesetz	会計法改革法（ドイツ）
DP	Discussion Paper	討議資料
DPOC	Due Process Oversight Committee	適正手続監督委員会（国際会計基準審議会）
DRSC	Deutsches Rechnungslegungs Standards Committee	ドイツ会計基準委員会
EAA	European Accounting Association	ヨーロッパ会計学会
EACG	Effect Analysis Consultative Group	影響分析諮問グループ
EC	European Commission	欧州委員会
Ecofin	Economic and Financial Affairs Council	経済・財務相理事会
EFRAG	European Financial Reporting Advisory Group	欧州財務報告諮問グループ
ESMA	European Securities and Markets Authority	欧州証券市場監督局
EU	European Union	欧州連合
FAF	Financial Accounting Foundation	財務会計財団（アメリカ）
FASB	Financial Accounting Standards Board	財務会計基準審議会
FRC	Financial Reporting Council	財務報告評議会（オーストラリア）

FRC	Financial Reporting Council	財務報告評議会(イギリス)
FRSSE	Financial Reporting Standards for Small Entities	小規模企業向け財務報告基準
FSC	Financial Supervisory Commission	金融監督管理委員会(台湾)
FW	Framework	フレームワーク
G20	Group of Twenty	20か国財務大臣・中央銀行総裁会議
GASB	Governmental Accounting Standards Board	政府会計基準審議会（アメリカ）
HGB	Handelsgesetzbuch	商法典（ドイツ）
IAS	International Accounting Standards	国際会計基準
IASB	International Accounting Standards Board	国際会計基準審議会
IASC	International Accounting Standards Committee	国際会計基準委員会
ICAEW	The Institute of Chartered Accounting in England and Wales	イングランド・ウェールズ勅許会計士協会
ICAS	Institute of Chartered Accountants of Scotland	スコットランド勅許会計士協会
IFASS	International Forum of Accounting Standard Setters	会計基準設定主体国際フォーラム
IFRS	International Financial Reporting Standards	国際財務報告基準
IFRSF	IFRS Foundation	IFRS財団
IOSCO	International Organization of Securities Commissions	証券監督者国際機構
JMIS	Japan's Modified International Standards	修正国際基準
JPX	Japan Exchange Group	日本取引所グループ
OECD	The Organisation for Economic Co-operation and Development	経済協力開発機構
PiR	Post-implementation Review	適用後レビュー
RDR	Reduced Disclosure Requirements	開示要件削減方式（オーストラリア）
RFI	Request for Information	情報要請
RIA	Regulatory Impact Analysis/Regulatory Impact Assessment	規制影響分析
SEC	Securities and Exchange Commission	米国証券取引委員会
SFAC	Statement of Financial Accounting Concepts	財務会計概念書

SFAS	Statement of Financial Accounting Standards	財務会計基準書
SME	Small and Medium (-sized) Enterprises/ Entities	中小企業

序章

なぜエフェクト研究に取り組むのか

　IFRSの任意適用企業数が増えつつある状況において，IFRSは今後対応し続けなければならない会計基準になると考えられる。

　効果，影響を意味する「エフェクト」という概念のもと，本書は，IFRSの導入と適用という出来事が与えた変化を包括的に議論し，さらには事前・事後的にレビューすることを通じて，学術的な研究が，会計規制当局，会計基準設定主体，IFRS適用企業や利害関係者の間で交わされる議論に役立つことを目標としている。

　IFRSの適用という研究領域がどのような主題から構成され，どのように分析されるべきかについては，IFRSをいち早く適用した国・地域において蓄積されている。そこで，そうした国・地域で蓄積された議論や経験を検討しながら，どのような研究スタイルや研究方法がIFRSの影響分析に役立ち得るのかを探求している。各章において，見習う価値があると思われる先行研究や議論を取り上げ，深く掘り下げ，思考実験している。そして，それらを踏まえIFRS適用が望ましい結果をもたらすことを期待して，IFRSのエフェクト研究という領域を切り拓こうとするものである。

第1節　本書の構成と論点

　本書の構成は以下のとおりである。

　第1章　IFRS適用に伴うエフェクトに関する諸概念
　第2章　IASBによる正統性の追求

第3章　IFRSと会計の機能
第4章　会計基準設定と適用後レビュー
第5章　EUにおけるIFRSのエンドースメント・メカニズムの意義
第6章　IASBデュー・プロセスにおける会計基準設定主体の行動
第7章　会計基準設定主体の戦略と会計研究
第8章　中小企業向けIFRSに対するオーストラリアの選択
第9章　台湾におけるIFRSの導入戦略
第10章　わが国上場企業におけるIFRS適用に関する事前エフェクト分析
第11章　IFRS導入の影響に関するCFOアンケートの因子分析とクラスタ分析
第12章　IFRSの日本の税務への影響

　このような構成のもと，本書は，先行研究にもとづきエフェクト概念を再検討し，整理することから始めた。エフェクト概念が経済政策の決定・評価から派生し，EUおよびIASBでエフェクト分析が実施されていることに応じて関連する先行研究や論争が発表されてきたことに注目したのである。国際的な会計基準設定主体に目を向けると，IASBはデュー・プロセスに影響分析および適用後レビューを組み込んでおり，また，研究者コミュニティに目を転じれば，EAAの研究グループは研究者に学術研究の貢献を通じて会計基準設定に関与するよう促している。いずれもIASBのデュー・プロセスにおける適用前・適用後レビューとIFRS適用の影響分析が重要な領域になりつつあるという背景がある。とはいえ，財務報告の改善を目的として一連の会計基準を開発し，普及させるIASBという行為主体が，ポジティブな貢献に資すると無条件に仮定しているわけではない。そこで，IASBの活動を正統性という観点から改めて問い直すことにした。金融危機という時点に現れたIFRS適用の影響を捉え，IASBによる会計基準設定がどのように金融規制にまで拡張したのかを，論点として取り上げることにしたのである。

　問い直したもう1つの論点は，IFRS適用は，会計に備わっている情報提供機能と利害調整機能にどのような影響を与えるのか，IFRS適用後も二項対立しない機能であることを試論的であっても論証することはできるのか，という点である。冒頭で掲げた，デュー・プロセスに影響分析および適用後レビュー

を組み込むということ，とりわけ，事後的なレビューが妥当な方法であるかどうかの検討も重要である。つまり，IASBの正統性，会計機能，適用後レビューの妥当性についての本質的な問いかけは，プライベートなルールであるIFRSが基盤を確保するために重要な検討事項となる。本書第1編では，最初に第1章において，論者の視点によってばらばらであったエフェクトの定義や分類を，概念整理した。第2章から第4章においては，将来，グローバルなルールとして影響力を持ちうるであろうIFRSの根本的な疑問を論じている。

根本的な課題を検討しつつ，IFRS既適用国を観察することはエフェクトの実態を理解するうえで重要であると考えた。第5章以降は，EU，ドイツ，フランス，オーストラリア，台湾におけるIFRS適用の影響を取り上げている。一般に，地域研究を積み重ねたとしても，制度が紡がれた歴史的な背景が相違していたり，異なる経済・社会環境があるために，アナロジーを認めることは容易ではない。それでも，IFRSが強制適用され，経験が蓄積された諸国においてIFRS適用によって現れた制度変化を追跡すれば，日本の会計基準設定に役立つ事象を発見できるのではないかと考えた。

そこで実際のIFRS適用の効果・影響分析を学ぶため，まずIFRSを導入するプロセスとしてのEUのエンドースメント・メカニズムに着目し，最新のEFRAG改革とガバナンスに着目している。第5章では，IFRSの積極的な開発を媒介にしてEUという超国家とIASBという民間組織の絡み合いの一端を窺い知ることができる。

高品質な会計基準開発という大義を目指して前進するしかないEUとIASBのもとで，EU加盟国であるドイツとフランスではどのような反応があったのだろうか。中小企業向けIFRSの受入れと会計基準設定主体の行動に焦点を当てて考察した結果，ドイツでは中小企業向けIFRS受入れに消極的，さらには会計基準設定主体，政府，産業界，学界を巻き込んで強い反発が表面化した様子が明らかになった。転じて，フランスでは，中小企業向けIFRSの受入拒否を明言したうえで，研究を基準設定の基軸とすることを『戦略レポート』に記した。会計基準設定主体が主導的に研究者とのソフト・ネットワークを形成しつつある動きが現れ，研究力の底上げとフランス発の研究成果を発信し，EUおよびIASBの会計基準設定に貢献することが意図されている。IFRS適用後のド

イツとフランスの状況は，第6章と第7章で論じている。

　ドイツ同様，オーストラリアでも中小企業向けIFRSの受入れは難航し，紆余曲折があったようである。オーストラリアでは上場企業，中小企業ともにIFRS全面適用の方針を打ち出していたものの，方針転換を余儀なくされた。RDRフレームワークの開発はオーストラリアの社会経済的状況を反映した必然の産物であり，会計基準設定主体が取引中立アプローチを保持することを重視した帰結である。RDRは完全版IFRSにおいて開示面で大幅な削減をし，法人部門の利用者の賛同を得ようとしたが，それでも失敗した。結果として，完全版IFRSは規範としてのみ存続している。詳しくは第8章を読んでいただきたい。

　リーディング産業を念頭におき，海外から資金調達を行うことを決定した台湾の制度設計は，ユニークな先行事例である。第9章からは，台湾の上場中堅規模セメント会社のIFRS適用後の財務諸表分析と，適用企業を立ち位置にしたIFRS適用対応を詳細に学ぶことができる。台湾では，IFRSの適用プロセスにおいて，会計基準設定主体と政府がIFRS適用コストと負の影響を予見して適用企業への支援を実施することを通じてコストを吸収した仕組みがある。本書のなかではIFRS適用にベネフィットを認める唯一の事例であり，ドイツ，フランスやオーストラリアと対照的といえる。

　さらに，財務諸表の作成者である日本企業の考えに耳を傾けること，そして税制にどのような影響が起こりうるのか，あるいは起こりえないのか，をも探求している。日本企業のCFOから協力を得て，2008年と2013年にIFRS導入と適用に関するアンケート調査を実施した。第10章は，2008年調査（IFRS導入前）と2013年（IFRS移行期）のデータ・セットを実証分析した研究成果である。同章は実証研究の手続の解説は必要最小限に留め，発見事項とその解釈に紙幅を費やしている。その示唆するところは多い。要点のみを紹介すると，2013年に至って，日本企業はIFRS適用をより現実的な課題として受け止めるようになり，IFRS適用に対する日本企業の真剣な態度があるがゆえにIFRS適用がコスト感として残る一方で，資金調達能力の改善への期待がIFRSの積極的な評価に結びつきつつあることを確認した。第11章は，第10章と同じ個票データを用いるが，2013年調査のみを取り出してCFOの意識を分析している。数学的

な観点から，日本企業の考えをクラスタ分析した。その結果，10クラスタに分類された。クラスタ全体の解釈から，IFRS適用は製造業に大きな影響があるかもしれないという言説は支持されなかった。むろん，製造業とひとくくりにされる業種が実際には数多くのサブカテゴリーからなるために，このような結果になったことは否定できない。また，アンケート調査に協力する回答者は，往々にして積極的な考えをもち，働きかけをする企業群からなっている，というデータ・セット自体がもつ特性にも由来しているかもしれない。

第12章は，法人税制へのインパクトを解釈論の観点および過去の裁判例から検討している論稿である。IFRS規定自体が争点となった事例は存在しないことが明らかにされた。また将来は，公正処理基準の解釈論の展開次第でIFRSの影響が直接的に課税所得計算に及ぶかどうかが決まる可能性を示唆している。

以上が章全体のつながりである。じつは本書の構成は，時系列で見ると，実際のIFRSの影響分析を入れ替えたものとなっている。デュー・プロセスや経済政策評価の手順を踏まえれば，事前評価（ex ante），事後評価（ex post）とならねばならない。しかし，第2章から第9章は事後評価に関する知見であり，第10章と第11章は事前評価に関する分析結果を示している。このような構成となったのは，IFRS既適用国に現れた影響をネガティブ・ポジティブにかかわらずつぶさに検討対象とすること，これを踏まえて，日本がIFRSの任意適用国であるという立場を生かして後発の利をとることはできないかと構想したためである。くわえて，日本の作成者の意識を分析するために集めたアンケート調査のデータ・セットがIFRS適用前の2008年と2013年であったという理由がある。

第2節　本書の着想

編者は，IFRSの適用による影響に関する研究は今後着実に増えていくのではないかと考えていた。そのようななか，エフェクト研究に取り組んでいる研究者たちに，EAAで出会い，直接，研究のプロセスや背景を聞く機会があった。つまり，本書はEAAで口頭報告され，のちに学会誌で発表された研究成果に着想を得ている。ヨーロッパと日本とではIFRS適用のエフェクト研究に取り

組む動機は異なるかもしれないが,同じ主題にアプローチしたという点では研究関心は近いものがある。研究のヒントを与えてくれた論稿2篇を,筆者なりに解釈し,以下にまとめておく。

　まず,Gross and Königsgruber [2012] は,会計基準の経済的影響の測定可能性には複数の階層があり,測定可能なものから困難なものまであると述べている。IFRS適用による発生コストは測定可能であるが,機会費用,さらには外部性を伴うものは測定可能性が低くなる,と示した。直接的にしろ,間接的にしろIFRS適用コストが測定できたとして,ベネフィットは測定できるのだろうか。どのように測定するのだろうか。この疑問には,Haller et al. [2012] も答えようとしている。Haller et al.は,会計基準の適用がもたらすエフェクトの範囲を,資金提供者,財務報告者,ミクロ,マクロの観点から捉え,それぞれにポジティブ,ネガティブな影響があることを示した。そして,会計基準適用の効果・影響という観点から論じ,分析することで会計基準設定に貢献しうると示唆している。つまり,IFRS適用のコストとベネフィットという観点は,範囲が広く,また一対一対応では捉えられないものが多いうえに,IFRSの適用に直接支出したコストは測定できても,ベネフィットとして回収できる時点はわかりにくく(むろん,埋没のリスクもあり),期間のずれが生じるという性格が内在している,と解釈した。

　このようなEAAの研究者の知見を踏まえ,IFRS適用を狭義に捉えることなく,コストとベネフィットを含むエフェクトと幅広く捉えることにした。そしてIFRSへの移行過程にある日本への影響を,財務諸表の作成者である日本企業と情報の利用者,会計基準設定主体,研究者を視野に入れて,本書を構成したのである。

第3節　収録論文の研究方法の多様性と主題

　さて,本書に収録された論文12篇は研究方法も,研究主題も異なっている。12篇に共通しているのはIFRS適用のエフェクトを論じるというテーマのみであり,研究アプローチも題材も異なっている。各章に収録された論文を読み比べることで,IFRSの適用による影響について執筆者がどのような示唆を与え

ようとしたかを知っていただきたい。

[図表0-1] 収録論文の研究方法と研究主題

	研究方法	研究主題ないしはキーワード
第1章	記述研究	先行研究サーベイと概念整理
第2章	記述研究・批判研究	正統性
第3章	記述研究	会計機能，計算構造論
第4章	記述研究	デュー・プロセス，適用後レビュー
第5章	記述研究	エンドースメント・メカニズム
第6章	記述研究	デュー・プロセス，会計基準設定主体
第7章	記述研究	会計基準設定と会計研究の貢献
第8章	記述研究・インタビュー調査	中小企業会計基準とIFRS
第9章	事例研究・インタビュー調査	台湾上場企業，IFRS適用経験
第10章	実証研究	日本企業の事前エフェクト分析
第11章	データ分析	因子分析，クラスタ分析
第12章	記述研究・制度研究	日本の税務，公正処理基準

第4節　収録論文の要旨

　本書は2編から構成されている。力作である各章をお読みいただくのが一番よいのだが，ここでは簡単に各章を紹介しておこう。「第1編　概念・理論研究」には，4篇の論文が収録されている。

　第1章は，エフェクト概念の先行研究を整理している。近年，会計基準設定に伴うエフェクト研究の重要性が高まっている。その背景には，EUにおいて会計基準設定の事前の影響分析および事後評価が経済政策評価の一部として行われるようになったこと，IASBがそのデュー・プロセスに影響分析および適用後レビューを組み込んで制度化したこと，さらには研究者，学会および学術研究の会計基準設定への関与が高まっている状況などがある。本章では，これまでコスト・ベネフィット研究としても行われてきた会計基準設定に伴うエフェクトに関する先行研究を検討し，諸概念を整理している。

第2章では，正統性という観点からIASBの活動を捉えることの重要性を述べ，さらにBurlaud and Colasse [2011] と Danjou and Walton [2012] の論争を手がかりとして，金融危機に際してのG20の要請がIASBの正統性に与えた影響について考察している。その結果，IASBは基準設定主体としての立場の信任による正統性は保持し続けたもののIFRSの信任による正統性を欠いていたこと，およびG20によるIASBへの要請は，証券規制のみならず金融規制の領域においてもIASBが基準設定主体としての正統性を獲得したことを意味していることが明らかとなった。

第3章は，資産負債アプローチに基づくとされるIFRSを適用しても，会計が有する情報提供機能と利害調整機能が，1つの計算構造の中でも併存しうるエフェクトを持つことを，試論的に述べている。具体的には，公正価値を計算構造の中に取り入れた会計は，フィードバックとフィードフォワードの側面から意思決定に有用な情報を提供するとともに，評価・換算差額のマイナス額を配当規制とすることによって利害調整の役割も果たすことを示している。

第4章では，会計基準設定のデュー・プロセスの一部として，基準設定主体サイドが事後的なエフェクト測定のために実施している適用後レビュー（PiR）について，IASBによる規定と手続を検討し，その問題点を論じることを目的とする。そのための具体的な事例として，IASBから公表された2番目のPiRである，IFRS第3号「企業結合」に対するPiRを中心に取り上げている。

第2編では，IFRS適用の効果・影響分析で，8篇の論文を収録している。第5章は，国または地域がIFRSを導入する場合のあり方について，EUにおけるエンドースメント・メカニズムを事例として考察している。同章では，EUのエンドースメント・メカニズムでは，IFRSの開発過程（とくに初期段階）にEUが積極的に関与し，EUの見解をIFRSに反映させることが重視されていることを明らかにしている。また，2014年のEFRAG改革も，基本的にこうした考えに沿って実施されているものの，EUの見解を集約する体制に変化がみられることを明らかにしている。

第6章は，IASBの中小企業向けIFRSに対するドイツの対応を事例として，国レベルにおけるIFRS適用と会計基準設定主体の行動との関連性を明らかにしている。ドイツにおける中小企業会計の重要性，ドイツの会計基準設定主体

によるIASBへのコメント・レターにおいて表明された中小企業向けIFRS受入れへの消極性などを検討して，ドイツがEU会計規制の三層構造のなかで，会計基準設定主体，政府，産業界（作成者・利用者），学者といったアクターが相互に結びつき一丸となって，中小企業向けIFRS受入れに対しては消極的態度をもって，積極的に受入れ反対活動を行っていることを明らかにしている。

第7章は，IFRS適用の影響として，フランスでは，会計基準設定主体が戦略的な行動の源泉として学術的な研究成果の活用を意図していることを明らかにしている。パブリック・セクターである会計基準設定主体が主導して研究者に重点研究課題を示し，研究者との人的ネットワークを形成し，行動様式を内外に伝え，会計基準設定主体が情報収集センターになるという試みが行われている。これは，戦後以降のフランスの基準設定主体の改革のなかでは見られなかった動きである。

第8章は，オーストラリア会計基準審議会がなぜ中小企業向けIFRSを採用しなかったのか，さらに，なぜIFRSとは異なる独自の報告差別化フレームワークである開示要件の削減を設定したかを検証している。RDRはIFRSの認識および測定の原理を保持しているものの，開示を簡素化するよう定めている。RDR設計に至る意思決定プロセスを検証しており，検証の手法としては基準等の分析，さらにこの新しいフレームワークの設定に携わったキープレイヤーへのインタビューを用いている。

第9章では，東アジアにおけるIFRS移行国として2013年より公開企業に対してIFRSをアドプションした台湾を取り上げ，企業のIFRS適用事例を手がかりに，台湾におけるIFRSの導入戦略を浮き彫りにすることを目的としている。検討の結果，台湾においては，効率的な会計基準設定，コンバージェンスを経たアドプションへのシフト，リーディング産業におけるIFRS適用のベネフィットおよび適用支援の充実により，IFRSを戦略的に導入したといえる。

第10章では，IFRS適用のプロセスが具体化された東京合意直後の2008年（初期）および強制適用から任意適用への流れが強くなってきた2013年（中間点）の2点間において，日本の上場企業に対して実施したアンケートの個票を用いて，IFRS適用により予想される影響（事前のエフェクト）と適用に対する姿勢との関係を比較分析している。その結果，検証期間において，実際にIFRS適

用を表明する企業数は伸び悩んでいるものの，水面下では適用についてより積極的・具体的に検討する企業が増加している可能性が示されている。

第11章では，2013年に実施したアンケートの個票データに対し，因子分析とクラスタ分析を適用している。質問に完全回答した226社をグルーピングした。業務時間，会計基準，会計処理の変更コストの増加幅，担当者のトレーニング・コストの増加幅がさほど大きくないと捉えた，IFRS適用に中立的な企業群が最も大きいクラスタとなった。次に資本コストの減少，株式市場での良い評価を捉えるポジティブな企業群があり，市場での評価や経営環境に悪影響があると捉えるネガティブな企業群に分かれた。各クラスタの構成には業種，企業規模といった明確な企業属性と典型的とみなされる傾向の結びつきを発見することはできなかった。裏を返せば，製造業のCFOが概してIFRSに消極的であるといった言説を支持する結果ではなかったということでもある。

第12章では，IFRSの日本の税務への影響を論じている。会計基準の国際的統合化に歩を進める一方，国内に目を転じれば複数の会計基準や指針等が併存するというかつてない状況は，税務上の対応においてもさまざまな論点を提起している。とりわけ，公正処理基準（法法22④）をどのように解釈するかは重要な問題である。公正処理基準の解釈論の展開次第で，IFRSの影響が直接的に課税所得計算に及ぶこともあれば，会計処理によっては税務上否認される可能性もあるからである。そこで，法人税法22条4項の創設時から現在に至る主な裁判例を抽出し，公正処理基準に係る解釈の共通性や関連性を見出し，企業会計との関係について検討している。

第5節　将来のエフェクト研究に向けて

以上，第1章から第12章を紹介した。本書の構成が，時系列でみると，実際のIFRSの影響分析を入れ替えた順序となっていること，またその理由は，第1節の最後で述べたとおりである。つまり本書は，概念整理，正統性・会計機能・適用後レビューの妥当性（第1章から第4章），事後評価（第5章から第9章），事前評価（第10章から第12章）となっている。

そこで，本書全体を通じて得られる知見と分析結果を本来の順序，すなわち

事前評価，事後評価の順に当てはめて再構成すると次のような主張をすることができる。事前評価としては，連結先行が公表された直後の2008年と，2013年に企業会計審議会から公表された「国際会計基準への対応のあり方に関する当面の方針」の直後に得られた日本企業（財務諸表作成者）の意識の変化に基づく知見である。すなわち，IFRS適用前のコスト感は強く，その後もIFRSへの消極的な態度が完全に拭えたわけではないが，傾向としては積極的な兆しが見え始めていた。さらに追加的な分析によると，2013年の時点において製造業がIFRS適用に消極的であったという結果は得られなかった。事後評価としては，IFRSを適用した海外の先例においてベネフィットが確認できる証拠があるならば，日本との経済的な環境の相違を勘案したうえで調査研究を続け，日本にとって有意義な要因を抽出すべきである。中小企業へのIFRSの影響は制度的実態の観察のみならず，受入れが円滑に進まない要因と問題点を社会経済的背景も含めて検討の俎上に載せる必要がある。同時に，IFRS適用の波及効果は会計基準開発に留まるものではないので，エンドースメント・メカニズムや研究者コミュニティとのネットワークをも視野に入れた影響を見据えるべきである。

　本書に収録された論文の多くは記述研究であり，実証研究，データ分析は少ない。しかし，日本の会計学者の強みは丹念な調査研究と思考実験を繰り返す探求心にあると考えている。今回，収録論文の多くが事後評価研究となったのは，会計基準設定と適用に多大な投資をした先行地域・諸国の経験からの学習効果を求めたからである。記述研究の強みは，何が明快になれば，何が解決するのか整理できるところにある。その積上げこそがIFRS適用のベネフィットを事前に捉える一助になると考えている。

《参考文献》

Gross, C. and R. Königsgruber [2012] "What You Measure is What You Get: The Effects of Accounting Standards Effects Studies," *Accounting in Europe*, 9, pp.171-226.
Haller, A., C. Nobes, D. Cairns, A. Hjelström, S. Mora and M. Page [2012] "The Effects of Accounting Standards – A Comment," *Accounting in Europe*, 9, pp.113-125.
Ozu, C., M. Nakamura, K. Nagata and S. J. Gray, [2017] "Transitioning to IFRS in Japan:

Corporate Perceptions of Costs and Benefits," *Australian Accounting Review*（forthcoming）.

河﨑照行編著［2015］『中小企業の会計制度―日本・欧米・アジア・オセアニアの分析―』中央経済社。
丸田起大［2005］『フィードフォワード・コントロールと管理会計』同文舘出版。
山地秀俊編著［2001］『マクロ会計政策の評価』神戸大学経済経営研究所。

（小津 稚加子）

第1編

概念・理論研究

第1章

IFRS適用に伴うエフェクトに関する諸概念
――先行研究に基づく整理――

第1節　はじめに

　近年，会計基準設定におけるエフェクト研究の重要性が高まっている。その背景には，EUにおいて会計基準設定の事前の影響分析および事後評価が経済政策評価の一部として行われるようになったこと，IASBがそのデュー・プロセスに影響分析および適用後レビューを組み込んで制度化したこと，さらには研究者や学会といったアクターが，エフェクト研究を用いて会計基準設定への関与を強めている状況などがある。本章では，1つあるいは一組の会計基準適用に伴う影響を捉えるために適用前および適用後に行われる研究を広義に「エフェクト研究」と呼び，それに関わる先行研究を検討し，諸概念を整理したうえで，IFRS適用に伴うエフェクト研究の重要性を示す。

　その目的のために，続く第2節では，会計基準設定においてエフェクト研究の重要性が高まっている現状を明らかにしたうえで，これまで曖昧に使われてきたIFRS適用の「エフェクト」に関わる概念や用語を整理する。それを受けて，第3節では，IFRS適用のエフェクトに関する研究に焦点を当て，IFRS適用に伴う経済的影響，エフェクトの範囲，エフェクトの測定可能性という点から先行研究を整理する。「おわりに」では，本章のまとめを示す。

第2節　会計基準設定におけるエフェクト研究の重要性の高まり

1　EUの会計基準設定におけるエフェクト分析

　近年，会計基準設定におけるエフェクト研究の重要性が高まっている背景には，事前の経済政策決定および事後の政策評価に際してエフェクト分析[1]を制度に組み込もうとするEUの動きがある[2]。欧州委員会の影響評価（Impact assessment）では，2001年7月および12月の欧州議会で政策提案の経済的・社会的・環境的な次元への影響を検討すること，EUの規制環境を単純化・改善することを決定し，新たな規制を提案するに先立って経済的，社会的，環境的に生じうる帰結を評価するとともに，新たな政策提案の質の改善に対する最も効率的な方法，ベネフィットとコストの分析の両方を含む統合的なアプローチに基づいて行われることを定めている（EC [2009], [2012]）。これに基づき，会計領域においては，欧州財務報告諮問グループ（EFRAG）が，ECと共同で，規制側の立場から会計基準適用のEU域内での潜在的な影響について責任を有し，事前の影響評価を行う（EC [2016]）。最近では，EU会計指令と中小企業向けIFRS（IFRS for SMEs）との比較分析を行ったうえで，仮に中小企業向けIFRSがEU域内で施行された場合にどのような影響が及ぶのかといった事前調査が行われた例などがある[3]。

　一方，事後の政策評価としては具体的に，非公式な外部グループおよび会計規制委員会（ARC）に対するパブリック・コンサルテーション，文献レビュー

---

[1] 会計基準設定主体を含む規制機関が政策形成・施行に際して生じる影響を分析するケースには「事前」の分析と「事後」の分析があり得るが，本書では「事前」と「事後」の双方の影響の評価を含めて包括的に「エフェクト」という用語を用いる。ただし，基準を開発する際に規制機関・会計基準設定主体によって事前に行われる分析・評価については「影響分析」，「影響評価」という語を用いる。

[2] その背景には，グローバルな動きも存在する。たとえば，OECDによる規制影響分析（RIA）は，より質の高い規制を通して，政策をより整合性のあるものにし，かつ経済厚生を増進するために，RIA制度のパフォーマンスをどのように改善したらよいかの指針を示している（OECD [2008]）。

などを通じて，IFRS強制適用を定めたIAS適用規則（1606/2002）の事後評価が行われている（EC［2015］）[4]。そこでは，IFRS適用を有効性，効率性，目的適合性，首尾一貫性，付加価値といった点から評価し[5]，次のようなベネフィットを観察している。EU企業が世界の資本市場で資金調達をする際に共通の土台に立って競争を行うことができるようになった。会計および開示の質の改善を通じて透明性を向上させた。高い流動性，資本コストの低減，クロスボーダー取引の増加，EUおよびグローバル・レベルで資本へのアクセスが容易になった。これらの評価結果からIAS適用規則の適用のベネフィットはコストを上回り，IAS適用規則は継続してその目的に適合的であると結論づけられている。

2　IASBの会計基準設定におけるエフェクト分析

会計基準設定におけるエフェクト研究の重要性が高まってきた背景には，いま1つ，IASBのデュー・プロセスにおける事前の影響分析（effect analysis）および事後の適用後レビュー（PiR）の制度化の動きがある。それは，2006年3月に，IASBがデュー・プロセス・ハンドブック（以下，ハンドブックという）を制定し，IASBが新基準を作成・評価するに際しては，デュー・プロセスを通じて基準のコスト・ベネフィットを考慮することが明記されたことに端を発する（IFRSF［2006］）。これを受けて，2008年1月には，結論の根拠にコスト・ベネフィット分析を含む改訂IFRS第3号「企業結合」が公表された。2009年7月には，ハンドブックが改訂され（IFRSF［2009］），「コスト・ベネフィット分析」の節が「影響分析」へと名称変更された。その後，2011年には，IFRS第10号「連結財務諸表」，第11号「ジョイント・アレンジメント」，第12号「他の企業に関する持分の開示」，2016年1月には第16号「リース」の影響分析が

3　最終的に，欧州委員会は，中小企業向けIFRS適用となれば資本調達においてベネフィットがあるであろうことを認めつつも，いくつかの加盟国で税法と資本維持との関係が密接であることや基準の複雑性から中小企業向けIFRSの適用による負荷が大きいといった理由により，中小企業向けIFRSを適用せず，さらにはEU会計指令について，とりわけ小企業の負担について軽減すべきと結論づけた（EU 2010）。

4　同様にIFRS適用の事後評価を行ったICAEW［2007］［2014］については，小津・梅原［2011］第3章を参照されたい。

5　そのほか，EC［2015］では，エンドースメントやIASBとEFRAGのガバナンスについて検討されている。

公表されている（IASB [2011a], [2011b], [2016]）。2012年2月になると，評議員会の戦略レビュー（IFRSF [2012a]）が公表され，影響分析の制度化の動きが進展する。具体的には，フィールドワーク（フィールド・テストおよび影響分析を含む）に関する方法論を開発するためのワーキング・グループの設置が推奨され，これを受けて4名のIASB委員，2名のIASBスタッフ，15名の外部メンバーから成る影響分析諮問グループ（EACG）が設立された。EACGは，2014年11月に，75頁にわたる影響分析に関する報告書（IFRSF EACG [2014]）を公表し，IASBの取るべき立場や行うべき影響分析に関して評議員会への提言を行っている。また，2013年1月には，ハンドブックが改訂された（IFRSF [2013a]）。ここでは，「透明性，十分で公正な協議（IFRSの影響を受ける人々の視点を国際的に考慮），説明責任」の原則からデュー・プロセスにおける影響分析を根拠づけ，IFRSに関して生じそうな影響を評価する手続について規定している。つまり，IASBは新たな基準または改訂基準を公表する際に，新たな要求事項により生じそうな影響についての評価を公表すること決定したのであり，影響分析はIFRS公表のデュー・プロセスの一部として正式に組み込まれたのである。ここにおいては，IASBの対象とする影響分析とは，ある1つの基準を開発する際に事前に基準設定主体によって事前に行われるものであることと定義されている。

　一方で，IASBは「デュー・プロセス・ハンドブック」において，新規IFRSおよび大規模修正基準について，基準が意図したとおりに機能していることを保証するために，PiRの実施を要求し始めた。これを受けて，2013年7月にIFRS第8号「オペレーティング・セグメント」，2014年IFRS第3号「企業結合」のPiRが公表された。たとえば，IFRS第3号のPiR審議過程においては，①財務諸表作成者，②投資者および他の財務諸表利用者，③市場規制当局，④監査専門家，⑤会計基準設定主体，⑥評価専門家，⑦研究者といった利害関係者の観点から，IFRS第3号の適用が財務報告に与える影響を，特に次の点について評価することが目的とされている（IASB [2014]）。

(1) IFRS第3号が財務諸表利用者に有用な情報を提供しているかどうか。
(2) IFRS第3号に，適用上の課題があるため，結果として，要求事項の首

尾一貫した適用が損なわれている領域があるかどうか。
(3) 当該基準の要求事項の作成，監査もしくは執行の際に，または当該基準が提供する情報を利用する際に，予想外のコストが生じているかどうか。

このように，EUにおいて会計基準設定の事前の影響分析および事後評価が経済政策評価の一部として行われるようになったこと，IASBがそのデュー・プロセスに影響分析および適用後レビューを組み込んで制度化したことなどを背景として，エフェクト分析はEUおよびIASBによって制度化されたのである。ここにおいて留意が必要なのは，基準設定主体および執行者であるEUにおいては1つの基準または一組の基準のエフェクトが検討されるのに対して，IASBにおいては1つの基準のエフェクトのみを検討している点である。

3　IFRS適用に伴うエフェクトに関する概念整理

それでは，EU，そしてIASCおよびIASBは，会計基準設定の「エフェクト」に関する用語をどのように捉えてきたのであろうか。その出発点は，IASC概念フレームワーク（FW）（IASC [1989]）において用いられたコスト・ベネフィットという用語にある。IASC [1989] においては「情報によってもたらされるベネフィットは，当該情報を提供するためのコストを上回るものでなければならない（para. 44）」と規定され，一般的制約条件としての機能を与えられている[6]。これは，IASB [2010] において「コストが当該情報を報告することによるベネフィットにより正当化されることが重要である（QC 35）」と変更され，この規定を根拠として「当審議会（IASB─引用者注）は，特定の情報を報告することのベネフィットが当該情報の提供と利用のために生じるコストを正当化できる可能性が高いかどうかを評価する（QC 38）」。しかしながら，IASC [1989] IASB [2010] の双方において，コスト・ベネフィットの具体的内容については触れられていない。

2009年に公表されたハンドブックにおいては，コスト・ベネフィットに代わ

6　会計基準設定のベネフィットがコストを上回ることが要求されており，その評価に際してはネット・ベネフィットが生じることが期待されている。

り，影響（effect）という概念が用いられている。そこでは，影響を「新たな要求事項の導入で生じそうなコスト及びそれぞれの新IFRSに関連して生じそうな継続的なコストとベネフィット」の総称として定義されてはいるものの（IFRSF [2009] C3, [2013a] 3.72），「コスト・ベネフィット」と「エフェクト」の定義の区別は明確にされないままである。また，FWやハンドブックでは，コスト・ベネフィットが持ついくつかの特徴について言及されてきたものの，コスト・ベネフィットを評価するに際して必要とされるコストやベネフィットを具体的に定義してこなかったため，明確な定義のないままこれらの用語が使用されてきたという現状にある。ここでの問題は，いくつかの先行研究が指摘しているように，その定義が困難である点にある（Schipper [2010]；EFRAG [2011]，[2012]；Gross and Königsgruber [2012]；Haller et al. [2012]）。

　一方，EUの規制主体の1つであるEFRAGは，「帰結」と「エフェクト」を類似の意味に捉えており，明確に区別していない。EFRAGは，エフェクトを「会計基準設定の目的のために会計基準から生じるまたは生じそうな『帰結』」（EFRAG [2011]，[2012] para. 3.2）と定義したうえで，「『エフェクト』は，『インパクト（impact）』や『帰結（consequences）』と同様の意味で用いられている（EFRAG [2012] para. 3.3)」と述べている[7]。

　このような状況に対してSchipper [2010] は，公共部門の意思決定ツールとしてのコスト・ベネフィット調査研究の技術と方法は会計基準のコストに関するデータを集めるためにも用いられるが，会計基準設定主体のコスト・ベネフィット（もしくはエフェクト）分析方法が公共部門の意思決定に適用される従来のコスト・ベネフィット分析とは結びついていないため，ミスリーディングな用語を廃止すべきであると主張している。

　このように，基準設定主体としてのIASBはエフェクトをコスト・ベネフィットと類似のものとして使用している。しかしながら一般的には，類似の用語と

　7　同様に，別の文書では，次のように述べている。「『エフェクト』という用語は，人によってさまざまな意味で用いられる。予備的見解では，『エフェクト』を，会計基準設定目的のために，『財務報告の改善によってもたらされるポジティブな貢献によって公益に資するという目的に対して参照された，会計基準から生じる，または生じる可能性が高い帰結』」と定義する（EFRAG [2012] para. 3.2）。

して使われていない可能性がある。次節で検討するように，一般に，エフェクト概念は，コスト・ベネフィット概念よりも広範であると考えられているためである（OECD［2008］；European Commission［2009］；EFRAG［2011］；Haller et al.［2012］）。

　さらにエフェクトの測定については，IASBのFWでは「評価は定量的情報と定性的情報の組み合わせを基礎とする（IASB［2010］QC 38）」と規定しているものの，ハンドブックにおいては「コスト・ベネフィットについて，十分に確立された信頼のおける定量的分析の手法がいまだ不足している（IFRSF［2006］para. 107）」あるいは「IFRSのエフェクトの公式な定量的評価が実施できることは稀である（IFRSF［2009］para. 109）」としており，「この分析は，IFRSの全体的なエフェクトの正式な定量的評価を含めることを予定していない（IFRSF［2013］para. 3.75）」と結論づけている。つまり，コスト・ベネフィットの評価には，定性的情報と定量的情報の組み合わせによる評価が想定されているものの，測定の困難性，信頼できる定量的分析の方法の不足を根拠として定量的分析を組み込むことを想定していないのである（そのほか，EFRAG［2011］，［2012］；Haller et al.［2012］も参照）。また，FWにおいては「評価は，本来的に主観性があるため，相違が生じる（IASB［2010］QC 39）」，ハンドブックにおいては「コスト・ベネフィットの評価は必然的に主観的なものとなる（IFRSF［2006］para. 108）」と述べられており，コスト・ベネフィットの評価が主観的であることを認めている。一方，「コストは，必ずしもベネフィットを受ける人のみに発生するものではない（IASB［2008］BC435）」と考えられている。

4　小　　括

　以上のように，EUの経済政策における事前の政策決定および事後の政策評価，IASBのデュー・プロセスにおける事前の影響分析および事後の適用後レビューが会計の国際制度にグローバル／地域レベルで組み込まれたことから，会計規制においてエフェクト分析の重要性が高まっている。そこにおいて，これまで使用されてきたコスト・ベネフィットという用語が曖昧であるために，この概念を使用すべきでないとの認識に基づいてエフェクトという用語が用い

られ，従来よりも広い概念としてエフェクトを捉えようとする傾向にある。また，会計基準設定主体にはエフェクト分析の定量的評価は困難であるとの一般認識がある。

第3節　IFRS適用に伴うエフェクトに関する先行研究

1　IFRS適用に伴う経済的影響

それでは，先行研究においては，会計基準設定に伴うエフェクトをどのように捉えてきたのであろうか。

周知のとおり，1970年代以降，英米において，会計基準変更の経済的帰結の議論が広く展開されてきた（Zeff [1978]）[8]。そこでは，会計報告がさまざまな利害関係者の行動へのインパクトを通じて，所得と富の配分，資源配分に影響を及ぼすため，会計基準の設定に際してその経済的帰結を考慮に入れなければならないことが主張された。1980年代には，米国の概念フレームワークとの関わりにおいて，表現の忠実性と経済的帰結の関係やコスト・ベネフィットのトレードオフ（利用者が受けるベネフィットは作成コストを上回るべきである）と質的特徴との関係が議論される（Wolk et al. [2008]；訳書，248-252）。さらに1990年代になると，資本市場の国際化を背景として，会計基準設定のコスト・ベネフィットの議論が行われる（FASB [1991]；Collett [1993]）。それは，米国企業に適用される財務報告要件が拡大した結果，米国企業のコスト増大や競争力低下を招いているという議論である。そして，EUやオーストラリアなどの諸国でIFRSが導入された2005年頃から，IFRS（包括的）導入に伴うコスト・ベネフィット，経済的帰結・影響の議論が広く行われることになる（Leuz and Wysocki [2008]；Hail et al. [2009]；Schipper [2010]；Epstein [2009]；Albrecht [2010]；Litjens et al. [2012]；Brüggemann et al. [2013]；小津・梅原 [2011]）。

---

[8] 米国における経済的影響の議論，とりわけ20世紀の議論では，ある1つの会計基準設定に伴う影響についてのものを多く含んでおり，IFRSを一括して導入した場合の影響のことではない場合がある。そのことからも，経済的影響といった場合も，時代ごとに概念の意味が異なる可能性があることに留意すべきである。

そこでは，IFRS導入に伴う会計の質の向上，資本市場の変化，契約の変化など，IFRS適用に伴う「事後の」影響に関する研究が中心的に行われてきた。

これらの一連の研究の問題点について，Schipper [2010] は「会計研究者は，ベネフィットを含む，会計基準変更のエフェクト（流動性や資本コストなどの会計情報の属性における変化に基づく見積り）ならびに資本市場の成果における変化の効果を予測するために努力を行ってきた。このような研究の結果は，しかしながら，リサーチ・デザインと技術の限界のために，財務報告設定という状況においては，ある財務報告基準のエフェクトの分析という点では満足のいくものではない」と述べ，Daske et al. [2008][9]を題材としてIFRS適用に伴うエフェクト（コスト・ベネフィット）の先行研究の問題点を次のように指摘している。

「会計基準のエフェクトを検討する会計研究者は，ベネフィット，もしくは少なくとも報告成果あるいは資本市場の効果に焦点を当てており，コスト・データを発展させた調査ベースには焦点を当てていない。報告成果を検討した研究，たとえば会計情報の属性は，どの成果指標を検討するかによって異なる結論を導き出している。資本市場の成果を検討する研究もまた，考慮される特定の資本市場の成果および用いられるリサーチ・デザインによって，異なる結論となっている。」

以上のような1つまたは一組のIFRS適用に伴う事後の影響に関する研究の問題点を踏まえたうえで，議論を一組のIFRS適用に伴う事前事後の影響（エフェクト）に定め，以下ではエフェクト研究を行うにあたっての分析の視点を提示したい。

9　Daske et al. [2008] は，2001～2005年の間に26カ国3,100社のIFRS適用企業のサンプルに関してIFRS強制適用が資本市場での成果，つまり流動性，資本コスト，簿価時価比率に及ぼす影響を分析した研究である。

2　IFRS適用に伴うエフェクトの範囲

　それでは，IFRS適用によって誰がどのような影響を受けるであろうか。あるいは，IFRS適用エフェクト研究において捉える事前事後のエフェクトにはどのようなものがあるであろうか[10]。

　IFRS解釈指針は，公式のデュー・プロセスに関与する利害関係者として，職業会計人，財務アナリスト，その他の財務諸表利用者，ビジネス界，証券取引所，規制機関および法的機関，研究者，およびその他関心をもつ個人と組織をあげている（IASCF［2005］p.6）。一方，先行研究においては，会計基準設定に関わる利害関係者として，①職業会計人（職業会計士団体，会計士事務所），②規制機関（会計基準設定主体，証券取引所，政府機関および中央銀行），③作成者（上場非金融機関，その他の非金融サービス企業，産業界の組織），④利用者（上場金融サービス企業，その他の金融サービス企業，金融取引組織，アナリスト組織），⑤その他（国際機関，その他）などがあげられている（Larson and Kenny［2011］pp.5-8）。

　会計基準設定に影響を及ぼす上記のような利害関係者が存在することを前提として，会計基準設定に伴い影響を受ける主体ごとにエフェクトを捉えようとするのが，欧州会計学会（EAA）の学識者としての見解をまとめたHaller et al.［2012］である。当該論文は，EFRAG［2011］のエフェクトの定義を踏まえたうえで，エフェクトの定義を「誰が影響を受けるか」というアクター重視の定義を提案し，ミクロへの影響とマクロへの影響を区分したうえで，より詳細にカテゴリー化した影響を提案している。**図表1-1**には，Haller et al.［2012］の提案する基準設定によって考慮されるべき影響を示している。

　本書（第10章・第11章）では，Haller et al.［2012］の示すようなマクロ的・ミクロ的影響が存在することを認識したうえで，とりわけ報告企業（財務諸表作成者）への影響に焦点を当てて，日本企業の事前のエフェクト分析を行っている。

10　Brüggemann et al.［2013］は，IFRS適用の「事後の」影響を分析した先行研究を，①会計効果，②資本市場効果・マクロ効果，③契約効果・分配・投資行動に区分して整理している。そのほか，加賀谷［2011］，スズキ［2012］も参照のこと。

[図表1-1] 生じうるエフェクトの分類と影響

		生じうるエフェクトの分類	ポジティブ	ネガティブ
A 資本提供者へのエフェクト	i.	会計の質の改善（透明性の向上を含む）	✓	✓
	ii.	初期直接コスト		✓
	iii.	継続コストの変化		✓
B 報告企業へのエフェクト	i.	初期直接コスト		✓
	ii.	継続コスト		✓
	iii.	政治コスト		✓
	iv.	財務報告が改善されたことによるベネフィット（またはコスト）	✓	✓
	v.	透明性の向上から得られるその他のベネフィット	✓	
	vi.	契約環境が改善することによる企業のベネフィット	✓	
	vii.	よりよい意思決定またはより悪い意思決定	✓	✓
	viii.	税額の増減	✓	✓
	ix.	契約関係へのエフェクト	✓	✓
C その他のミクロ的なエフェクト	i.	従業員，サプライヤー，顧客などその他の利害関係者への経済的影響	✓	✓
	ii.	その他の外部関係者への経済的影響	✓	✓
D マクロ的なエフェクト	i.	安定性への（全体的な）影響	✓	✓
	ii.	経済全体の成功など	✓	(✓)
	iii.	生産要素市場への影響	✓	(✓)

（出所）Haller *et al.* [2012] 116頁を簡略化・改編して作成。

3 IFRS適用に伴うエフェクトの測定可能性

　IFRS適用によって誰がどの程度の影響を受けるであろうかといった問いには，測定の問題が付随する。具体的に，Gross and Königsgruber [2012] は，会計基準の経済的影響に関わる測定問題を直接的・間接的なコスト・ベネフィットという点から捉え，測定可能性の高低に従ったヒエラルキーを示した（**図表1-2**）。

　直接コストとは，必要なデータを保持しつづけるためのシステムのランニン

［図表1-2］会計基準の経済的影響に関わる測定
可能性のヒエラルキー

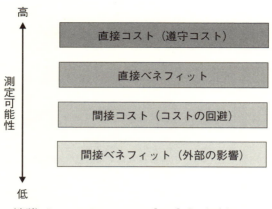

（出所）Gross and Königsgruber［2012］を一部改訂。

グ・コストのような遵守コストであり、最も測定が容易なものである。続いて測定がしやすいのは直接ベネフィットである。これは、たとえばIFRS適用がより低い資本コストでの資金調達を可能とするといったベネフィットを示している。測定が困難であるのは間接コストであり、証券取引所への上場廃止といったIFRS適用に伴う回避コストである。最も測定が困難であるのは、IFRS適用による間接ベネフィットであり、これは同じビジネス領域の類似企業が情報提供のための開示を行うようになるといった外部性の影響をいう。

前述したとおり、2011年に公表されたIASBによるIFRS第10号、第11号、第12号に関する事前の影響分析ではコスト・ベネフィットを定性的に捉えようとした一方で、2016年に公表されたIFRS第16号に関する影響分析では定量分析も試みられている。一方で、一組のIFRSの適用に関しては、Hail et al.［2009］は米国におけるIFRS適用に伴うコストを事前に定量的に捉えようとし、ICAEW［2007］［2014］は、IFRS適用後に発生したコスト額を測定した定量的なエフェクト分析を行った。

本書（第10章〜第11章）では、IFRS適用前に予想される直接コストと直接ベネフィットの定量的なエフェクト分析を行っている。

4 小　括

　21世紀に入り，1つの新規あるいは改訂の会計基準を適用する際に利害関係者に及ぶ影響を取り扱った経済的影響に加えて，2005年EUにおけるIFRS強制適用を契機として，国や地域における一組のIFRS適用に関する経済的影響に関する研究が広く行われるようになった。しかしながら，そのIFRS適用に伴う経済的影響に関する先行研究は，大部分が主としてIFRS適用を事後に捉えた影響に関する実証研究であった。本書の分析は，未だIFRS強制適用が制度的に行われていない日本の企業を対象として，一組のIFRS適用に伴い事前に予測されるエフェクトを事前に捉えようとする試みであり，そのアンケートを用いて定量的に捉えようとする試みである。

第4節　おわりに

　近年，会計基準設定においてエフェクト研究の重要性が高まっている背景には，EUレベルでの経済政策における事前の政策決定および事後の政策評価，IASBレベルでのデュー・プロセスにおける事前の影響分析および事後の適用後レビューが会計の国際制度に組み込まれたことがある。そこにおいてはコスト・ベネフィットという用語が曖昧であるために従来よりも広い概念としてエフェクトを捉えようとする傾向にある。また，会計基準設定主体にはエフェクト分析の定量的評価は困難であるとの一般認識がある。

　また，一組のIFRS適用に伴う影響を取り扱った先行研究は，その大部分が事後の資本市場への経済的影響を取り扱ったものであった。本書第10章・第11章で行うアンケートを用いた事前の影響を取り扱う定量的な研究は，実証研究で取り上げることのできない問題を扱っているのである。さらに，IFRS強制適用が行われていない日本を対象として事前の影響を提示することは，国際的に見ても興味深いケースを提示しているのであり（大石［2016］），会計基準設定における学術研究の重要性が高まっているという状況のなかで，日本におけるIFRS適用に関する政策的インプリケーションを提示することは本書の学術的貢献となるであろう。

《参考文献》

Abela, M. and A. Mora [2012] "Understanding the Consequences of Accounting Standards in Europe: The Role of EFRAG," *Accounting in Europe*, 9, pp.147-170.

Albrecht, D. [2010] "Economic Consequences and the Political Nature of Accounting Standard Setting," http://profalbrecht.worldpress.com/2010/01/06/.

Barth, M. [2006] *Research, Standard Setting, and Global Financial Reporting*, Foundations and Trends in Accounting, 1 (2), now Publishers Inc.

Brüggemann, U., J.M. Hitz and T. Sellhorn [2013] "Intended and Unintented Consequences of Mandatory IFRS Adoption: A Review of Extant Evidence and Suggestions for Future Research," *European Accounting Review*, 22 (1), pp.1-37.

Christensen, H. B., L. Hail and C. Leuz [2011] *Capital-Market Effects of Securities Regulation: Hysteresis, Implementation, and Enforcement (November 25, 2011)*, Chicago Booth Research Paper No. 12-04.

Collett, P. [1993] *Standard Setting and Economic Consequences: an Ethical Issue*, Working Papers, University of Wollongong.

Daske, H., L. Hail, C. Leuz, and R. Verdi [2008] "Mandatory IFRS Reporting Around the World: Early Evidence on the Economic Consequences," *Journal of Accounting Research*, 46 (5), pp.1085-1142.

Daske, H.,L. Hail, C. Leuz and R. Verdi [2013] "Adopting a Label: Heterogeneity in the Economic Consequences around IAS/IFRS Adoptions," *Journal of Accounting Research*, 51, pp.495-547.

DRSC [2008] *Report on the Field Tests in Germany regarding the ED-IFRS for SMEs*, April 2008.

European Commission [2009] [2012] *Impact Assessment Board Report*.

European Commission [2015] *Report from the Commission to the European Parliament and the Council, Evaluation of Regulation N 1606/2002 of 19 July 2002 on the Application of International Accounting Standards*, SWD (2015) 120 Final.

European Commission [2016] (http://ec.europa.eu/internal_market/accounting/docs/ias/endorsement_process.pdf 最終アクセス2016年10月4日)

EFRAG [2010] *The Cost and Benefits of Implementing the Revision to IFRS 1 First-time Adoption of International Financial Reporting Standards*.

EFRAG [2011] [2012] Considering the Effects of Accounting Standards.

Epstein, B. J. [2009] "The Economic Effect of IFRS Adoption," *The CPA Journal*, March 2009, pp.26-31.

EU [2010] *Framework Contract for Projects relating to Evaluation and Impact Assessment Activities of Directorate General for Internal Market and Services, 4th Company Law Directive and IFRS for SMEs, Final Report*, October 2010.

Ewert, R. and A. Wagenhofer [2012] "Using Academic Research for the Post-Implementation Review of Accounting Standards," *Abacus*, 48 (2), pp.278–291.

FASB (1991) *Special Report: Benefits, Costs and Consequences of Financial Standards*.

Fülbier, R.U., J.-M. Hitz and T. Sellhorn [2009] "Relevance of Academic Research and Researcers: Role in the IASB's Financial Reporting Standards Setting," *Abacus*, 45 (4),

pp.455-492.
Georgiou, G. [2010] "The IASB Standard-Setting Process: Participation and Perception of Financial Statement Users," *The British Accounting Review*, 42 (2), pp.103-118.
Gross, C. and R. Königsgruber [2012] "What You Measure is What You Get: The Effects of Accounting Standards Effects Studies," *Accounting in Europe*, 9, pp.171-226.
Hail, L., C. Leuz and P. Wysocki [2009] Global Accounting Convergence and the Potential Adoption of IFRS by the United States: An Analysis of Economic and Policy Factors, *Working Paper*.
Haller, A., C. Nobes, D. Cairns, A. Hjelström, S. Mora and M. Page [2012] "The Effects of Accounting Standards – A Comment," *Accounting in Europe*, 9, pp.113-125.
IASB [2008] *IFRS 3, Business Combinations.*
IASB [2010] *Conceptual Framework for Financial Reporting.*
IASB [2011a] *Effect Analysis IFRS 10 Consolidated Financial Statements and IFRS 12 Disclosure of Interests in Other Entities*, September 2011 (updated January 2012).
IASB [2011b] *IFRS 11 Joint Arrangements and Disclosures for Joint Arrangements included in IFRS 12 Disclosure of Interests in Other Entities*, July 2011.
IASB [2014] *Request for Information Post-implementation Review: IFRS 3 Business Combinations.*
IASB [2016] *Effect Analysis IFRS 16 Leases*, January 2016.
IASC [1989] *Framework for the Preparation and Presentation of Financial Statements.*
ICAEW [2007] *EU Implementation of IFRS and the Fair Value Directive – A Report for the European Commission.*
ICAEW [2014] *Effects of Mandatory IFRS Adoption in the EU: A Review of Empirical Research.*
IFRSF [2006] [2009] [2013a] IASB and IFRS Interpretations Committee, *Due Process Handbook.*
IFRSF [2012a] *Report of the Trustees' Strategy Review 2011, IFRSs as the Global Standards: Setting a Strategy for the Foundation's Second Decade.*
IFRSF [2012b] *Nominations sought for membership of a Consultative Group on the Methodology for Fieldwork and Effects Analyses*, 25 July 2012.
IFRSF [2013b] *Final Report on the Review of the IFRS Foundation's Governance*, February 2012.
IFRSF EACG [2014] *Report to the Trustees of the IFRS Foundation, November 2014.*
Ionacu, I., M. Ionacu, L. Olimid and D. A. Calu [2007] "An Empirical Evaluation of the Costs of Harmonizing Romanian Accounting with International Regulations (EU Directives and IAS/IFRS)," *Accounting in Europe*, 4, pp.169-206.
Larson, R. K. and S. Y. Kenny [2011] "The Financing of the IASB: An Analysis of Donor Diversity," *Journal of International Accounting, Auditing and Taxation*, 20, pp.1-19.
Leuz, C. and P. D. Wysocki [2008] "Economic Consequences of Financial Reporting and Disclosure Regulation: A Review and Suggestions for Future Research," http://ssrn.com/abstract=1105398.
Litjens, R., S. Bissessur, H. Langendijk and R. Vergoossen [2012] "How Do Preparers Per-

spective Costs and Benefits of IFRS for SMEs? – Empirical Evidence from the Netherland," *Accounting in Europe*, 9, pp.227-250.
Lochner, P.R.Jr. [1990] *Evaluating the Costs and Benefits of Accounting Standards, Remarks to The First Annual Conference on Financial Reporting*, University of California at Berkeley, October 19, 1990.
OECD [2008] *Introductory Handbook for Undertaking Regulatory Impact Analysis (RIA)*, OECD.（山本哲三訳［2011］『OECD規制影響分析―政策評価のためのツール―』明石書店）
Schipper, K. [2010] "How Can We Measure the Cost and Benefits of Changes in Financial Reporting Standards," *Accounting and Business Research*, 40 (3), pp.309-327.
Soderstrom, N. and K. Sun [2007] "A Review of the Accounting Quality after IFRS Adoption in the European Union," *European Accounting Review*, 16 (4), pp.675-702.
Teixeira A. [2014] "The International Accounting Standards Board and Evidence-Informed Standard-Setting," *Accounting in Europe*, 11 (1), pp.5-12.
Trombetta, M., A. Wagenhofer and P. Wysocki [2012] "The Usefulness of Academic Research in Understanding the Effects of Accounting Standards," *Accounting in Europe*, 9, pp.127-146.
Wolk, H., J. L. Dodd and J. J. Rozycki [2008] *Accounting Theory, Conceptual Issues in a Political and Economic Environment*, SAGE Publications, Inc.（長谷川哲嘉・中野貴之・成岡浩一・菅野浩勢・松本安司・平賀正剛訳［2013］『アメリカ会計学―理論，制度，実証―』同友館）
Wysocki, P. [2011] "New Institutional Accounting and IFRS," *Accounting and Business Research*, 41 (3), pp.309-328.
Zeff, S.A. [1978] "The Rise of 'Economic Consequences'," *The Journal of Accountancy*, 146 (6), pp.56-63.

大石桂一［2016］「会計規制研究の可能性」『會計』第189巻第1号，24-37頁。
小津稚加子・梅原秀継編著［2011］『IFRS導入のコスト分析』中央経済社。
加賀谷哲之［2011］「IFRS導入が日本企業に与える経済的影響」『国際会計研究学会　臨時増刊号』2010年度，5 -22頁。
潮﨑智美［2014］「EUにおける会計基準設定と学術研究」『企業会計』第66巻第8号，102-103頁。
スズキ・トモ［2012］「オックスフォード・レポート　日本の経済社会に対するIFRSの影響に関する調査研究」（http://www.fsa.go.jp/common/about/research/20120614/01.pdf）
仲尾次洋子［2014］「会計基準の適用における影響分析の論点―EFRAGおよびHaller et al.を中心に―」『名桜大学紀要』第19巻，59-64頁。
山本哲三編著［2009］『規制影響分析（RIA）入門―制度・理論・ケーススタディ―』NTT出版。
渡邉雅雄［2015］「欧州における会計基準のエフェクト分析と欧州財務報告諮問グループの役割」『産業経理』第74巻第4号，74-83頁。

（潮﨑 智美）

第2章

IASBによる正統性の追求

第1節 はじめに

　1973年に職業会計士団体によって設立された国際会計基準委員会（IASC）は，その後の紆余曲折を経て，2001年に国際会計基準審議会（IASB）へと組織改編され，現在では世界各国に大きな影響力を及ぼしうる存在となったことは周知のとおりである。IASBは，その前身であるIASCの時代から，積極的に会計基準の設定に取り組んできた。これはIASC/IASBが，公益のために，直面する会計問題の解決にむけて取り組んできた証左であると解釈できるかもしれない。しかし一方では，IASC/IASBは公益とは異なるなんらかの意図に基づいて戦略的に活動してきたとも考えられる。本章では，次節以降でみる理由により，後者の立場に立って論を進めていくことにしたい。

　その際，重要な視座を与えてくれるのが，正統性という考え方である。ここで正統性とは，社会学の分野で正統性を論じた著名な研究であるSuchman [1995] によれば，「規範，価値，信念，定義の社会的に構造化されたシステムのなかで，ある主体の行為が望ましい，妥当である，あるいは適切であるとする一般化された認識または仮定のこと」（Suchman [1995] p.574）と定義されている[1]。かかるSuchman [1995] による定義は，基準設定主体に正統性概念を適用した先行研究を統合しうる包括的なものであると評されている（Larson [2002] p.84）ため，本章でも当該定義に基づくことにする。

　以下では，かかる正統性概念を手がかりとして，近年のIASBによる基準設定活動の特徴の一端を明らかにしたい。まず第2節では，IASBの活動を考え

る際になぜ正統性という視点が重要となるのかを明らかにする。つづく第3節では，IASBの正統性をめぐってBurlaud and Colasse [2011] とDanjou and Walton [2012] との間で繰り広げられた論争をみていく。そして第4節では当該論争を批判的に検討したうえで，第5節で2008年の金融危機におけるIASBの正統性について検討する。第6節は，以上のまとめである。

第2節　国家の枠組みを超えた機関としてのIASB

　そもそもIASBの活動を考える際になぜ正統性という視点が重要となるのであろうか。この点を明らかにするためには，IASCの設立にまで遡り，その歴史的変遷をみていく必要がある。1973年に職業会計士団体によって設立されたIASCは民間組織であるが故に，自らが作成した基準を各国に強制的に適用させる権限を有してはいなかった。そのためIASCの基準設定は，各国に認められやすい会計処理を採用する，すなわち，すでに各国において認められている基準を採用するという方針をとらざるをえなかった。しかしながら，それぞれの国において認められている処理を包括する基準を設定したところで，そのような代替的処理を認める基準に準拠しても各企業が従来の処理をそのまま使い続けるにすぎず，表面上は国際会計基準（IAS）という統一基準に準拠していても比較可能性の向上を期待することはできなかった。そこで1987年に開始されたのが「財務諸表の比較可能性」プロジェクトである。また同年に，IASCの諮問グループに証券監督者国際機構（IOSCO）が参加した。1993年にIOSCOは，クロスボーダーの資金調達を行う企業のための国際的な基準として必要最低限含まれるべき項目（コア・スタンダード）を選定し，IASCに対して当該コア・スタンダードの完成を要請した。それをうけてIASCは精力的に活動し，

1　会計分野において正統性概念を用いた先駆的研究である千葉［1991］では，「ある行為が全体社会の支配構造につながる場合のように，ある格率・基準が彼の行動に対し妥当すべきであるという正統な秩序についての行為者の経験的な表象・観念──いわば一種の威光（prestige）──が保障されている場合の秩序ある会計には，正統性（Legitimität, legimacy）がある」（千葉［1991］5頁）と述べられており，「その構成メンバーにより表出される当該システムの『目標』（基本理念）の妥当性を示す用語として，統治や支配の構造につながる概念たる『正統性』（legitimacy）という用語を用いる」（千葉［1991］312頁）とされている。

2000年にコア・スタンダードが完成すると，IOSCOはそれを承認し，クロスボーダーの資金調達を行う企業がIASを適用することを認めるよう勧告した。そして2001年にはIASCは既述のようにIASBへと組織改編された。

以上からも明らかなように，IASCは職業会計士団体によって設立された民間組織である。また，国家（やその機関）であれば自らが設定した基準を適用させる権限を有しているが，IASCはそもそも，経済のグローバル化を背景に一国内で対処しきれない会計問題を解決するために，国家の枠組みを超えて問題解決を図るために組織された機関である。そのため，会計基準を作成することはできても，その基準を各国（の各企業）に適用させる権限は有していない。当該権限を有しているのは，いうまでもなく，各国の証券市場監督者である。したがってIASC/IASBにとって，自らが作成した基準を各国の証券市場において適用してもらえるようにする努力が必要になるのである。かかる文脈において上述のIASC設立以降の歴史的変遷をみたとき，「財務諸表の比較可能性」プロジェクトからコア・スタンダードの完成，そしてIOSCOによる承認という一連の流れは，まさしく，クロスボーダーの資金調達を行う企業に適用させる基準としてIASをIOSCOに承認してもらうためのIASCの努力の軌跡とみなすことができる。IOSCOから承認され，そのお墨付きをもらったIASCは，国際的な会計基準の設定主体としての正統性を獲得したといえるのである。

ただしIASC/IASBの正統性の源泉は，IOSCOの承認に限ったものではない。前述のSuchman［1995］は，正統性を**図表2-1**のように類型化している。

Suchman［1995］は，まず，正統性を実利的正統性，道徳的正統性，認識的正統性の3つに分類する。ここで「実利的正統性とは，組織に最も身近な者の利己的な計算に基づくものである」（Suchman［1995］p.578）。すなわち実利的正統性は，利害関係者に対して組織がなんらかの利益をもたらすことが期待されることによって付与されるものである。また，「道徳的正統性とは，組織やその行動に関するプラスの規範的判断を示すものである」（Suchman［1995］p.579）。当該正統性は，「組織の行為が利害関係者に利益をもたらすかどうかという判断ではなく，行為が『正しいもの』であるかどうかという判断に基づくものである」（Suchman［1995］p.579）。そして認識的正統性とは，「なんらかの当然とみなされる文化的な理由によって，必要または不可避なものとして組

[図表2-1] Suchman [1995] による正統性の諸概念の類型化

	行為	本質	
一時的	交換	性質 利害	実利的正統性
継続的	影響	特徴	
一時的	結果	人	道徳的正統性
継続的	手続	構造	
一時的	理解可能性 予測可能性	妥当性	認識的正統性
継続的	当然性 不可避性	永続性	

(出所) Suchman [1995] p.584.

織を認める」(Suchman [1995] p.582, 傍点は原文イタリック) ことのみによって付与されるものである。

さらにSuchman [1995] はこれら3つの正統性を, 行為に関するものか本質的なものか, また一時的なものか継続的なものかという視点から, **図表2-1**のようにマトリックス形式で12の正統性の源泉に細分化している。紙幅の関係上, 本章でふれるものに限って説明すれば以下のとおりである。まず実利的正統性のうち継続的な源泉として, 影響の正統性と特徴の正統性とがあげられている。両者の違いは, 前者が行為に関するものであるのに対して, 後者は本質に関するものであるという点にある。すなわち影響の正統性は, 「組織が利害関係者の大きな利害に反応してくれると利害関係者が考えるが故に, 〔……〕利害関係者が組織を支持するものである」(Suchman [1995] p.578)。また特徴の正統性は, 「『心から自分たちの利害を第一に考えてくれている』とか, 『自分たちと価値観を共有している』とか, 『誠実である』, 『信頼できる』, 『きちんとしている』, 『賢明である』とかいった組織」(Suchman [1995] p.578) に対して与えられる性質の正統性のなかでも継続的なものである。さらに道徳的正統性のうち行為による源泉として, 結果の正統性と手続の正統性とがあげられ

ている。両者の違いは，前者が一時的なものであるのに対して後者が継続的なものであるという点にある。すなわち結果の正統性は，組織が行った行為の結果の評価に基づいて付与されるものである。これに対して手続の正統性は，「社会的に承認された技法や手続を採ることによって」(Suchman [1995] p.580)付与されるものである。

上述のIOSCOによるコア・スタンダードの承認は，IASCが生み出した結果である会計基準が承認・受容されたという意味で結果の正統性に関連すると考えられる。またIASB [2016] によれば，120近くの国々において国内のすべての（または，ほぼすべての）公開会社に対してIFRSが適用されているという[2]。これも各国においてIASC/IASBが生み出した結果であるIASや国際財務報告基準（IFRS）が承認・受容されたという意味で結果の正統性に関連するであろう。これに対してIASC/IASBのデュー・プロセスに着目するならば，それは利害関係者が基準設定のプロセスに積極的に関わって影響を及ぼしうるという意味で影響の正統性[3]に関連すると考えられる。またデュー・プロセスは基準設定の手続そのものであるので，手続の正統性に関連するであろう[4]。

第3節　Burlaud and Colasse [2011] とDanjou and Walton [2012] との論争

「国際的な会計基準の設定主体としてのIASBの役割や正統性は，近年，論争の的となっている」(Fulop [2014] p.241)。なかでも，2008年の金融危機に際しての正統性をめぐるBurlaud and Colasse [2011] とDanjou and Walton [2012] との論争[5]は，IASBの正統性を考えるうえで，さまざまな示唆を与えてくれる。

2　IFRSの適用を容認しているか，あるいは（すべて，またはほぼすべてとはいかないまでも）いくつかの会社に対して適用を要求している国も含めれば，130カ国を超えるという。

3　影響の正当性は，「組織が利害関係者の大きな利害に反応してくれると利害関係者が考えるが故に，〔……〕利害関係者が組織を支持するものである」(Suchman [1995] p.578)。

4　これら以外にも，類型化されたそれぞれの要素をIASBにあてはめた場合どのように解釈できるのかという会計学的意味の詳細については，山田 [2009] を参照されたい。

5　BurlaudとColasseはともにフランスの研究者であるのに対して，DanjouはIASBのボードメンバーでWaltonはフランスの研究者である。

そこで本節では当該論争を取り上げ，両者の主張の概要をみていくことにしたい。ただし紙幅の関係上，後述する政治的正統性と不偏性に関する手続的正統性のみを取り上げることとしたい。

1 Burlaud and Colasse [2011] の主張

Burlaud and Colasse [2011] は，正統性を，政治的正統性（political legitimacy），手続的正統性（procedural legitimacy），実質的正統性（substantial legitimacy）の3つに分類している[6]。ここで政治的正統性とは直接的・間接的に選挙を源泉とするものであり，手続的正統性とは独立性と不偏性を保証することを意図した手続をとることを源泉とするものであり，実質的正統性とは一定の知識または技術的・科学的な専門性をもっていることを源泉とするものである（Burlaud and Colasse [2011] p.24）。これら3つの正統性についてBurlaud and Colasse [2011] は，「IASC/IASBは政治的正統性を欠いているため，長きにわたり2つの正統性，すなわち手続的正統性と実質的正統性の獲得に腐心してきた」（Burlaud and Colasse [2011] p.24）と主張する。上述のように，もともとIASC/IASBは職業会計士団体によって設立された民間組織であり，公的組織ではない。ましてや，IASC/IASBのメンバーが世界中の人々によって選挙で選ばれるといったことはありえない。したがって，Burlaud and Colasse [2011] が想定するような選挙を源泉とする政治的正統性をIASC/IASBはもちえないのである。政治的正統性を欠き，自らが設定した基準に基づいて企業に財務諸表を作成させる権限を有しないIASC/IASBは，必然的に，他の2つの正統性の獲得を通じてIAS/IFRSの普及を図らざるをえなかったというわけである。

また手続的正統性について，「IASBの不偏性は，当該メンバーの独立性に基づくだけでなく，基準の設定過程においてとられる手続，すなわち，基準設定過程を可視化し，すべての利害関係者の声が届くようにするための儀式的な手続であるデュー・プロセスにも基づいている」（Burlaud and Colasse [2011]

---

6 Danjou and Walton [2012] が批判するとおり，Burlaud and Colasse [2011] では正統性の定義については注において辞書が言及されているのみであり，定義それ自体は明示されていない。

p.26)とする。かかる手続的正統性に対して,Burlaud and Colasse [2011] は独立性と不偏性の両面から批判を加えているが,なかでも不偏性について,「政治的とみなされているような手続では,〔IASBの基準設定における〕数々の決定が正統化されないことは明らかである」(Burlaud and Colasse [2011] p.29)と主張する。「公開草案に対して誰がコメントを送り,当該回答者の立場はいかなるものであったのかは明らかになるものの,依然としてIASBが独自の決定を下すことも可能なのである」(Burlaud and Colasse [2011] p.29)という。多くの利害関係者から寄せられたコメントを基準設定に反映させるというデュー・プロセスの理想とは裏腹に,コメントの多寡とは無関係に基準設定主体がなんらかの規範に沿って基準設定を行っており,デュー・プロセスは形骸化しているというわけである[7]。また「財務情報利用者の母集団から典型的なサンプルを抽出してはいない。〔よって,〕回答は,無作為に抽出した者からくるわけでもない。回答するためには,動機すなわち利害と,資源が必要である」(Burlaud and Colasse [2011] p.29)とし,コメントを寄せる者は利害や資源をもった者であるという意味で偏りがあると批判する。さらに,「たとえデュー・プロセスが理想どおりに機能したとしても,それは会計基準を設定していくうえでの形式的・公式的なロビイングのルートにすぎない。しかも,専門知識および資金だけでなくコネももっている者はもっと非公式なルートを使うし,むしろデュー・プロセスに参加する以上にそうすることは明らかである」(Burlaud and Colasse [2011] p.30)という。以上のような点からBurlaud and Colasse [2011] は,「IASBの手続的正統性は希薄であるといわざるをえない」(Burlaud and Colasse [2011] p.30)と批判する。

2　Danjou and Walton [2012] の反論

　以上のようなBurlaud and Colasse [2011] の主張に対して,「本論文の基本的な議論にも,またその議論のなされ方にも驚愕した」(Danjou and Walton

---

[7]　Botzem [2014] においても,「デュー・プロセスの目的は参加などではなく,基準設定にとって適切な問題に関する情報を集める手立てを審議会に与えることである。審議会は,意思決定権を完全に握っている。協議の手順をふむことによって,利害関係者とのコミュニケーションの機会がもたらされる」(Botzem [2014] p.117)と,同様の見解が示されている。

[2012] p.1) として，真っ向から反論したのがDanjou and Walton [2012] である。

まず正統性概念についてDanjou and Walton [2012] は，Burlaud and Colasse [2011] の「著者は自らが考える定義を示してはいないし，また自分達の論文の基礎をなす仮定を支持する学術論文を示してもいない」(Danjou and Walton [2012] p.7) と批判した後，「たしかに当該論文では，これら〔3つ〕が考えうるすべての正統性の形態であるとはどこにも述べられてはいないが，著者達の見解では3つの概念が満たされてはいないのでIASBは正統性をもっていないと彼らは考えている〔……〕という明らかな印象を読者はうける」(Danjou and Walton [2012] p.7) と述べている。

政治的正統性については，欧州委員会はIFRSのことを「『国際的に認められたベスト・プラクティス』とか『最も適切なベンチマーク』と称しており，IASBの正統性を疑問視していないようである」(Danjou and Walton [2012] p.4) と述べ，「もちろん研究者が (IASBの正統性も含め) 何に疑問をもってもよいが，BurlaudとColasseは世界の経済界の指導者や資本市場が一般的にIASBの正統性に疑問を呈しているのかどうかを証明しようともしていない。われわれが考えるに，IASBに対して実質的に政治的な支持があるといえるのである」(Danjou and Walton [2012] p.5) とDanjou and Walton [2012] は批判する。

また手続的正統性についてDanjou and Walton [2012] は，「とくにフィードバック報告書の発行だけでなく新たな基準や解釈の事前の影響評価および事後の調査の実施といった，IASBのデュー・プロセスを強化するというIASC財団の決定を歓迎する」(Danjou and Walton [2012] p.6) という欧州委員会の報告を引用した後で，他にもさまざまな欧州委員会の議論をふまえ，「問題は，IFRS財団が正統性をもっているかどうかという点ではなく，〔正統性があることは前提として〕現状をどのように改善していくかである」(Danjou and Walton [2012] p.7) と主張する。

最終的にDanjou and Walton [2012] は，「残念ながらBurlaudとColasseの論文は，IASBの正統性に関する真摯な評価などではなく，一種のアンチIASBのレトリックのように読めるのである。当該論文は，IASBはかくあるべしという数々の断定から成っている。しかし，これらの主張は概して文献に基づいたものではなく，またそれを支持する論理も展開されてはいないのである」

（Danjou and Walton［2012］p.12）とBurlaud and Colasse［2011］を総括したうえで，BurlaudとColasseの「論文は，IASBは正統性を欠いているとする彼らの見解を支持するよう財務報告の業界に訴えかけることに失敗しており，それに対して，資本市場における世界で唯一の基準設定主体としてIASBは政治的・商業的な支持を十分に得ている」（Danjou and Walton［2012］p.12）とDanjou and Walton［2012］は結論づけている。

第4節　論争の批判的検討

　Burlaud and Colasse［2011］がIASBは政治的正統性に欠けると主張するのに対してDanjou and Walton［2012］は政治的正統性があると主張する根本的原因は，両者の政治的正統性概念の違いにある。既述のようにBurlaud and Colasse［2011］は，政治的正統性を直接的・間接的に選挙を源泉とするものとしているが，IASC/IASBが一国に帰属する機関ではなく国際機関である以上，地球規模での人々から選挙によってメンバーが選出されるといったことは非現実的であり，Danjou and Walton［2012］も指摘するようにBurlaud and Colasse［2011］「の意味では，おそらくFASBも政治的正統性をもっていない」（Danjou and Walton［2012］p.9）ことになってしまう。よって，もう少し政治的正統性を広義に解釈する必要がある。すなわち，政治的に有力な機関・組織によってIASBの存在やIFRSが認められ基準設定を信任されたならば，それをもってIASBは政治的正統性を得たと解釈するのである。この意味では，たとえばIOSCOによるコア・スタンダードの承認やEUによるIFRSの採用は，IASBが政治的正統性を獲得したことを意味するのである。この点では，「IASBに対して実質的に政治的な支持がある」（Danjou and Walton［2012］p.5）とするDanjou and Walton［2012］の主張のほうが妥当であるといえるであろう。

　また，Burlaud and Colasse［2011］では3つの正統性を取り上げ，その有無が検討されているが，これまでからさまざまな論者がさまざまな正統性概念を用いて検討してきたことからも明らかなように，IASBの正統性はBurlaud and Colasse［2011］で示された3つに限ったものではない。とするならば，たとえ3つの正統性が欠如していたとしても，他の正統性が十分に備わっているので

あれば問題はないという可能性は否定できない。むしろ，IASBが国際的な会計基準を設定し続けているということは，利害関係者からなんらかの正統性を認められている証左であると解釈すべきであろう。なぜならば，IASBに正統性がないとみなされたならば，他の機関や国などが基準設定を担うようになるはずであるからである。

　山田［2009］でも検討したように，IASBはさまざまな源泉から正統性を獲得しようと努めていると解釈できる。その時々で重要視されている正統性の源泉は異なるかもしれないが，Burlaud and Colasse［2011］で示された3つの正統性がないからといって，IASBの正統性がなくなったと結論するのは性急であるとの誹りを免れないであろう。この点では，「問題は，IFRS財団が正統性をもっているかどうかという点ではなく，〔正統性があることは前提として〕現状をどのように改善していくかである」（Danjou and Walton［2012］p.7）というDanjou and Walton［2012］の主張のほうが妥当であるといえるであろう。

　またDanjou and Walton［2012］は，世界の経済界の指導者や資本市場がIASBを基準設定主体として信任していることをもって正統性があると考えているが，このような特徴の正統性以外にもさまざまな正統性の源泉があることは既述のとおりである。たとえば手続を源泉とする正統性に関しても，金融危機に際してデュー・プロセスを経ずしてIAS第39号とIFRS第7号を改定したことは，IASBの正統性を毀損したと考えられる。したがって，Danjou and Walton［2012］のように世界の経済界の指導者や資本市場がIASBを基準設定主体として信任していることのみをもってIASBの正統性を主張するのは不十分であり，Suchman［1995］に示されるようなさまざまな正統性概念を考慮に入れ，多面的に検討していく必要があろう。

　さらに，「会計規制がそもそも社会的な機能を果たしているなら，その政治化はむしろ当然であり，高度に発達した社会で各主体間の関係がより密に，かつ，より複雑になればなるほど，その裁定をめぐって利害対立が激しくなるのも，とくに驚くべき現象ではない」（大日方［2013］216頁）。したがって，会計規制が政治化することを問題視するのではなく，「会計は基本的には社会的・政治活動である」（高寺［1992］189頁）とみなすならば，会計がどのようにして政治過程から生み出されてきたのかという研究課題が見出されるのである[8]。

第5節　金融危機に際してのG20の介入

　前節でみたような両者の政治的正統性概念の違いは，2008年の金融危機に際してG20からIASBに対してなされた要請の解釈に大きな影響を与える。すなわち，Burlaud and Colasse［2011］は，2008年の金融危機という「危機的な状況において〔IFRSを〕適用することによって破滅的な結末を招きかねなかったことが，IASC/IASBがそれまで獲得してきた正統性を毀損し，政府や政府間機関が会計基準設定に関する主導権を再び握るようになった」（Burlaud and Colasse［2011］p.44）と述べ，「政治への逆戻り」（Burlaud and Colasse［2011］p.23）を主張しているのに対して，Danjou and Walton［2012］は既述のようにIASBは正統性をもっていると主張するのである。両者の解釈を検討する前に，まず，金融危機におけるG20の動きをみておこう。それを一覧表にすると，**図表2-2**のとおりである。

［図表2-2］金融危機に際してのG20の要請

2008年11月15日（ワシントン・サミット）	2008年11月15日に公表された「金融市場および世界経済に関する首脳会合 宣言」において，「改革のための原則を実行するための行動計画」の1つである「透明性および説明責任の強化」のなかで，「2009年3月31日までの当面の措置」と「中期的措置」の2つに分け，証券価格の評価，非連結特別目的会社の会計，金融商品，会計基準設定主体のガバナンスなどの会計規制に関して詳細に述べられている。
2009年4月2日（ロンドン・サミット）	「第2回 金融・世界経済に関する首脳会合（ロンドン・サミット）首脳声明『回復と改革のためのグローバル・プラン』」において，「金融監督および規制の強化」のなかで会計規制にふれ，さらに付属文書「金融システムの強化に関する宣言」のなかで公正価値会計，景気循環増幅効果，金融商品，引当金などの会計基準に関していくつもの提言を行っている。
2009年9月24，25日（ピッツバーグ・サミット）	「首脳声明 ピッツバーグ・サミット」において，「国際金融規制の強化」のなかで，単一で高品質の国際的な会計基準の設定，収斂プロジェクトの完了などの会計規制について述べられている。

（出所）外務省ウェブサイト［2008］，［2009a］，［2009b］，［2009c］をもとに作成。

　8　高寺［1992］では，A. G. Hopwoodの研究を引用しつつ，「組織『社会現象として会計を認識する必要』に応えるために，『正しく理解された会計は基本的には社会的・政治活動である』とみなすと，『いかに組織の会計が〔組織内部と外部の〕政治過程から出現したかを研究する多くの可能性』がひらけるであろう」（高寺［1992］189頁）と述べられている。この点に関しては，高寺［1988］13-16頁もあわせて参照されたい。

図表2-2からも明らかなように,金融危機に際して,G20はIASBの基準設定に対していろいろな要請を行っている。この点などをもってBurlaud and Colasse［2011］は,「政府や政府間機関が会計基準設定に関する主導権を再び握るようになった」(Burlaud and Colasse［2011］p.44）とし,政府や政府間機関の介入による基準設定の「政治への逆戻り」(Burlaud and Colasse［2011］p.23）を主張しているのであるが,このような政府および政府間機関の介入はIASBの正統性の観点からはどのように解釈すべきであろうか。上述のようにBurlaud and Colasse［2011］は,IASC/IASBは政治的正統性を欠いていたため手続的正統性と実質的正統性に頼らざるをえなかったと述べたうえで,手続的正統性と実質的正統性を批判的に検討している。もしBurlaud and Colasse［2011］の批判が妥当であるとするならば,そもそもIASC/IASBは3つの正統性のいずれも備えていなかったことになり,Burlaud and Colasse［2011］のいう「IASC/IASBがそれまで獲得してきた正統性」(Burlaud and Colasse［2011］p.44）とは何なのかという問題にいきつく。Danjou and Walton［2012］も指摘するようにBurlaud and Colasse［2011］は3つの正統性以外の正統性の有無については言及していない以上,「それまで獲得してきた正統性」(Burlaud and Colasse［2011］p.44）の毀損が「政府や政府間機関が会計基準設定に関する主導権を再び握るようになった」(Burlaud and Colasse［2011］p.44）ことへのどのようにつながっていったのかは不明である。さらに,かかる政治的介入と政治的正統性の関係を考えるならば,Burlaud and Colasse［2011］の考えによれば政治的正統性は選挙を源泉とするものであるため,G20などによる政治的介入によってIASBのメンバーが選挙で選ばれるようになったといったことがない以上,IASBが政治的正統性を欠いているという点では変化はない。

これに対して,前節でみたように政治的正統性を拡大解釈するならば,政治的介入と政治的正統性の関係はどのように考えられるであろうか。上述のG20による会計基準に関する要請はIASBに対するものであり,あくまでも会計基準設定主体としてはIASBが想定されている。これは会計基準設定主体としてIASBが信任されていることを意味し,前節の広義の政治的正統性をむしろ獲得したと解釈できるのである。G20の要請は,IASC/IASBのそれまでの活動を「十分に政治的に承認するもの」(Camfferman and Zeff［2015］p.419）であり,

政治的介入どころか,「実質的に,IASBにとって,〔その〕成果はきわめて満足のいくものであったに違いない」(Camfferman and Zeff [2015] p.419) といえるのである[9]。その際,注意すべき点が2つある。すなわち,それは,広義の政治的正統性をむしろ獲得したといった場合の,広義の政治的正統性の意味と,獲得前後の違いである。

まず広義の政治的正統性の意味については,前節での定義によれば,それは政治的に有力な機関・組織によってIASBの存在やIFRSが認められ基準設定を信任されることを意味する。金融危機におけるG20のIASBへの要請に引き寄せて考えるならば,基準設定主体としてのIASBの立場の信任による正統性と,IASBが設定した基準であるIFRSの信任による正統性との2つに分けて考えられる。まず前者の基準設定主体としてのIASBの立場の信任による正統性については,上述のようにG20は国際的な会計基準の設定機関としてIASBを想定し要請を行っていたことから,金融危機に際しても当該正統性をIASBはもっていたと解釈される。金融危機によって,IASBではなくIOSCOや国連などの国際機関が自ら国際的な会計基準の設定に乗り出したり,アメリカやEUなどの特定の国や地域が国際的な会計基準の設定を行うといったことは想定されていないのである。この正統性は,Suchman [1995] の分類によれば特徴の正統性に該当すると思われる。既述のように特徴の正統性とは「『心から自分たちの利害を第一に考えてくれている』とか,『自分たちと価値観を共有している』とか,『誠実である』,『信頼できる』,『きちんとしている』,『賢明である』とかいった組織」(Suchman [1995] p.578) に対して与えられる性質の正統性のなかでも継続的なものであった。すなわち,これからも高品質な会計基準を設定してくれるという特徴をIASBはもっているとG20がみなしているということである。

一方,後者のIASBが設定した基準であるIFRSの信任による正統性については,公正価値会計が機能不全をおこし基準改定を要請されたことから,金融危機に際して当該正統性をIASBは欠いたと解釈される。この正統性は,Suchman [1995] の分類によれば結果の正統性に該当すると思われる。既述のよう

---

9 G20によるIASBの承認に至るまでの政治的経緯については山田 [2016] を参照されたい。

に結果の正統性とは，組織が行った行為の結果の評価に基づいて付与されるものであった。すなわち，IASBの基準設定活動の結果生み出された公正価値会計が金融危機にうまく対処できなかったことから，当該結果は不十分であるとみなされたのである。

　また広義の政治的正統性の獲得前後の違いとは，IASBの基準設定の領域の拡大に関するものである。そもそもIAS/IFRSは，証券市場における規制を想定したものである。第2節でみたIOSCOによるコア・スタンダードの承認は，まさしくIASBが証券規制の担い手としてIOSCOから信頼を得たことを意味した。これに対して，G20によるIASBへの要請は，金融規制の担い手としてIASBを信頼することを意味しており，この点においてIASBによる基準設定の領域は証券規制のみならず金融規制にまで拡大されたことになるのである。このことは，IASBの存在意義が認められたことを意味する半面，IASBは証券規制と金融規制の調整という困難な舵取りを迫られることになる[10]。業界別の会計基準など，証券規制と金融規制との関係をどのように考えるかは，IASBの今後の方向性を規定する重要な点になりうるであろう。と同時に，G20から金融規制に関する要請をうけたということは，金融規制という領域における基準設定主体としての特徴の正統性を新たに獲得したことを意味し，IASBにとってIOSCOによるコア・スタンダードの承認に匹敵する重要な意味をもつと考えられる。

第6節　おわりに

　以上，本章では，正統性という観点からIASBの活動を捉えることの重要性を述べ，さらにBurlaud and Colasse [2011] と Danjou and Walton [2012] の論争を手がかりとして，金融危機に際してのG20の要請がIASBの正統性に与えた影響について考察した。

　最後に，かかる正統性の問題がエフェクト分析とどのように関係するのかを明らかにしておこう。そもそもエフェクト分析はIFRSによって利害関係者に

　　10　この点については，大石 [2015] 315頁を参照されたい。

どのような影響が及ぼされるのか（及ぼされたのか）を分析するものであるが，これはIASBが生み出す（生み出した）結果であるIFRSを評価しようとするものであるため，組織が行う（行った）結果の評価に基づいて付与される結果の正統性につながる。すなわち，エフェクト分析は，IASBが生み出す（生み出した）結果であるIFRSを評価するものであり，結果の正統性を獲得できるか（獲得できたか）否かを検討しようとするものであると解釈できるのである。また近年，IASBはデュー・プロセスの一環として，自らが設定した基準が意図したとおりの機能を果たしているかについて事後的な調査（適用後レビュー）を行っている。当該適用後レビューは，デュー・プロセスをより精緻にするために実施されているものであり，デュー・プロセスによる手続の正統性をより向上させるために実施されるものであると解釈できるのである。このような適用後レビューについては，第4章で検討される。また第5章では，EUによるエンドースメント・メカニズムが取り上げられるが，EUがIFRSの適用を承認するという点については結果の正統性という観点から，またIFRSの開発にEUが積極的に関与するという点については影響の正統性という観点からみることができる。このように本章で検討した正統性は，本書の各章を統括し結び付ける視点になるといえるのである。

《参考文献》

Botzem, S. [2014] *The Politics of Accounting Regulation: Organizing Transnational Standard Setting in Financial Reporting*, Edward Elgar Publishing.

Burlaud, A. and B. Colasse [2011] "International Accounting Standardisation: Is Politics Back?" *Accounting in Europe*, 8 (1), pp.23-47.

Camfferman, K. and S. A. Zeff [2015] *Aiming for Global Accounting Standards: The International Accounting Standards Board, 2001-2011*, Oxford University Press.

Danjou, P. and P. Walton [2012] "The Legitimacy of IASB," *Accounting in Europe*, 9 (1), pp.1-15.

Fulop, M. T. [2014] "Analyze of IASB Futures Priorities Based on Responses at 2011 Agenda Consultation and IASB Actions," *International Journal of Academic Research in Accounting, Finance and Management Sciences*, 4 (1), pp.240-251.

IASB [2016] Analysis of the IFRS jurisdiction profiles. (http://www.ifrs.org/Use-around-the-world/Pages/Analysis-of-the-IFRS-jurisdictional-profiles.aspx 最終アクセス2017年3月31日）

Larson, R. K. [2002] "The IASC's Search for Legitimacy: An Analysis of the IASC's Standing Interpretations Committee," *Advances in International Accounting*, 15, pp.79-120.

Richardson, A. J. and Eberlein, B. [2011] "Legitimating Transnational Standard-setting: The Case of the International Accounting Standards Board," *Journal of Business Ethics*, 98, pp.217-245.

Suchman, M. C. [1995] "Managing Legitimacy: Strategic and Institutional Approaches," *Academy of Management Review*, 20 (3), pp.571-610.

大石桂一［2015］『会計規制の研究』中央経済社。

大日方隆［2013］『アドバンスト財務会計（第2版）』中央経済社。

菊谷正人［2011］「IASC・IASBの変遷の歴史とIAS・IFRSの特徴」『経営志林』第47巻第4号，17-31頁。

杉本徳栄［2008］『国際会計（改訂版）』同文舘出版。

高寺貞男［1988］『可能性の会計学』三嶺書房。

高寺貞男［1992］『会計と組織と社会─会計の内と外─』三嶺書房。

千葉準一［1991］『英国近代会計制度』中央経済社。

山田康裕［2009］「IASBの正統性」日本会計研究学会スタディ・グループ『会計制度の成立根拠とGAAPの現代的意義（中間報告）』第3章所収，31-48頁。

山田康裕［2016］「金融危機における国際会計基準審議会の承認」『ディスクロージャーニュース』第33巻，92-96頁。

外務省ウェブサイト［2008］「金融・世界経済に関する首脳会合 宣言（仮訳）」。(http://www.mofa.go.jp/mofaj/kaidan/s_aso/fwe_08/sks.html 最終アクセス2017年3月31日)

外務省ウェブサイト［2009a］「第2回金融・世界経済に関する首脳会合（ロンドン・サミット）首脳声明『回復と改革のためのグローバル・プラン』（仮訳）」。(http://www.mofa.go.jp/mofaj/kaidan/s_aso/fwe_09/communique.html 最終アクセス2017年3月31日)

外務省ウェブサイト［2009b］「金融システムの強化に関する宣言（仮訳）」。(http://www.mofa.go.jp/mofaj/kaidan/s_aso/fwe_09/sengen_fs.html 最終アクセス2017年3月31日)

外務省ウェブサイト［2009c］「首脳声明 ピッツバーグ サミット（仮訳）」。(http://www.mofa.go.jp/mofaj/gaiko/g20/0909_seimei_ka.html 最終アクセス2017年3月31日)

（山田 康裕）

第3章

IFRSと会計の機能

第1節 はじめに

　国際財務報告基準（IFRS）の基盤には，資産負債アプローチがあるといわれる（たとえば，秋葉［2011］15-17頁；広瀬［2014］15-16頁）。他方，IFRSに対する日本の取組みに関しては，「トライアングル体制の一翼を担う金融商品取引法を前提としている」（神田他［2013］74頁）と指摘されているが，会社法上の配当規制との関わりが問題になるとも指摘されている（神田他［2013］83-93頁）。

　会計には，情報提供機能と利害調整機能があるといわれる。本章の目的は，これら2つの機能が資産負債アプローチに基づく1つの計算構造の中でも併存しうるエフェクトを，IFRSの適用がもたらすことを，試論的に述べることである。ここで，会計の計算構造は，次の段階に分けて検討することが必要だと考えている。

① 技術的側面：可能な限り歴史性や制度性を取り除いた損益計算の一般的な構造のことである。これは，次の②で述べる損益計算の具体的側面を計算構造の中に内部化する基盤となるものである。いわゆる5勘定や損益の内容，認識や測定に関する具体的な議論は，次の②と関係する。

② 具体的側面：会計を取り巻く社会的な要請を会計の制度目的とし，この制度目的の達成に必要な損益計算の構造を検討することである。この検討は，次の2つの側面に分ける必要があると考えられる[1]。

②-1 損益計算の方法に関わる側面：たとえば，債権者保護という制度目

的を資本金勘定の固定化という形で損益計算に反映するという議論[2]がこれにあたる。

②-2　損益計算の要素の認識や測定に関わる側面：たとえば，制度目的実現のために，5勘定を構成する各項目を取得原価や公正価値等を用いて認識や測定に反映することがこれにあたる。

この段階を念頭に置いて，本章では，以下の順序で検討する。第2節では，資産負債アプローチについて述べたアメリカの財務会計基準審議会（FASB）の『討議資料　財務会計報告に関連する諸問題の分析』（以下，FASB討議資料）に基づいて，その技術的側面について述べる。第3節では，国際会計基準審議会（IASB）が公表した「財務報告に関する概念フレームワーク」（以下，IASB概念フレームワーク）を参考に具体化した計算構造の特徴について述べる。これに基づいて，第4節と第5節では，情報提供機能と利害調整機能について検討する。第4節では，情報提供機能に関連して，まず意思決定に有用な情報提供という目的と関連させて公正価値を計算構造の中に位置づけるとともに，このことが持つ意味を会計基準設定主体と投資者等というそれぞれの立場についてフィードバックとフィードフォワードの観点から検討する。第5節では，利害調整機能に関連して，日本の会社法の分配可能額の計算を対象に，その他の包括利益を内容とする「評価・換算差額等」が配当規制に関して持つ意味を検討する。

第2節　資産負債アプローチの計算構造の技術的側面

会計基準の根底にある資産負債アプローチや収益費用アプローチの捉え方に

1　新田［2012］は，計算構造には，「利益計算を目指す計算構造」と「資産負債の評価を目指す計算構造」の2つがあると述べている（2-6頁）。前者は，企業の営利目的に基づき「利益計算を行うように計算構造を構築する」もの，つまり利益の「計算法」に関する研究である。後者は「何を目的として資産負債を把握するか」に関わるもので，債権者保護目的であれば担保能力や返済余力の表示，企業価値・株式価値の増大とすればそれに応じた評価論になるとしている。

2　たとえば，藤田［1997］41-50頁。

ついては議論が分かれる[3]。しかし，FASB討議資料では，「2つのグループ（資産負債アプローチと収益費用アプローチの支持者のこと（引用者））は，利益測定が財務会計および財務諸表の焦点であるという点で，意見が一致している」（para. 45）と述べられている。したがって，本章では，これらのアプローチを利益観として捉える[4]。

次に，資産負債アプローチの計算構造の技術的側面を明らかにするためには，FASB討議資料における以下の指摘が重要であろう。

> 「ある論者たち（資産負債アプローチの論者（引用者））は，利益とは1期間における営利企業の正味資源の増分の測定値であるとみなしている。…資産・負債の属性およびそれらの変動を測定することが，財務会計における基本的なプロセスとなる。…」（para. 34）
> 「資産負債アプローチでは，収益，費用，利得，損失の定義は利益を定義づけない。それらの定義は，利益の定義と同じく純資産の変動から導かれるものであり，…」（para. 209）

これらから，資産負債アプローチの計算構造の技術的側面は，貸借対照表における損益計算が中心であり，損益計算書は，貸借対照表で算定された損益の原因を説明する関係にあるといえる。**図表3-1**は，この関係を示したものである。

---

3 北村［2012］では，2つのアプローチについて，「利益観を表す高邁な理念としての意味と，それとは異なった単なる期間損益計算の手法としての意味の2つが併存する」（20-21頁）と指摘されている。

4 北村［2012］（17頁）では，資産負債アプローチと収益費用アプローチという利益観に基づく計算構造は，「一方の立場に立って会計における利益計算構造を示すべきである」とし，「本来，二つの利益観の合体などということはあり得ない」と両者の相互排他的な関係を指摘している。しかし，現実には両方の見解を併存させるハイブリッドな構造が採用されている点については，両者を，相互補完的な併存可能なものとして捉えているからと指摘している。この指摘に関連して，岡田［2009］では，資産負債アプローチに基づく計算構造において，包括利益と純利益の並存可能性を示した。

[図表3-1] 資産負債アプローチの計算構造の技術的側面

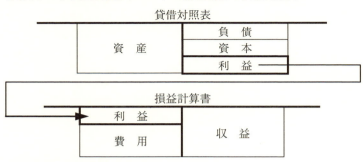

(出所) 岡田 [2008] 19頁。

図表3-1に示す計算構造から，以下の2つの特徴を指摘できる。

（ⅰ）損益の原因の説明範囲が選択可能であること
（ⅱ）損益の原因の説明時期が選択可能であること

　資産負債アプローチの計算構造の技術的側面は，上記2つの選択可能性を持つという意味で，柔軟性を有している。このことが，包括利益と純利益との併存，さらに両者の金額と認識時点を調整するためのリサイクルの必要性に関する議論を引き起こすと考えられる。

第3節　IASB概念フレームワーク

　計算構造の観点からみると，IASB概念フレームワークは，第2節で示した計算構造を具体化させる要素を明らかにしたものと位置づけることができる。このとき特に重要なのは，一般目的財務報告の目的である。IASB概念フレームワークでは，この目的について，次のように述べられている。

　　「一般目的財務報告の目的は，現在の及び潜在的な投資者，融資者及び他の債権者が企業への資源の提供に関する意思決定を行う際に有用な，報告企業についての財務情報を提供することである。」(para. OB2)

第 3 章　IFRS と会計の機能　51

　意思決定有用性といわれるこの目的は,「「概念フレームワーク」の基礎をなす」ものであり, さらに概念フレームワークで述べられる財務情報の質的特性, 財務諸表の構成要素[5], 認識・測定などは,「その目的から論理的に生じるもの」(para. OB1) とされている[6]。このことから, 一般目的財務報告の目的として設定されている意思決定に有用な情報提供が, 技術的な計算構造を具体的(制度的)なそれへの展開を推進する目的(制度的な目的)ということができ, これに基づいて財務情報の質的特性, 財務諸表の構成要素や認識・測定などが明らかにされている。

　これらのうち, 損益計算の中心となる資産や負債は, 経済的便益に基づいて定義されている。経済的便益は,「企業への現金及び現金同等物の流入に直接的に又は間接的に貢献する潜在能力」(para. 4.8) と説明されている。この結果, 資産負債アプローチに基づく IFRS における具体的な利益は, 経済的便益の純増減を内容としているということができる。より具体的には, 現金や現金同等物の流入(キャッシュ・インフローといえる)をもたらす能力を内容としていると考えられる。

　この目的に基づいて, IASB 概念フレームワークでは認識や測定について述べているが, これらに基づく具体的な会計モデルについては, 以下のように述べるにとどまっている。

　　「測定基礎及び資本維持の概念の選択によって, 財務諸表の作成にあたって用いられる会計モデルが決定される。…現在のところ, 当審議会(IASB (引用者))は, …特定の測定モデルを規定する意図はない。しかし, この

---

[5]　IASB 概念フレームワークでは, 利益の測定に直接関係する要素として収益と費用をあげ (para. 4.24),**図表 3-1** と矛盾している。このことから, IASB 概念フレームワークの具体的な計算構造は, 貸借対照表では純資産の計算を主たるものとして捉え, その純増減の原因を表示するものとして, 収益や費用による損益計算を位置づけていると考えることも可能である。しかし, 資本維持の概念は利益を測定する評価基準とも述べている (para. 4.60)。この点で, IASB 概念フレームワークにおいても, 貸借対照表における損益計算を想定していると思われる。

[6]　企業会計基準委員会 (ASBJ) が 2006 年に公表した概念フレームワークに関する討議資料で示されている目的(第 1 章 paras. 1-3) も, 基本的には IASB 概念フレームワークと同じと考えられる。

意図は，各国における進展に照らして再検討されるであろう。」(para. 4.65)

　この結果，第2節で述べた資産負債アプローチの計算構造の技術的側面がもつ柔軟性を基盤とする計算構造の具体的側面は，会計基準を設定する主体および会計を実施する企業にとって，以下の2つを選択可能にしているといえるだろう[7]。

a　期間利益の配分：IASB概念フレームワークでは，測定基礎について，取得原価，現在原価，実現可能（決済）価額，現在価値がさまざまに組み合わされて使用されていると述べている（paras. 4.54-4.55）。近年では公正価値が議論されているが，利用される測定基礎によって，利益の期間配分が変わることを意味している[8]。

b　全体利益：IASB概念フレームワークでは，資本維持について，貨幣資本維持と実体資本維持の2つがあるとし，さらに貨幣資本維持には，名目貨幣単位と恒常的購買力単位の使用を認めている（para. 4.59）。このことは，資本維持の選択によって，全体利益が変わることを意味している。

　IFRSの基盤となるIASB概念フレームワークは，上記2つの選択を可能にすることを通して，多様な損益計算が実務的に生じる余地をもたらしたといえるだろう。この多様性が生じることを前提にして，情報提供機能と利害調整機能のそれぞれがどのように機能するかを，第4節と第5節で検討する。

7　岡田［2016］。また，上野［1993］では，IASB概念フレームワークにおける「測定基礎」に相当する要素を「測定規準」，「資本維持」に関連する測定要素を「測定単位」とし，「異なった測定規準」の採用が利益を報告する期間を変更させるのに対して，全体利益の額は「適用される測定単位」によって相違し，さらに資本維持を規定していると述べている（345-346頁）。

8　IASB概念フレームワークでは，多様な測定基礎（混合測定モデル）について述べているほか，資産負債アプローチ的な損益と収益費用アプローチ的な損益（収益と費用との差額に基づく利益），情報提供機能と利害調整機能など対立する概念があることから，「ホーリスティック観」が背景にあるという指摘もある（角ケ谷［2013］37-38頁）。

第4節　情報提供機能

1　公正価値と意思決定有用性

　IASB概念フレームワークでは，測定基礎として取得原価，現在原価，実現可能（決済）価額，現在価値をあげているが，2011年に公表されたIFRS13号「公正価値測定」（以下，IFRS13号）の公表により，公正価値を測定基礎の中心として位置づけてよいと考えられる。IFRS13号によると，公正価値の定義は以下のとおりである。

　　「測定日時点で，市場参加者間の秩序ある取引において，資産を売却するために受け取るであろう価格又は負債を移転するために支払うであろう価格」（para. 9）

　ここで用いられる価格が出口価格である（para. 24）。これは，以下の3つのレベルで述べられている。

- レベル1：測定日において企業がアクセスできる同一な資産や負債に関する活発な市場における相場価格（無調整）のことである（para. 76）。
- レベル2：資産や負債に特定の（契約）期間がある場合に，その期間のほぼ全体にわたって観察可能なもので，たとえば，活発な市場における類似の資産または負債に関する相場価格や，活発ではない市場における同一または類似の資産または負債に関する相場価格などがある（para. 82）。
- レベル3：測定日において当該資産や負債に関する市場がほとんどない場合に，資産を保有しているかまたは負債を負っている市場参加者の観点からの出口価格のことで，価格付けに用いる仮定を反映したものでなければならない（para. 87）。

　上記のレベルに応じて測定額の信頼性は異なるが，公正価値は，売却に基づ

き企業に流入するであろうキャッシュ・フローと決済に基づき流出するであろうキャッシュ・フローを表す金額という点で共通している。

　このような公正価値は，第3節で述べた一般目的財務報告の目的と関連することはいうまでもない。IASB概念フレームワークでは，投資者と，融資者および他の債権者に分けて，具体的に想定している意思決定の内容とそれに関連する要因を次のようにまとめている（para. OB3）。

　（ア）　投資者
　・意思決定の内容：資本性および負債性金融商品の売買または保有
　・意思決定に関わる要因：当該金融商品への投資から期待するリターン（たとえば，配当，元利支払い，市場価格の上昇）
　（イ）　融資者および他の債権者
　・意思決定の内容：貸付や他の形態による信用供与または決済
　・意思決定に関わる要因：企業への将来の正味キャッシュ・インフローの金額，時期，不確実性（見通し）

　そして，これらをまとめて，IASB概念フレームワークでは，「現在の及び潜在的な投資者，融資者及び他の債権者は，企業への将来の正味キャッシュ・インフローの見通しを評価するのに役立つ情報を必要」（para. OB3）とするものと位置づけている。この上で，この情報の具体的な内容を，「企業の資源，企業に対する請求権，及び企業の経営者や統治機関が企業の資源を利用する責任をどれだけ効率的かつ効果的に果たしたかに関する情報である」（para. OB4）としている。

　すなわち，一般目的財務報告の目的を反映した資産と負債の評価に基づく利益の内容は，経済的便益の純増減ということができるが，第3節でみたように，この経済的便益は，現金同等物の流入に貢献する潜在能力，すなわちキャッシュ・フローの生成能力と関わって定義されている。したがって，利益の内容は，キャッシュ・フロー生成能力の純増減ということになる。出口価格を内容とする公正価値は，理念的には，キャッシュ・フロー生成能力の表示にふさわしいものとIASBは考えているといえるであろう[9]。

第 3 章　IFRSと会計の機能　55

　「その他の包括利益」には，時価評価差額を内容としているものがあるが，これらの計上が可能となるのは，将来のキャッシュ・フローの予測に有用なものだからといえる。「その他の包括利益」は，単に包括利益と純利益の差額（式1）として捉えるだけではなく，むしろ純利益に対する加算項目（式2）として理解する必要があると考えられる[10]。つまり，その他の包括利益の構成項目が将来的に増減する可能性を式2は示すように思われるのである。

　　包括利益－純利益＝その他の包括利益……式1
　　純利益＋その他の包括利益＝包括利益……式2

2　会計情報と意思決定との関わり

　前項では，投資者等の投資意思決定のために不可欠とされるリターンや正味キャッシュ・インフローの予測に関わる情報提供に役立つものとして公正価値を計算構造の中に位置づけた。本項では，フィードバックとフィードフォワードの観点からの検討[11]を通じて，公正価値に代表されるキャッシュ・フローの予測に必要な測定基礎を含む計算構造が果たす意思決定有用性の意味を明らかにする。

(1)　会計基準設定主体

　情報提供機能というとき，それは単に会計情報の送り手（企業）と受け手（投資者等）との間のコミュニケーションの関係に加えて，投資者の意思決定が果たす役割を会計基準設定という枠組みの中で考えることも必要であろう。情報提供機能は，「投資家の意思決定に有用な情報を提供し，もって証券市場の効率的な取引を促進する機能」[12]といわれる。そして，このことは，日本で

9　ただし，公正価値の客観的な測定可能性や信頼性などの解決すべき問題が残されている。
10　企業会計基準第25号「包括利益の表示に関する会計基準」では，その他の包括利益については，「包括利益のうち当期純利益に含まれない部分をいう」（第5項）と述べている。これは式1に対応する。他方で，包括利益の計算の表示については「当期純利益にその他の包括利益の内訳項目を加減して包括利益を表示する」（第7項）としている。計算と表示とは異なるともいえるが，このことを考えないとすれば，第7項の規定は式2に対応する。
11　この詳細については，丸田［2005］が詳しい。

のIFRS導入の前提とされる金融商品取引法の目的ともつながるものがある[13]。証券市場の効率的な取引を通じた社会的な資本配分に，投資者の意思決定を通じて資することが，この機能の究極の目的であるとすれば，会計基準設定主体の関心の1つはここにあると考えられる[14]。

　会計基準設定主体は，制度的な目的達成に必要な投資者の意思決定の内容（とそれに基づく行動）をあらかじめ予測し，それに役立つ内容の情報提供に資する会計基準等の設定ということを大きな枠組みとして捉えることになるであろう。このことが，投資者が将来のキャッシュ・インフローの予測に必要な情報として公正価値を資産や負債の評価の基準としたことに関連するであろう。

　だが，ここで，公正価値に基づく会計基準が，証券市場の効率的な取引を促進したか否かを評価するアウトカムが必要となり，このアウトカムに基づく会計基準の変更等がなされる。本書の第4章で述べられている適用後レビュー等の成果には，これにあたるものも多いと考えられる。これらの成果に基づく会計基準の改正等の流れは，会計基準設定主体がPDCAサイクルに沿った活動をしているといえるであろう。これは設定した会計基準の機能の事後的な評価に焦点が当てられているとみることができるので，「会計基準設定主体にとってのフィードバック型有用性」といえる。

(2) 投資者等

　第3節で述べたように，IASB概念フレームワークが一般目的財務報告の目

12　徳賀・太田[2014]では，投資意思決定支援機能としてこのように述べている（30頁）。会計の情報提供機能は，投資家の意思決定に有用な情報提供といえるが，この情報提供を通じた資源の配分につながると考えられる。

13　「この法律は，企業内容等の開示の制度を整備するとともに，…金融商品取引所の適切な運営を確保すること等により，…資本市場の機能の十全な発揮による金融商品等の公正な価格形成等を図り，もつて国民経済の健全な発展及び投資者の保護に資することを目的とする。」（金融商品取引法第1条）

14　Paton et al. [1940]においても会計の1つの機能として資本の分配について述べている。「収益力に関する信頼できる情報は，有能な者への資本の流入と必要とされていない産業からの流出にとって重要な助けとなりうるので，特に損益計算書との関連において会計の社会的重要性は明らかである」と指摘されている（3頁）。収益費用アプローチにおいても，情報提供機能に関して，現在と同じような指摘がなされていたといえるであろう。

的としているのは，投資者等への情報提供である。したがって，企業が提供した情報を利用する投資者（情報の受け手）が行う将来の正味キャッシュ・インフローやリターン（配当，元利払い等）の予測に対する有用性の意味の検討が必要となる[15]。このキャッシュ・インフロー等の予測における有用性については，フィードバックとフィードフォワードの2つの側面があると考えられる。

　投資者は，投資によって獲得したいと考える目標値としてのキャッシュ・インフローやリターンを持っていると考えられる。そこで，企業が公表した会計情報に基づき今年度に受け取るであろうキャッシュ・インフローやリターンの実績と目標金額との比較に基づく行動の修正[16]が考えられる。これは，自らの行動の事後的な評価という意味で「投資者にとってのフィードバック型有用性」といえるであろう。

　しかし，このようなフィードバック型の有用性であれば，過去の取引に基づく結果としての取得原価評価でも機能するように思われる。実際に受け取る配当等のリターンと自らの目標値との比較には，取得原価とそれに基づく実現主義によって算定される利益のほうが，投資者にとっては実際の投資の成果を判断するためには適切であると考えられるからである。これにもかかわらず公正価値が測定基礎として要求されているのは，フィードフォワードの考えを適用した「投資者にとってのフィードフォワード型有用性」があると考えられる。

　将来のキャッシュ・インフローの予測では，企業が公表した会計情報を投資家が処理するプロセスが必要となる。概念的になるが，この場合には次のような流れになるだろう。

　まず，投資者は何らかの意思決定モデルを持っていると考えられる。このモデルに対するインプットが，企業が公表する情報である。そして，これらのモデルからのアウトプットが，彼らが受け取るであろうリターンや正味キャッシュ・インフローの予測値である。この場合，投資者が持っている目標値としてのキャッシュ・インフローを予測値としてのキャッシュ・インフローと比較

15　情報の送り手（企業）の立場に立ったフィードバックとフィードフォワードについては，醍醐［2001］8-9頁で述べられている。

16　株を例にとれば，株式の売却，新規取得（追加取得）の他，保有を続けるという意思決定も含まれる。

する。この比較によって，目標値を修正することもあれば，目標達成のために追加投資や株式の買替えを行うことになるであろう。

　そして，投資者にとっては将来のキャッシュ・インフローの予測値が関心の対象となるので，この予測値と目標値とのずれを修正するためには，取得原価よりも出口価格を基本とする公正価値が必要になってくると考えられる[17]。

　本項での議論をまとめると，**図表3-2**のようになるであろう。資産負債アプローチの計算構造の技術的側面に公正価値を内部化するのは，会計基準設定主体の立場から見れば，会計情報が社会的な資源配分に資するためである。こ

[図表3-2] フィードバックとフィードフォワード型意思決定有用性

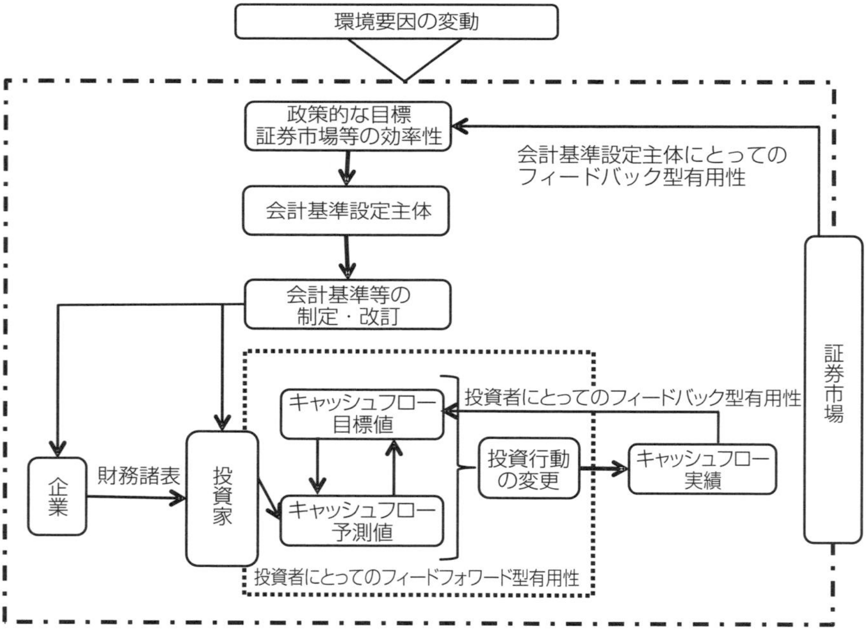

（出所）筆者作成。

17　IASBフレームワークでは，有用な財務情報の質的特性の1つとして適時性があげられている（par. QC 29）。これは，情報のフィードフォワード型有用性とかかわっているといえるだろう。もちろん，フィードバック的な側面においても適時性のない情報は意味をなさないが，将来の予測のために意味があるといえる。

れを投資者の立場から見れば，フィードフォワード的な意思決定に資するためであると考えられる。

第5節　利害調整機能

　IASB概念フレームワークでは，「企業及びその債権者を損失の影響から保護するための追加的手段として，制定法又はその他の法律によって準備金の設定が要求されることがある」(para. 4.21) と述べるように，特定の国の法律等による規制については，それを許容している[18]。このことは，各国が会計制度として具体的な計算構造を構築する際，それぞれが利害調整のために育成してきた独自の商慣習や法的な思考等を生かせる素地を残していることでもある。そこで本節では，日本の会社法に基づいて，公正価値と利害調整機能の関係について検討する。

1　公正価値と配当規制

　日本で会計の利害調整機能というとき，株主有限責任制と債権者保護との関連で，株主と債権者との利害調整が問題となる。公正価値がこの利害調整に及ぼす影響について，徳賀・太田［2014］では，経営者の裁量の余地が拡大し，「キャッシュ（あるいはキャッシュと同等とみなしうる換金性の高い資産）が存在しないにもかかわらず配当が行われたり，不適切な見積もりによる過剰配当が行われたりする可能性が高まる」(38頁) と指摘している[19]。

　現在，日本の会社法では，個別財務諸表の場合，配当として処分可能な分配可能額の計算において，分配可能な剰余金の額からのれん等調整額やその他有

18　このほか，IASB概念フレームワークでは，「例えば，法人企業においては，株主からの出資金，留保利益，留保利益の処分を示す準備金と，資本の維持修正を示す準備金は，別個に表示されることがある。…こうした分類はまた，企業に対する所有持分を有する者が，配当の受領又は拠出資本の償還に関して，異なる権利を有しているという事実を反映することもある」(para. 4.20) とも述べている。

19　徳賀・太田［2014］では，利害関係者として，経営者，債権者，株主，金融監督機関を取り上げ，それぞれが会社と結ぶ契約について，経営者報酬，債務契約，配当規制，金融監督・規制を取り上げ，それぞれに対する公正価値の影響をまとめている。

価証券と土地再評価差額金がマイナスの場合のその金額等の控除等の規制をしている（第461条，会社計算規則第158条）。今後，このあり方の検討によっては，支払不能テストの導入等，日本の会社法とは異なる利害調整の方法が生じる可能性もあるだろう[20]。

2 その他の包括利益と配当規制

　株主有限責任制の下で債権者保護を目的とする日本の会社法では，株式会社が保有する財産が債権者に対する唯一の担保と考えられている（宮島［2006］330頁）。このことから，債権者に対する責任財産の確保の基準として資本金の規定，将来生じる可能性がある欠損を直ちに塡補するための法定準備金の積立ての強制，剰余金配当の要件等を定めているとされている（宮島［2006］334頁，339頁）[21]。他方，現在の会社法では，その他資本剰余金を配当額の計算要素となる剰余金に含めるなど，債権者に対する担保の維持という意味での債権者保護が後退していると見ることもできる。

　しかし，前項でもみたように，現在の会社法では，純資産の部に「評価・換算差額等（その他の包括利益累計額）」として表示される「その他有価証券評価差額金」と「土地再評価差額金」がマイナスの場合（つまり評価損失が生じている場合），その金額を分配可能な剰余金から控除することを求めている。

　これらの評価・換算差額等の項目のマイナス金額は，将来の会計期間において，配当につながるキャッシュ・インフローの減少（さらにはマイナスのネット・キャッシュ・インフロー）の可能性を意味する。このように将来のキャッシュ・インフローの予測に対する情報の有用性の議論，すなわち第4節で述べた情報提供機能の議論では，一定の株主が，一定の期間，一定の会社の株の保有を継続する意思を有していることが前提とされていると思われる。しかし，現在の株式会社では，株式の流通，すなわち，当期と次期とでは，株主が異なっていることも前提とする必要がある[22]。

20　欧州各国等の利害調整については，弥永［2012］が詳しい。
21　藤田［1997］は，株式会社の資本金勘定の固定化と準備金勘定の成立を，株主と債権者の間や，当期と次期の株主の間でのリスク・シェアリングの観点から説明をしている（41-50頁）。
22　藤田［1997］45頁。

株主の交代を前提とした場合，分配可能な金額から，これら項目のマイナス額を控除することは，将来生じる可能性が高い損失（マイナスのキャッシュ・インフロー）相当額を当期の株主が配当として受け取れないことを意味する。第3節で述べたように，資産負債アプローチの下では，利益は将来のキャッシュ・インフローの生成能力の純増分を内容としている。その他の包括利益に相当する評価・換算差額等の項目も，将来のキャッシュ・インフローの生成能力を示すものである。これらがマイナスの場合に，それに相当する資産額の流出の抑制は，キャッシュ・フロー生成能力の一部を社内に留保する役割がある。このことは，当期の株主が，当期に生じた評価・換算差額等のマイナス額相当分の配当を受けず，将来のキャッシュ・フロー生成能力を会社に留保することにより，次期以降の株主が負担するキャッシュ・インフローのマイナスが生じる可能性を減らす仕組みになっているといえるであろう。

そして，この規制に基づき配当されなかった部分は，現在の会社法における利益準備金と同じような役割を果たしているといえる。利益準備金は，債権者保護のために利益の一部に相当する資産の流出を留保し，担保としての財産を厚くするという役割を果たしているが，評価・換算差額のマイナス分を分配可能額から控除するということも，会社の資産流出を防ぐことになるので，債権者保護にも役立っているといえる。近年の会社法では債権者保護機能が後退していると評されることもあるが，評価・換算差額のこのような扱いはこれをカバーするものと位置づけることが可能であろう[23]。

第6節　おわりに

本章では，資産負債アプローチに基づくIFRS適用が，その損益計算構造においても会計の情報提供機能と利害調整機能とが併存しうるエフェクトを持つことを考察した。具体的には，公正価値に代表される多様な測定基礎を計算構造の中に内部化した会計は，フィードバックとフィードフォワードの側面から意思決定に有用な情報を提供するとともに，評価・換算差額のマイナス額を配

23　ただし，このカバーの程度およびその妥当性は，今後の課題である。

当規制とすることによって利害調整の役割も果たすと考えられる。

現在の会計学研究では，会計の機能について，実証研究が主流をなしているように思われる。しかし，このような機能をなぜ会計が果たすことが可能なのかという研究も必要ではないかと考える。計算構造論は，この点に関する1つの研究アプローチになると思われる。

投資者の意思決定に有用な情報の提供は，資本市場のグローバル化を通じてグローバルな資本配分につながる。他方，株主・債権者の利害調整は，それぞれの国や地域における商慣習や法制度の相違を反映する必要がある。この地球規模の課題と各国の課題の2つを同時に果たそうとしているのが，現在のIFRS適用のエフェクトといえるだろう。そして，ある意味でこの二律背反する課題に対する対応を可能としているのが，本章で論じた資産負債アプローチの計算構造の柔軟性ではないかと思われる。

ただし，収益費用アプローチの計算構造でも同様のことがいえないか等の検討が必要である。収益費用アプローチでも同様のことがいえるのであれば，2つのアプローチが必要となる理由，なぜ収益費用アプローチから資産負債アプローチに変化するのかというダイナミックな研究等が必要となるであろう。

《参考文献》

FASB [1976] *FASB Discussion Memorandum, An Analysis of Issues Related to Conceptual Framework for Financial Accounting and Reporting: Elements of Financial Statements and Their Measurements.*（津守常弘監訳［1998］『FASB財務会計の概念フレームワーク』中央経済社）

IASB [2010] *Conceptual Framework for Financial Reporting.*（「財務報告に関する概念フレームワーク」，IFRS財団編『2016 国際財務報告基準』Part A所収，中央経済社）

IASB [2011] *IFRS 13, Fair Value Measurement.*（国際財務報告基準13号　公正価値測定」，IFRS財団編『2016 国際財務報告基準』Part A所収，中央経済社）

Paton, W.A. and A.C.Littleton [1940] *An Introduction to Corporate Accounting Standards,* American Accounting Association.（中島省吾訳［1958］『会社会計基準序説』（改訳版），森山書店）

秋葉賢一［2011］『エッセンシャルIFRS』中央経済社。
上野清貴［1993］『会計利益測定の構造』同文舘出版。
岡田裕正［2008］「包括利益と純利益」，藤田昌也編著『会計利潤のトポロジー』第2章所収，

同文舘出版，13-28頁。
岡田裕正［2009］「包括利益と純利益の並存—ASBJ討議資料との関連で—」『会計理論学会年報』第23巻，2-11頁。
岡田裕正［2016］「会計基準の標準化と会計実務の多様化の可能性」『会計理論学会年報』第30巻，3-12頁。
神田秀樹・弥永真生・郡谷大輔・伊藤邦雄［2013］「(座談会) IFRSと会社法」，伊藤邦雄責任編集『別冊企業会計 企業会計制度の再構築』(第2部所収)，73-94頁。
企業会計基準委員会（ASBJ）［2006］『討議資料 財務会計の概念フレームワーク』。
北村敬子［2012］「資産負債観と財産法」，北村敬子・新田忠誓・柴健次編著『企業会計の計算構造』(体系現代会計学第2巻)第1章所収，中央経済社，11-24頁。
醍醐聰［2001］『会計学講義（第2版）』東京大学出版会。
角ケ谷典幸［2013］「歴史的原価会計と公正価値会計のフレームワーク」『日本簿記学会年報』第28号，35-42頁。
徳賀芳弘・太田陽子［2014］「会計の契約支援機能を踏まえた情報提供のあり方について：公正価値評価の拡大の影響を中心に」『金融研究』第33巻第1号，29-59頁。
新田忠誓［2012］「計算構造へのアプローチ」，北村敬子・新田忠誓・柴健次編著『企業会計の計算構造』(体系現代会計学第2巻)序章所収，中央経済社，1-8頁。
広瀬義州［2014］『新版 IFRS財務会計入門』中央経済社。
藤田昌也［1987］『会計利潤論』森山書店。
藤田昌也［1997］『会計利潤の認識』同文舘出版。
丸田起大［2005］『フィードフォワード・コントロールと管理会計』同文舘出版。
宮島司［2006］『新会社法エッセンス（第2版）』弘文堂。
弥永真生［2012］『国際会計基準に関する会社法上の論点についての調査研究』商事法務。
　　　(http://www.moj.go.jp/content/000103261.pdf 最終アクセス日2017年3月31日)

（岡田 裕正）

第4章

会計基準設定と適用後レビュー
──IFRS 3 号を中心に──

第1節　はじめに

　本章の目的は，会計基準のエフェクト測定のために基準設定主体サイドが実施している適用後レビュー（PiR）について，制度と実例を検討しながら，その問題点を論じることである。具体例として，2013年7月から実施され，2015年6月に最終的な『報告書およびフィードバック文書』が公表された国際財務報告基準（IFRS）3 号「企業結合」に対するPiRを中心に取り上げる。当該検討を通じて，PiRの問題点を考察する。同PiRはこれまで国際会計基準審議会（IASB）が実施したPiRのうち，IFRS第8号「事業セグメント」につづき2番目に発表された直近の例である。

　PiRとは，会計基準の新設・修正後に実施される適用後レビューのことである。アメリカでは財務会計財団（FAF）が財務会計基準審議会（FASB）と政府会計基準審議会（GASB）に対して実施しており，またIASBでも実施されており，PiRはデュー・プロセスの一部を構成している。

　本章の構成は次のとおりである。第2節では，会計基準設定過程におけるステップの1つであるPiRに関して，IASBが行うPiRの目的，手続，実施規準などについて検討する。また，FAFとIASBのPiRの異同性についてもみていく。第3節では，IFRS第3号「企業結合」に対して実施されたPiRのプロセスとして，検討開始から『情報要請（RFI）』の公表に至る第1フェーズと，最終的な『報告書およびフィードバック文書』の公表に至る第2フェーズについて，その内容と過程を確認する。IFRS第3号PiRの論点の重要性ゆえに，同時期に公

表された関係規制主体等のレポート等についても触れる。第4節では，IFRS3号に対するPiRにおいてサーベイされた学術研究レビューを検討する。第5節では，会計基準設定におけるPiRが抱える問題点について考察し，結びとする。

第2節　IASBにおける適用後レビュー

1　IASBにおける適用後レビュー

IASBにおけるPiRは，IFRSFの『デュー・プロセス・ハンドブック』において，para. 6.52からpara. 6.63にわたり示されている（IFRSF［2013］pp.35-36）。PiRは，IASBが「新規のIFRS又は大規模修正のそれぞれについてPiRの実施を求められる」もので，「通常，新たな要求事項が国際的に2年間適用された後に開始」される（para. 6.52）（IFRSF［2013］p.35；企業会計基準委員会（訳）［2012］40頁）。

図表4-1は，デュー・プロセスにおける適用後レビューの位置づけと概要をまとめたものである。

PiRには2つのフェーズが設けられる。第1フェーズでは「検討すべき事項の当初の識別及び評価」を行い，情報要請として公表され，「IASBの公開協議の対象となる」。第2フェーズでは，第1フェーズ後に「情報要請から受け

［図表4-1］デュー・プロセスにおける適用後レビュー

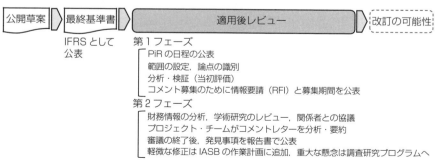

（出所）企業会計基準委員会（訳）［2012］78-80頁；IASB［2010］p.3（日本公認会計士協会（訳）［2010］3頁）をもとに，筆者作成。

取ったコメントを，他の協議活動を通じて収集した情報とともに検討」し，「IASBは発見事項を提示し，レビューの結果として，行う予定のステップがあれば，それを示す」とされる（para. 6.54）（IFRSF［2013］p.35；企業会計基準委員会（訳）［2012］41頁）。

第2フェーズでは，第1フェーズの「情報要請に対する回答」の検討に加え，「レビュー対象としているIFRS及び情報要請におけるフィードバックに応じ」，「(a)財務諸表又は他の財務情報の分析」，「(b)レビュー対象としているIFRSの適用に関する学術研究その他の研究調査のレビュー」，「(c)質問票調査，インタビュー及び関連する関係者とのその他の協議」など「他の情報又は証拠で補足することが必要かどうかを検討する」（para. 6.60-6.61）（IFRSF［2013］p.36；企業会計基準委員会（訳）［2012］41-42頁）。

2　FAFとIASBで実施された適用後レビューの一覧

アメリカにおけるPiRは，FAFの評議員会により選ばれた専門チームによって実施される。対象となるのは，FAFが監督するFASBとGASBの設定した会計基準である（FAF［2015］p.1）。PiRにかかわる目的や手続など，具体的な内容は，FAF［2016］に示されている。

次の**図表4-2**は，FAFがFASBに対して実施したPiRとIASBにおいて実施されてきたPiRに関して，その対象となる基準と最終報告が公表された時点の一覧を示したものである[1]。

図表4-2からも明らかなとおり，FAFがFASBの基準書に対してPiRを実施した後，IASBがIFRSに対するPiRを実施している。時系列にみて，FAFが先発，IASBが後発となっているだけでなく，取り扱われる論点も，FASBに対するPiRと同じ論点を含むIFRSに対して，その後，IASBが実施している[2]。

1　表中のFINとは解釈指針（FIN）のことであり，FASとは財務会計基準（FAS）のことである。
2　このほか，FAFがGASBの基準に対して実施したPiRとして，2013年4月に第3号と第40号について，2013年9月に第10号と第30号について，2014年8月に第42号について，2015年11月に第33号と第36号について，2016年8月に第49号について，2016年11月に第54号について，それぞれ実施されている。

[図表4-2] FASBとIASBに対するPiRの一覧

FASB			IASB		
年月	対象#	名称	年月	対象#	名称
2012年3月	FIN 48	不確実性のある法人所得税の会計			
2013年3月	FAS 131	セグメント報告			
2013年5月	FAS 141(R)	企業結合			
			2013年7月	IFRS 8	事業セグメント
2013年12月	FAS 109	法人所得税の会計			
2014年3月	FAS 157	公正価値測定			
2014年8月	FAS 123(R)	株式に基づく支払			
2015年5月	FAS 160	連結財務諸表における非支配持分			
			2015年6月	IFRS 3	企業結合
2016年2月	FAS 128	1株あたり利益			
			現在進行中	IFRS 10	連結財務諸表
				IFRS 11	共同支配の取決め
				IFRS 12	他の企業への関与の開示
				IFRS 13	公正価値測定

(出所) FAFおよびIASBのwebサイトに掲載されているPiRの情報をもとに (最終アクセス2017年3月31日)，筆者作成。

 他方，両者に対しては，PiRを実施する主体に関する差異も認められる。証券取引委員会 (SEC) [2012] で指摘されているとおり，IASBのPiRに対する責任は，評議員会よりもIASB自身にあるという点である。アメリカの会計基準設定過程では，FAFがPiRを実施しており，IFRSのPiRに関しても報告構造について検討の余地があるかもしれない (SEC [2012] pp.47-48)。

第3節　IFRS 3号と適用後レビュー

 図表4-3は，企業結合プロジェクトによる基準見直しの過程と，IFRS 3号に対するPiRの経過をまとめたものである。

[図表4-3] 企業結合プロジェクトによる基準見直しの過程

デュープロセスに おけるステップ		年月	出来事
改訂の基準設定過程		2001年	IAS22号の見直し開始
		2004年3月	IFRS 3号，IAS36号と38号の改訂版を公表
		2008年1月	IFRS 3号（2008年改訂）とIAS27号（2008年修正）を公表
適用後 レビュー	第1 フェーズ	2013年7月	PiRの範囲は，企業結合プロジェクト全体と他の基準の結果的修正とすると，IASBが合意
		2014年1月	RFIの公表
	第2 フェーズ	2014年2-5月	利害関係者への広範で焦点を絞った協議，および学術文献のレビュー
		2014年5月	RFIへのコメント締切　93のコメントが寄せられた
		2014年9月	寄せられた情報と学術研究のレビューのまとめをIASBに提示
		2014年12月	発見事項のまとめをIASBに提示
		2015年6月	報告書およびフィードバック文書をIASBが発行

(出所) IFRSF [2014], pp.8-9; IFRSF [2015], p.36をもとに，筆者作成。

1　IFRS 3号に対する適用後レビュー：第1フェーズ

　IFRS 3号に対するPiRは，さまざまな利害関係者の立場から見た，IFRS 3号の適用が財務報告に与える影響を評価すること目的とし，具体的に3点が示されている。IFRS 3号が利用者に有用な情報を提供しているか，IFRS 3号に適用上の課題があり，要求事項の首尾一貫した適用が損なわれている領域があるか，IFRS 3号の要求事項の作成，監査または執行の際に，あるいは当該基準が提供する情報を利用する際に，予想外のコストが生じているかである（IFRSF [2014] p.4.；IASB（訳）[2014] 4頁）。

　IFRS 3号に対するPiRは，2013年7月のIASB会合においてはじめて検討された。その後，各種の会議でも検討がなされ[3]，約半年が経過した2014年1月にRFIが公表され，第1フェーズを終えた。RFIに対するコメント募集の期限は

3　個々の会合のプロセスと検討された資料等はIASBのwebサイト（http://www.ifrs.org/Current-Projects/IASB-Projects/PIR/PIR-IFRS-3/Pages/Discussion-and-papers-stage-2.aspx　最終アクセス2017年3月31日）を参照されたい。

2014年5月末とされた（IFRSF［2014］p.20；IASB（訳）［2014］19頁）。第1フェーズにおいてIASBは，公開されている資料のレビュー，利用者，監査事務所，評価専門家，作成者，規制主体，各国基準設定主体との意見交換，とくに事業の定義に関してさまざまな業種の作成者へのアウトリーチ活動とその分析，既存の学術研究や他の文献の予備的レビュー，検討すべき論点の予備的整理などが行われた（IFRSF［2014］pp.4-5；IASB（訳）［2014］4・5頁）。

　IFRS3号に対するRFIにおいてコメント募集された情報とは，「IFRS3号の適用及び企業結合プロジェクトから生じた他の基準の結果的修正のあらゆる側面に関する情報」である（IFRSF［2014］p.10；IASB（訳）［2014］10頁）。これを明確にするため，2004年のIFRS3号の新設内容，2008年のIFRS3号の修正内容，企業結合の個別論点に関係する国際会計基準（IAS）27号「連結および個別財務諸表」，36号「資産の減損」，38号「無形資産」，各種基準の内容等に関連して，10項目におよぶ質問がRFIにおいて示された。第1から第5までの項目は，回答者の経歴および経験，事業の定義と課題，公正価値，無形資産をのれんと区別して認識すること，および，負ののれん，のれんおよび耐用年数が確定できない無形資産の非償却と減損である。第6から第10までの項目は，非支配株主持分（non-controlling interest：NCI），段階取得および支配の喪失，開示，その他の事項，2008年のIFRS3号修正の影響にかかわる項目であった（IFRSF［2014］pp.10-19；IASB（訳）［2014］10-18頁）。

2　IFRS3号に対する適用後レビュー：第2フェーズ

　2014年1月のRFI公表後，IFRS3号に対するPiRは第2フェーズに入る。2月から3月にかけて利害関係者に対する広範なコンサルテーションと学術文献のレビューが行われた。期限までに93通のコメントを受け取った。9月のIASB会議で，受け取った情報と学術文献のレビューの要約が示され，12月にそれらの見解がまとめられた。そして，2015年6月に最終的な報告とフィードバックの文書が発行された（IFRSF［2015］p.36）。

　企業結合プロジェクトをカバーするこのPiRにおいてとくに焦点が当てられたのは，事業の定義，企業結合における公正価値測定，のれん以外の無形資産の個別の識別および負ののれんの会計，のれんおよび他の非償却無形資産の減

損，非支配持分の会計，段階取得や支配の喪失の会計，開示の7点である[4]。最終報告書において，発見事項および可能な対応について検討している（IFRSF［2015］pp.4-13）。

収集されたエビデンスに基づき，さらなる調査が必要と考えられる論点が検討された。その際，情報の有用性に関する投資者の関心，作成者，監査人または規制主体の関心，ASAFが今後の取組みを勧告している論点か，SFAS141(R)「企業結合」にかかわる論点かの4つの規準に基づき重要性を判断した（IFRSF［2015］p.7）。

第2フェーズで焦点が当てられた論点は12に集約された。このうち，重要性が高いとされたのは，のれんの減損テストの有効性および複雑性と，のれんの事後（subsequent）の会計処理（減損のみアプローチと，償却と減損アプローチとの比較）の2点である。重要性が高いまたは中程度とされたのは，事業の定義の適用の困難さと，顧客関係やブランドなどの無形資産の識別および公正価値測定の2点である（IFRSF［2015］pp.8-10）。2015年2月，重要性が高いと考えられた4点について，リサーチ・アジェンダに加えることを決めた。FASBもこれらの論点に取り組んでおり，IASBも協調しつつ，さらにこの領域に関心をもつ他の国の基準設定主体とともに資源を集めていきたいと考えているという（IFRSF［2015］p.10）。

3　IASB以外の基準設定主体等による関連レポート

IASB3号に対するPiRは，2013年7月から2015年6月に至るプロジェクトであった。これとほぼ同時期，関係する規制主体，基準設定主体などから，のれんの償却や減損にかかわる論点を対象としたレポートや調査結果が相次いで公表されている。

2013年1月，欧州の金融システムのうちとくに証券監督規制を担う欧州証券市場監督局（ESMA）は，IASBによるIFRS3号PiRのプロジェクト始動に先駆け，「IFRS財務諸表におけるのれんおよびその他無形資産の減損に関する欧

4　IASBF［2014］RFIに含まれていた，その他の事項や影響に関して受け取ったコメントとIASBの対応についても言及されている（IFRSF［2015］，pp.26-27）。

州規制執行主体のレビュー」と題するレポートを発表した（ESMA［2013］）。同レポートは，IAS36号「資産の減損」に関連して，多額ののれんを有する235社を対象サンプルとしている。2010年のIFRSに従う対象企業の財務諸表において7,900億ユーロののれんが認識されていたが，欧州金融危機のさなかである2011年に計上されたのれんの減損損失は全体で400億ユーロであった。また，対象企業の43％で，純資産簿価の市場総額（market capitalization）は帳簿価額を下回っていた。ESMAは，純資産の時価簿価比率の変化や減損損失の限定性などから，2011年の減損の程度が，金融・経済危機の影響を適切に反映しているかどうか疑問があるという（ESMA［2013］p.3）。

　イギリスにおける財務報告の監督規制主体であるイギリス財務報告評議会（FRC）の会計・財務報告政策（Accounting and Reporting Policy）チーム・スタッフは，2014年3月，「無形資産とその償却に関する投資家見解」と題する研究報告書をまとめた。これはIAS38号の無形資産，IFRS3号の企業結合などの基準に関して，2013年4月から2014年1月にかけて33の投資家・機関にアプローチし，そのうち27の投資家・機関（多くが連合王国，一部はドイツの投資家）から同意，返事を受けたものに基づいている。回答者の半分以上となる52％が財政状態計算書に関して，59％が損益計算書に関して，IAS38号の規定と異なる会計処理を選好すると答えた。回答者の37％は消耗性（wasting）無形資産と有機的取替（organically placed）無形資産とに分けて捉え，資産化償却の要・不要を峻別していた。買収とは異なり別途取得した無形資産に関して，89％もの多数の投資家が当該無形資産の資産化を支持し，56％の投資家が損益計算書において毎年償却されることが正しいと述べた（FRC［2014］pp.2-18）。

　欧州の財務会計・報告の規制監督機関の1つである欧州財務報告諮問グループ（EFRAG），日本の会計基準設定主体である企業会計基準委員会（ASBJ），イタリアの会計基準設定主体（OIC）が，共同で無形資産の認識，測定，償却，減損に関する共同研究を行い，その成果を2014年7月に「のれんは，なお，償却しなくてよいか－のれんの会計処理と開示」と題する共同レポートとして報告した。IFRS3号，IAS36号によって示された，のれんの均等償却は行わず減損処理のみ行うという「減損のみアプローチ」に対して，利害関係者がどのように捉えているかを検討している。リサーチの前段として，のれんの認識，

償却,減損,その他の処理をはじめ,IFRS 3 号PiRにおける主要論点,そしてIASBの基準設定に関する検討に関して,議論が活発となることに寄与することも意識されている。EFRAGとOICによる国際的調査,ASBJによる日本国内的調査等を通じた質問票調査に基づきつつ,同レポートでは,総意として,のれんの償却が再び導入されることを肯定的にとらえる結論を示している(ASBJ et al.［2014］pp.4-5, pp.8-9, pp.12-17；ASBJ［2014］,（仮訳）［2014］5-6頁,9-10頁,13-19頁；関口・太田［2014］)。

そして,ASBJは,質問票調査やヒアリング等を通じ,のれんの償却等の論点を重点的に検討する研究を独自に行い,2015年6月,「のれんの償却に関するリサーチ」(ASBJリサーチ・ペーパー第1号)を公表した。日本基準ではIFRS 3 号の規定と異なり,のれんの償却が認められており,それに鑑み,のれんの償却を行えるという環境下での各種要因や効果の検証が対象とされた。また日本では修正国際基準（JMIS）として,のれんの会計処理が検討されていたという事情もある。JPX企業の開示情報調査,質問票調査,学術研究レビュー,利用者へのヒアリングなどが行われた。その結果,のれんの償却に肯定的な見解が多くの関係者から得られたものの,その具体的な会計処理に関して少なくない問題等が示されていることが「予備的考察」として提示されている（企業会計基準委員会［2015］3-6頁,19-22頁)。

第4節　適用後レビューと学術研究レビュー
——IFRS 3 号を事例に

1　IFRS 3 号の適用後レビューにおける学術研究レビュー

IFRS 3 号に対するPiRでの学術研究の利用に関して,最終的な『報告書およびフィードバック文書』では,同文書で取り扱い,またフィードバックで参考にしている研究群が,総合的解釈,概要の一覧表示の形式をもって紹介されている（IFRSF［2015］)。ただし,これらは概要であり,その詳細として,3つの段階の学術研究レビューが,別途,公表されている。2013年11月公表のレビュー,2014年9月公表のレビュー,同年12月公表のレビューの3つである[5]。

まず，最初に公表された学術研究レビューは，2013年11月に公表されたIASB［2013b］であり，PiR第1フェーズでの学術研究レビューの成果である。学術研究レビュー以外の内容も多く含んでいるものの，学術研究レビューに関しては，4つのパラグラフと論文概要一覧で構成される。基準の適用方法7本，のれんおよび減損7本，価値関連性などの経済的影響（価値関連性10本，それ以外9本）についてまとめられている。なお，ここで検証された論文のうち半数以上が，IASB［2014a］の論文概要一覧に未掲載となった（IASB［2013b］pp.42-48；IASB［2014a］pp.20-22）。

つづいて公表された学術研究レビューは，2014年9月に公表されたIASB［2014a］であり，PiR第2フェーズでの学術研究レビューの成果である。56のパラグラフと論文概要一覧で構成される。価値関連性9本，適用とインセンティブ6本，コンプライアンス7本についてまとめられている。IFRS3号に対するPiRの最終的な『報告書およびフィードバック文書』では，このIASB［2014a］による論文概要一覧が示されており，最終報告とフィードバックの論拠と位置づけられているようである（IASB［2014a］pp.20-22；IFRSF［2015］pp.31-33）。

最後に公表された学術研究レビューは，2014年12月に公表されたIASB［2014b］であり，これはPiR第2フェーズでの学術研究レビューに対して，さらに主にアメリカを対象とした学術研究文献を追加したもので，最終的な『報告書およびフィードバック文書』公表前の直近の学術研究レビューである。32のパラグラフと論文概要一覧で構成される。IASB［2014b］は，IASB［2014a］に，アメリカを対象とした研究群として，価値関連性5本，適用とインセンティブ7本が加えられてまとめられている（IASB［2014a］pp.20-22；IASB［2014b］pp.20-27）。

2　IFRS3号の適用後レビュー最終報告における学術研究

RFIで示された10項目に及ぶ質問のうち，とくに第3項目である公正価値測

5　IASB［2014a］およびIASB［2014b］の冒頭Contact(s)において，西オーストラリア大学のAnn Tarca教授の氏名，メールアドレス，電話番号が示されている。

定，第4項目である無形資産とのれんとの区分認識，第5項目である減損の質問に関して，主に学術研究レビューの焦点は当てられた。そして，のれんおよび減損に関する価値関連性，選択と情報開示という適用の問題，監査と執行の3つの分野に関して，学術研究レビューはまとめられている。

　のれんおよび減損に関する価値関連性に関する文献レビューを通して，IFRS3号の適用が投資家にとって，のれん，識別可能な無形資産，のれんの減損損失の測定に有用との指摘がいくつもの文献でなされていた。文献一覧に，のれんおよび他の無形資産が株価と正の関連があり，減損費用が負の関連があるという結果の研究が示されている。ある単独の国を対象とした研究でIFRS3号によるのれん情報がアナリストにとってより有用で将来業績と正の関連があるとする結果もあった。IFRS3号が発行されたことで経営者が将来キャッシュフローに関する情報を伝達させ，IFRS3号が基準設定の目的を達したとする論者もいた（IASB［2014a］pp.5-8）。

　選択と情報開示という適用の問題では，予想通り，経営者がのれんおよび減損費用の認識に裁量をはたらかせる学術研究の証拠が示された。利益平準化やビッグバスなども示された。経営者の在職期間と減損の選好とが関連するものの，すべての研究でそれが示されたわけではなく，分析対象となる国によって結果は異なっていた。減損認識と経済的ファンダメンタルズとが関連しており，投資家にとって減損は有用な情報を捉えると結論付ける論者もいた。また，とくに2008年から2009年にかけて，減損認識のタイムラインが，国によってさまざまとなっており，疑問を示す研究もあった。さらに，産業や国ごとに情報開示の水準は異なり，減損に関連する情報開示が情報利用者にとって重要と考える研究もあった（IASB［2014a］pp.8-15）。

　監査と執行にかかわる学術文献において，減損およびその規模は，会計基準や法の執行の水準という国ごとの差異と関連することが示された。概して，減損はIFRSを適用するアメリカ企業と関連するが，ビッグ4を監査人とすることとの関連は見つからなかった。また，IFRS3号やIAS36号の情報開示要求のコンプライアンス水準は，企業，産業，国によって異なり，ビッグ4を監査人にもつ企業ほど順守の度合がより高くなるとする研究もあった。さらに，減損テストにかかわる主たる項目は情報開示ではない，基準を初めて適用してか

ら順守水準が改善されるとする研究もあった（IASB［2014a］pp.15-19）。

　それでは，以上に要約される学術研究のレビュー成果は，最終報告とフィードバックの内容において，どのように触れられているのだろうか。まず，今後の重要度の評価として高いと判断された，のれんの事後の会計処理（減損のみアプローチと，償却と減損アプローチとの比較）の箇所において，学術研究のレビューにより，減損のみアプローチが価値関連性があるということが明記されている（IFRSF［2015］p.8）。また，寄せられたメッセージに対するフィードバックの箇所に関して，のれんおよび耐用年数が確定できない無形資産の減損においても，減損のみアプローチが価値関連性があることが学術研究により示されていることが述べられている。その一方で，PiRへの参加者と学術的証拠との間に相違があることを理解し，検討していく必要があることも言及されている（IFRSF［2015］p.21）。

第5節　おわりに

　本節では，PiRの問題点として，IFRS3号のPiRにみる学術研究利用の問題点，PiRの手続等の不明確さ，そもそもPiRは必要かという3つの点について考察する。

　第1の問題点として，IFRS3号のPiRを検討したことで明らかとなった，学術研究レビューに関する問題点が指摘できる。

　まず，価値関連性に関して減損のみアプローチが重点的に検討されている点である。減損のみアプローチに対する価値関連性を重視した学術研究レビューに対して，IFRS3号の導入が償却は行わず減損を行うとした会計処理を定めたことに直結する重要な論点であり，第3節で検討したIASB以外の規制主体，基準設定主体等による各種のレポート等でも提示されている内容と関連する。会計基準設定主体国際フォーラム（IFASS）会議でも，減損のみアプローチに対する価値関連性研究だけでは，償却および減損アプローチに対する価値関連性との比較はできず，「学術研究の発見事項が過大評価されている可能性が高い」との見解を示す意見があったという（財務会計基準機構［2015］6頁）。また，企業会計基準委員会［2015］は，IASB［2014a］で示された学術研究のうち価

値関連性に関する研究を検証し，IFRS 3 号のPiRにおける学術研究レビューの限界に触れながら，減損のみアプローチが償却および減損アプローチに比べ「優れていると結論を下すことは，少なくとも，困難である」と述べている（企業会計基準委員会［2015］16-18頁）。

　また，学術研究レビューで取り上げた価値関連性研究以外の論点をどのように考慮すべきかという点も問題がある。IASB［2014a］でも検討されていたとおり，IFRS 3 号の適用に際しては，企業，産業，国ごとにさまざまな特徴が示されていたこと，監査や開示に関しても関連性が認められることなど，価値関連性のみで単純比較できないとの問題もある。IFASS会議でも，「価値関連性が高まるかどうかは，執行又は監査の状況とも関連しているため，必ずしも会計基準の変更のみによる訳ではない」との発言があったという（財務会計基準機構［2015］6頁）。では，それらの要因をはじめ想定される変数を追加し，国ごと，年度ごとといった影響要因も考慮すれば問題は解決するかというと，学術研究レビューで検討されている研究それぞれの前提となる条件が同一のものではないため，それらの単純比較は必ずしも容易ではないという問題が残る。

　今後，取り組まれる他の基準に対するPiRにおいて，これらの問題点に対して疑問が生じないような学術研究レビューが行われないまま最終的な報告書が公表といった事態が続けば，PiRにおける学術研究の利用は「エクスキューズ」に過ぎないといった厳しい評価がなされるであろう。PiRにおける学術研究レビューの妥当性について，学術研究者による検証も求められる。

　第 2 の問題点として，PiRの手続に関して不明確な部分がいくつもあるという点があげられる。本章でこれまで検討した内容に限定しても，以下のような点がある。

　たとえば，第 4 節でふれたように，IFRS第 3 号に対するPiRでの学術研究の利用は，そのレビューが更新されるたびに，検証された対象論文とその内容，数，分析対象国など，三度公表された学術研究レビューで対象研究群が大きく異なっている。さらに，三度目に公表されたレビューでは，対象論文が二度目のレビューにアメリカの文献も加えられ，質的にも量的にもさらに富んだものとなっていたにもかかわらず，最終的な『報告書およびフィードバック文書』で示されているのは，二度目に公表された学術研究レビューであった。なぜ，

三度目に公表された学術研究レビューではなく二度目のものが採用されたのか，理由は明らかにされていない。

　つぎに，RFI後のコメントレターの分析，アウトリーチ活動，学術研究レビューなどに関して，それらがどのような規準に基づき精査・対応され，最終的な『報告書およびフィードバック文書』に反映されるか示されていない点もあげられよう。第2節や第3節で示したとおり，PiRの第2フェーズにおいて，多様な手段で関係者からの見解を聴聞する機会が設けられている。しかしながら，それらはPiRの一部に組み込まれているものの，詳細な運用の仕方が定かではない。第4節でみたように，RFIに対するコメントレターとそのフィードバックに関しても，実際の適用に対する関係者からの見解と学術研究からの評価にギャップがあったが，それが解消されたと結論するのは容易ではない。

　他方，誰が誰に対してPiRを実施するのかという評価の行為主体の問題があげられる。第2節においてみたとおり，米国FAFとIASBでは，PiRを行う主体が異なる。これは，言い換えれば，組織のガバナンスの問題ともいえ，場合によっては適用後レビューの質に影響するおそれもある。

　最後に，第3の問題点として，そもそもPiRが会計基準のデュー・プロセスにおける手続の1つとして必要かどうかという点についても多様な見解があろうという点を指摘しておきたい。現在，FAFでもIASBでも，PiRが実際に採用され，報告書がぞくぞくと公表されている。しかしながら，IFRS 3号に限定しても，上述のような問題点があった。早急に対応できるものもあれば，改善が容易ではない点も少なくない。そのような状況下で，現行のPiRという手続の継続にさらなる議論が必要である。

　ひるがえって，PiRの手続は，エフェクトの検証を行うのみで，必ずしも制度設計に反映させる必要がないのではないかという見解も存在し得るだろう。第3節で示した通り，多くの規制機関，基準設定主体から，IFRS 3号にかかわるレポートや研究報告が公表された。これらのレポート等は，IFRS 3号およびそれにまつわる論点に対して，総じて改善の余地を示すものであった。これらのように，制度設計に直接的に作用することを主目的にしないものでも，さまざまな主体による多様なアプローチでのエフェクトの検証は可能である。あるいは，そもそも学術研究者は，具体個別の基準の制度設計に反映されるこ

とを前提として研究を実施しているのだろうか。

これらの点を踏まえると，PiRの手続の精緻化，PiRを対象とした検証や研究への取り組み，制度設計を前提としその役割を担える研究の蓄積などが求められる。

IFRS設定の綱引きにも大きく影響すると類推される政治・経済・社会的なイベントとして，Brexit（イギリスの欧州連合からの脱退）の国民投票は，まだ記憶に新しい。第3節で検討したように，本章で取り上げた事例からもイギリス1国だけでもさまざまな立場があった。今後，IFRS設定過程における各プレイヤーの立ち位置はどのように変化し，会計基準の新設・改訂に作用するか注視する必要がある。本来の事後評価としてのエフェクト分析における役割に加え，政治的交渉の場での中立性という役割も含め，会計基準設定過程のデュー・プロセスやPiRにおいて，学術研究が果たす役割は今後ますます大きくなろう。

《参考文献》

ASBJ, EFRAG and OIC［2014］*Should Goodwill Still not be Amortised? Accounting and Disclosure for Goodwill.*（ASBJ［2014］『ディスカッション・ペーパー「のれんはなお償却しなくてよいか—のれんの会計処理及び開示—」（仮訳）』）

ESMA［2013］*European enforcers review of impairment of goodwill and other intangible assets in the IFRS financial statements*, ESMA.

FAF［2015］"Frequently Asked Questions about FAF's Post-Implementation Review（PIR）Proces."
（http://www.accountingfoundation.org/cs/ContentServer?c=Document_C&pagename=Foundation%2FDocument_C%2FFAFDocumentPage&cid=1176159655840 最終アクセス2017年3月31日）

FAF［2016］"A Description of the FAF's Post-Implementation Review Process."
（http://www.accountingfoundation.org/cs/ContentServer?c=Document_C&pagename=Foundation%2FDocument_C%2FFAFDocumentPage&cid=1176167889476 最終アクセス2017年3月31日）

FASB［2013］"Rules of Procedure: Amended and Restated through December 11, 2013."
（http://www.fasb.org/jsp/FASB/Page/SectionPage&cid=1351027215692 最終アクセス2017年3月31日）

IASB［2010］"How we consult: Encouraging broad participation in the development of IFRSs," IFRSF.（日本公認会計士協会（訳）［2010］『協議のプロセス：IFRS開発への幅広い参加の促進』）

IASB [2013a] "Staff Paper: Post-implementation Review, IFRS 3 Business Combinations," *IASB Agenda ref 12*, IFRS Foundation.
IASB [2013b] "Staff Paper: Post-implementation Review, IFRS 3 Business Combinations -Input obtained from Phase I of the PiR," *IASB Agenda ref 13A*, IFRSF.
IASB [2014a] "Staff Paper: Post-implementation Review IFRS 3 Business Combinations, Academic literature review," *IASB Agenda ref 12G*, IFRSF.
IASB [2014b] "Staff Paper: Post-implementation Review IFRS 3 Business Combinations, Discussion of Constituent Feedback and Academic Research," *IASB Agenda ref 12A*, IFRS Foundation.
IFRSF [2013] *IASB and IFRS Interpretations Committee, Due Process Handbook: Approved by the Trustees January 2013*, IFRSF.（企業会計基準委員会（訳）[2012]『コメント募集「IASB及びIFRS解釈指針委員会デュー・プロセス・ハンドブック」』）
IFRSF [2014] *Request for Information: Post-implementation Review: IFRS 3 Business Combinations*, IFRSF.（IASB（訳）[2014]『情報要請：適用後レビュー：IFRS第3号「企業結合」』）
IFRSF [2015] *Report and Feedback Statement: Post-implementation Review of IFRS 3 Business Combinations*, IFRSF.
SEC [2012] *Final Staff Report: Work Plan for the Consideration of Incorporating IFRSs into the Financial Reporting System for U.S. Issuers*, U.S. Securities and Exchange Commission.
Wersborg, T. S., T. Teuteberg and H. Zulch, [2014] "10 Years Impairment-only Approach: Stakeholders' Perceptions and Researchers' Findings," *Working Paper*. (http://ssrn.com/abstract=2494524 最終アクセス2017年3月31日)

太田実佐 [2014]「IFRS第3号『企業結合』の適用後レビュー」『季刊 会計基準』第44号, 204-211頁。
太田実佐 [2015]「国際会計基準審議会（IASB）会議概要（2014年12月）」『会計・監査ジャーナル』第716号, 77-82頁。
企業会計基準委員会 [2015]『リサーチ・ペーパー第1号「のれんの償却に関するリサーチ」』。
財務会計基準機構 [2015]「2015年上期 会計基準設定主体国際フォーラム（IFASS）会議報告」『金融庁 業務委託実績報告書（意見発信）』, 金融庁。
関口智和 [2014]「2014年9月開催 第6回会計基準アドバイザリー・フォーラム（ASAF）」『企業会計』第66巻第12号, 62-66頁。
関口智和・太田実佐 [2014]「ディスカッション・ペーパー『のれんはなお償却しなくてよいか—のれんの会計処理及び開示—』」『季刊 会計基準』第46号, 97-101頁。
永田京子 [2014]「のれんをめぐる実証研究—最近の展開と課題—」『企業会計』第66巻第12号, 48-54頁。

（辻川 尚起）

第2編

IFRS適用の効果・影響分析

第5章

EUにおけるIFRSの
エンドースメント・メカニズムの意義

第1節　はじめに

　ある国または地域が，IFRS[1]を導入する場合に，どのようなプロセスを経て導入するかという点は，重要な問題であると考えられる。IFRSの導入のあり方の1つの事例として，EUのエンドースメント・メカニズムをあげることができよう。周知のように，EUでは「国際会計基準の適用に関する2002年7月19日付欧州議会および理事会規則1606/2002号」(European Parliament and Council [2002]，以下IAS規則という) が公布され，2005年からEU域内の規制市場に上場する企業の連結財務諸表に対しIFRSが強制されている。これに関連して，EU域内でのIFRSの適用は，エンドースメント・メカニズムを通して承認される。すなわち，IASBによって基準が公表されると，当該基準の適用前にEUによってそのエフェクトが評価され，当該基準の適用を規定する規則 (Regulation) が公表されてはじめて，EU域内で当該基準が適用されるのである。
　では，EUがエンドースメント・メカニズムを採用する理由は，IFRSの適用の可否を判断するためだけであろうか。EUにおいて，エンドースメント・メカニズムにはもう1つの重要な役割が予定されていると考えられる。すなわち，EU域内でIFRSの適用を承認する前提として，IFRSの開発に対するEUの関与を高める動きを見せている[2]。この場合に，重要になる組織が，欧州財務報告

　1　本章では，国際財務報告基準，国際財務報告解釈指針委員会による解釈指針，国際会計基準，解釈指針委員会による解釈指針を含めてIFRSと表記している。

諮問グループ（EFRAG）である。EFRAGは，欧州産業界の利害関係者団体により設立された民間組織であり，EUにおけるIFRS適用に関して欧州委員会に助言をすること，IFRSの開発にEUの見解を発信することを主たる目的としている。2014年にはEFRAGの改革が実施された。当該改革の必要性も，EUがIFRSの開発に積極的に関与するという視点から理解される。以上のことを明らかにすることが，本章の目的である。

　本章は，次のように構成される。第2節では，EUが，エンドースメント・メカニズムを備えることによって，IFRSの開発に対するEUの関与を高めようとしていることを明らかにする。続く第3節では，2014年に実施されたEFRAGの改革の内容を詳細に考察し，EUがIFRSの開発に対する積極的な関与を重視していることに関連して，当該改革の特徴を明らかにする。

　本章の考察は，EUという限られた地域におけるエンドースメント・メカニズムを対象とするものである。したがって，本章の考察内容がEU以外の国または地域，たとえば日本にそのまま当てはまるわけではない。しかし，EU以外の国または地域によるIFRSへの対応を検討する際の比較対象として，EUによるIFRSの導入のあり方を明らかにしておく必要があると考えられる。

　本章では，考察を進めるにあたって，Maystadt［2013］（以下，メイシュタット報告書）およびEC［2015］（以下，「IAS規則の評価」）を適宜参照している。前者は，欧州委員会が2013年10月に経済・財務相理事会（Ecofin）に提出したフィリップ・メイシュタット氏（Philippe Maystadt）の報告書である。この報告書は，欧州委員ミシェル・バルニエ氏（Michel Barnier）の要請により作成されたもので，IFRSの開発におけるEUの影響力を強化するための勧告を行っている。また，後者は，欧州委員会が2015年6月に欧州議会と理事会に提出した報告書（COM（2015）301 final）に添付されたスタッフ・ワーキング文書（SWD（2015）120 final）であり，IAS規則が目指したところを達成しているかどうかを欧州委員会が評価している。欧州委員会は，市中協議（2014年8月から11月，200の意見[3]），非公式な専門家グループ（2014年の3回のミーティングに

　2　佐藤［2015］（2頁）は，IFRSの開発過程に対するEUの影響力を強化する動きを「IFRSの欧州化」と指摘している。

18の公的・民間機関が参加[4]）および会計規制委員会（ARC）を通じて，関係者の意見を求めることを含めて，評価を実施した。EUにおけるIFRSの強制的なアドプションの影響および金融危機の間のIFRSの実績に関する文献レビューも実施されている。

第2節　IFRSのエンドースメント・メカニズムの役割

1　EU財務報告戦略とエンドースメント・メカニズム

エンドースメント・メカニズムの必要性と役割は，EC委員会（現在の欧州委員会）が2000年に公表した「EU財務報告戦略：将来の方向」（Commission of the European Communities [2000]）において，すでに明確に記述されている。Commission of the European Communities [2000]（paras. 19-25）によれば[5]，EUは，域内の上場会社の財務報告の諸規定を設定する権限を，政府組織ではない第三者に委譲することはできないとされる。EUにおけるIAS利用者に対する法的安定性（legal certainty）を達成するためには，EU財務報告の法的枠組みにIASを組み込まなければならない。

EUエンドースメント・メカニズムの役割は，IASを修正する，または置き換えることではなく，新しい基準および解釈の採用を監督し，それらに重要な欠陥が含まれる場合，またはEUの環境に固有の特徴を考慮していない場合に限って介入することである。

3　ドイツ（34），イギリス（29），フランス（22），国際機関（25），EU機関（19）からの回答数が多かった（カッコ内の数字は回答数）。200の回答者のプロフィールは，財務諸表作成者（60），事業協会（33），財務諸表利用者（16，投資者，アナリスト，貸付機関を含む）および会計士・監査人（30，11法人および12協会を含む）などである。

4　公的部門（欧州証券市場監督局（EAMA），加盟国の基準設定主体，加盟国の監督当局）と民間部門（産業界，財務諸表利用者，学識者）とのバランスが図られている。なお，「IAS規則の評価」では，加盟国の基準設定主体は公的部門に分類されている。

なお，欧州証券市場監督局は，欧州証券市場監督機構とも訳される。欧州銀行監督局（European Banking Authority），欧州保険年金監督局（European Insurance and Occupational Pensions Authority）についても同じ。

5　ここでは，Commission of the European Communities [2000] が公表された当時のまま，IASおよびIASCという呼称を使用する。

また，エンドースメント・メカニズムは，EUの公的監督が十分であることを確保にするために，政治的レベルおよび技術的レベルという2層構造を有していなければならない。技術的レベルは，政治的レベルのコントロール下になければならない。技術的レベルでは，高い資質を備えた専門家グループがIASを精査するだけではく，IASCの基準設定プロセスのすべての段階，特に初期段階に情報提供をしていかなければならない。

　くわえて，エンドースメント・メカニズムは，IASがEUの環境で一貫して適用されていることを確保するために，適用指針（implementation guidance）が必要であるかどうかを識別する。そして，適用指針が必要とされる場合には，IASC，特に基準解釈委員会との対話を確立する。

2　具体的手続

　エンドースメント手続は，具体的には次のように行われる。IASBが基準（解釈指針も含む）を公表すると，まず，EFRAGが利害関係者と協議の場をもつ。そのうえで，EFRAGは，当該基準がエンドースメント規準を満たしているかという点について欧州委員会に助言をする。

　ここにいうエンドースメント規準は，IAS規則第3条第2項により定められている。国際会計基準[6]は，次の場合に限り承認される（European Parliament and Council［2002］）[7]。

- 国際会計基準が，（会社法）第4号指令，第7号指令で求められている真実かつ公正な概観に抵触せず，欧州の公益に資するものである。
- 国際会計基準は，経済的意思決定を行うため，そして経営者の受託責任を

　6　IAS規則第3条第2項に規定するinternational accounting standardsをいう。
　7　欧州の会計の枠組みの簡素化，調和化，現代化を目指して，「一定の法律形態の企業の年次財務諸表，連結財務諸表および関連する報告書に関する2013年6月26日付欧州議会および理事会指令2013/34/EU号」が採択され，会社法第4号指令（78/660/EEC）および第7号指令（83/349/EEC）が廃止されるとともに，法定監査指令（2006/43/EC）が改正されているが，IAS規則は依然として，第4指令，第7指令と規定している。本章でもIAS規則に倣っている。
　　なお，上記の指令2013/34/EUは，一般に新会計指令と呼ばれている。当該指令の概要は，倉田［2015］で取り上げられている。

評価するために必要とされる財務情報が満たすべき理解可能性，目的適合性，信頼性，比較可能性という規準を満たしている。

また，EFRAGは，欧州委員会と協力して，当該基準をEUで適用することに係る潜在的なエコノミック・エフェクトについての調査報告書を作成する。

基準諮問審査グループ（Standards Advice Review Group）は，エンドースメントについてのEFRAGによる助言が，均衡がとれたものであり，かつ客観的なものであるかという点について意見を公表する。

EFRAGの助言と基準諮問審査グループの意見に基づいて，欧州委員会は，エンドースメント規則案を作成する。その後，公的機関である会計規制委員会が，欧州委員会の規則案を議決する。会計規制委員会は，EU加盟国の財政・金融関係の省庁の代表で構成される委員会である。このように，Commission of the European Communities [2000] において示された技術的レベルと政治的レベルという2層構造は，EFRAGの助言と会計規制委員会による承認という形で実現されている。

さらに，欧州議会および理事会は，欧州委員会の規則案の承認を拒否する場合には，3カ月以内に行う。欧州議会および理事会が賛成意見を表明するか，あるいは拒否なく3カ月が経過する場合には，欧州委員会は規則案を承認する。その後，官報に公表され，規則に定める日に施行される。欧州議会および理事会による承認は，審査を伴う規制手続（regulatory procedure with scrutiny）と呼ばれ，2008年から適用されている。この手続は，稲見［2008］（42-45頁）によれば，欧州議会および理事会の監督機能の強化を図るものであると理解される。

3　エンドースメント手続が抱える矛盾

IAS規則の目的は，EUにおいてIFRSの使用を要求することで，財務報告の透明性と比較可能性を改善し，その結果としてEU資本市場の効率的な機能を強化することである（European Parliament and Council [2002] Article 1）。さらに，IAS規則は，IFRSがグローバルに受け入れられるものになり，その結果，欧州の企業が，世界的な資本市場での資金調達について公平な競争環境で競争

することができるようになることを重視している。

　IAS規則は，グローバルに受け入れられた一組の会計基準を促進することと，IASBが開発する会計基準がEUのニーズに対応することを確保する必要性との間の避けられないトレード・オフに対処しなければならない。「IAS規則の評価」によれば，市中協議の回答者の大部分および専門家グループのメンバーは，エンドースメント手続はうまく機能していると考えている（EC［2015］p.42）。エンドースメント手続によって，会計基準がアドプションされない（またはカーヴ・アウトされる）ことになると，グローバルな基準が，財務報告の比較可能性と高いレベルでの透明性という点で資本市場にベネフィットをもたらすというIAS規則の根本的な考え方と矛盾するのである。この点について，メイシュタット報告書および「IAS規則の評価」では，エンドースメント手続によって，EUがIASBの会計基準の規定を修正できるようにするべきか否か，というカーヴ・インの問題として議論されている（Maystadt［2013］pp.8-9；EC［2015］pp.43-44）が，IASBが公表する基準がアドプションされなければ，同じ矛盾が生じうるし，アメリカの資本市場に上場するEU企業は，IASBによって公表されたIFRSに準拠できなくなる状況に置かれることになる。

　「IAS規則の評価」市中協議の回答者の多くは，EFRAGの改革が重要であるとコメントするとともに，次のように期待している（EC［2015］p.43）。すなわち，EFRAGの改革によって，IASBに対してより大きな影響力を及ぼすことができるようになれば，IFRSが欧州の公益に資するかどうかに関して，エンドースメント手続でほとんど問題とならなくなるという期待である。

4　IFRSの開発への関与とエフェクト分析

　以上のことから，EUのエンドースメント・メカニズムでは，IASBが公表する会計基準のアドプションの前提として，IFRSの開発に対するEUの積極的な関与が重視されていると考えられる。IFRSの開発への関与という点では，EFRAGは以前からプロアクティブ活動，すなわちIASBの作業に事前に積極的に関与するような取組みを行ってきた。EFRAG規程（EFRAG［2014b］）またはEFRAGの年次報告書においても，EFRAGの目的の1つとして，プロアクティブ活動が掲げられている（EFRAG［2014b］Article.4.1）。

加えて，IFRSの開発への関与という点で，近年EUにおいて重視されているのがエフェクト分析である。EFRAGは2011年に討議資料を，2012年にポジション・ペーパーを公表して，会計基準のエフェクト分析のあり方について検討を行っている。また，EFRAGの討議資料を受けて，ヨーロッパ会計学会財務報告基準委員会がコメントを出している[8]。

会計基準のエフェクト分析は，会計基準設定主体が，新たな基準や既存の基準の重要な改訂に関して，その変更によって起こりうる帰結を分析するものである。その一方で，会計基準を直接設定していないEFRAGは，次のような観点で，会計基準のエフェクト分析を必要としている。IASBとEUとの関係では，EFRAGがIFRSの開発過程の初期段階からIASBと共同で作業に取り組み，EU各国において起こりうるエフェクトをIFRSの開発に反映させていく際に，エフェクト分析が必要とされる[9]。EFRAGが分析の対象とするエフェクトには，ミクロ・エコノミック・エフェクトとマクロ・エコノミック・エフェクトの両方が含まれる。これら2つのエフェクトの内容は，ヨーロッパ会計学会財務報告基準委員会（Haller et al. [2012]）により展開されている（この内容については第1章**図表1-1**参照）[10]。また，マクロ・エコノミック・エフェクトの評価に関連して，IAS規則第3条第2項において欧州の公益の考慮が規定されている[11]。

次節では，IFRSの開発への関与を強化するために行われたEFRAGの改革について検討する。

第3節　EFRAGの改革

メイシュタット報告書で提示された勧告を受けて，EFRAGの改革が実施され，欧州委員会は，2014年7月にその進展について欧州議会と理事会に報告し

8　EFRAGによる2011年の討議資料と2012年のポジション・ペーパー，ヨーロッパ会計学会財務報告基準委員会のコメントの概要については仲尾次［2014］を参照。

9　会計基準のエフェクト分析におけるEFRAGの役割については，Abela and Mora［2012］pp.156-157を参照。

10　この点については，すでに渡邉［2015］で詳細に考察した。

11　欧州の公益として，金融の安定化やEUの経済発展が考慮される必要があるとする見解がある（EC［2015］pp.45-47）。

90　第2編　IFRS適用の効果・影響分析

［図表5-1］2014年改革前のEFRAGの組織構造

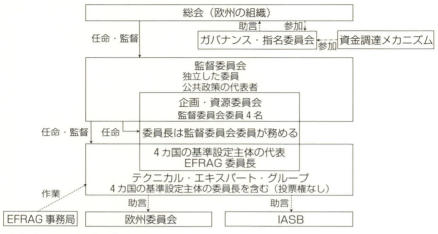

（出所）Maystadt［2013］p.27.

［図表5-2］2014年改革後のEFRAGの組織構造

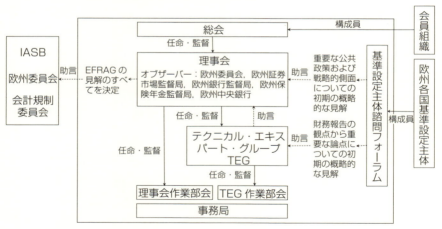

（出所）EFRAGホームページ。（https://www.efrag.org/About/Facts 最終アクセス日2017年3月31日）

ている (COM (2014) 396 final)。改革前後のEFRAGの組織構造を図示すると，**図表5-1**および**図表5-2**のとおりである。

以下では，改革後のEFRAGの各機関を中心に，その役割，構成，意思決定について詳しく述べるとともに，改革前の機関との対比により，改革の特徴を明らかにする。

1 総　会

(1) 役　割

総会は，次の責務を果たすために，定時総会として少なくとも年1回，総会会議を行う。EFRAGの活動，統治および財政状態について，理事会および最高執行責任者の報告を受ける（理事会および最高執行責任者については後述する）。年次計算書類と予算を承認する。理事会議長，副議長およびメンバーを任命する。さらに，理事会の監督などを行う（EFRAG［2014b］Article 7.2.2）。

(2) 構　成

総会は，EFRAGの会員組織によって構成される（EFRAG［2014b］Article 7.2.1）。2013年当時のEFRAG会員組織は，次の7つの組織であった（EFRAG［2013］p.38）[12]。

- 欧州会計士連盟（Federation of European Accountants）[13]
- 欧州経営者連盟（European Business Federation: BUSINESSEUROPE）
- 欧州協同組合銀行協会（European Association of Co-operative Banks）
- 欧州銀行連盟（European Banking Federation）
- 欧州貯蓄銀行グループ（European Savings and Retail Banking Group）
- 欧州会計士・監査人連盟（European Federation of Accountants and Auditors）
- 欧州保険協会（European Insurance Federation: Insurance Europe）

---

12 EFRAG設立当初は11の組織であり，その後も会員組織の構成は一定ではない。
13 欧州会計士連盟は，30周年を記念して2016年12月7日にAccountancy Europeに改称している。本章では2014年当時の名称である欧州会計士連盟を使用している。

2014年の改革では，EFRAGの会員組織が拡大され，総会が2つの支部（欧州利害関係者組織と欧州各国組織）で組織されることとなった（EFRAG [2014b] Article 5.1）。現在の会員は，次の16の組織である（EFRAG [2014a] p.25）。

＜欧州利害関係者組織＞

欧州利害関係者組織は，次の8組織で構成される。欧州会計士連盟，欧州経営者連盟，欧州協同組合銀行協会，欧州銀行連盟，欧州貯蓄銀行グループ（European Savings and Retail Banking Group），欧州中小企業会計士・監査人連盟（European Federation of Accountants and Auditors for SMEs），欧州証券アナリスト協会連合（European Federation of Financial Analysts Societies），欧州保険協会。

＜欧州各国組織＞

欧州各国組織は，8カ国の資金拠出メカニズム（National Funding Mechanisms）で構成される。8カ国には，デンマーク，フランス，ドイツ，イタリア，ルクセンブルク，オランダ，スウェーデン，イギリス[14]が該当する。

欧州経済領域参加国資金拠出メカニズム[15]は，EFRAGに資金拠出をする欧州経済領域参加国の仕組みであるが，欧州経済領域参加国すべてで確立されているわけではなく，その仕組みも国ごとに異なっている。たとえば，基準設定主体の予算の一部，企業（すべての企業，もしくは上場企業のみ）の拠出，会計専門職の拠出，産業界団体の拠出，または国の拠出を基礎としている（EFRAG [2013] pp.38-39）。資金拠出メカニズムからの本格的な資金拠出が始まったのは2008年以降であり，その内訳が確認できる2009年当時は5カ国（フランス，イタリア，ノルウェー，スウェーデン，イギリス）であった（EFRAG [2009] p.35）。その後，2013年当時は，7カ国（デンマーク，フランス，ドイツ，イタリア，ノ

---

14 イギリスでは，2016年6月23日にEU残留・脱退を問う国民投票が実施され，脱退意見が多数となった。この結果が，イギリスによるEFRAGへの関与にいかなる影響を及ぼすか，という点については不透明である。まずは，イギリスとEU・EU諸国との間で脱退協定の交渉に着手する必要がある。しかし，脱退通知および脱退協定の交渉に残された課題は多いと考えられる（たとえば，中村［2016］109-115頁を参照）。

15 EFRAGは，欧州経済領域の個人，法人，公的機関を対象とした組織である（EFRAG [2014b] Article 5.1.a）ため，「欧州経済領域参加国資金拠出メカニズム」としている。

ルウェー，スウェーデン，イギリス）であり（EFRAG [2013] p.39），2014年の改革後は，上記の8カ国となっている（EFRAG [2014a] p.25）。

　2014年の改革以前は，資金拠出メカニズムの代表者は，ガバナンス・指名委員会（Governance and Nominating Committee）に参加していた。ガバナンス・指名委員会は，総会が監督委員会のメンバーを任命する際に，総会に助言する機関で，EFRAG会員組織（現在の欧州利害関係者組織）の代表者（4名）と資金拠出メカニズムの代表者（3名）で構成されていた（EFRAG [2013] p.18）。したがって，2014年の改革により，資金拠出メカニズムが，EFRAGの会員組織として正式に位置づけられ，総会の意思決定に参加することになったといえる。

(3) 意思決定

　総会の決定は，2014年の改革以前は，常に合意（コンセンサス）に基づいて，すなわち全会一致で行われていた。改革後も決定は全会一致とする点に変更はないが，例外的な場合に限定されるものの，合意が得られないような場合も新たに想定されることとなり，その場合には，出席者（委任状による代理人を含む）の投票数の単純過半数により決定がなされる。各支部が投票権総数の50％を有し，各支部内で次のように配分される。
　i　欧州利害関係者組織の支部内において，投票権は次のように配分される。
　　(a)　票の半数は，各セクター（製造業および流通業の会社，銀行，保険会社，会計専門職ならびに利用者）に等しく配分される。
　　(b)　票の残る半数は，その支部の会員によってなされた金銭による拠出[16]に応じて配分される。
　　(c)　各セクターの内での投票権の配分は，会員の金銭による拠出に応じて行われる。
　ii　欧州各国組織の支部内での配分は，会員の金銭による拠出に応じて行われる（EFRAG [2014b] Article 7.2.5）。

16　EFRAGの会員は，最低50,000ユーロの金銭の拠出と，会費が求められる。欧州利害関係者組織の会費の下限額は15,000ユーロであり，欧州各国組織の下限額は10,000ユーロである。

2 理事会

(1) 役　　割

　理事会は，次の責務を負う。テクニカル・エキスパート・グループ（Technical Expert Group：TEG）から提出された技術的助言を検討し，デュー・プロセスの結果を反映したうえで，EFRAGのすべての見解に責任を負う。IFRSの開発に関してEFRAGの戦略上の方向性を設定する。開かれた透明性のあるデュー・プロセス（欧州の構成員との市中協議プロセスを含む）を確保する。最高執行責任者を任命，監督および解任する。TEG委員長およびメンバーを任命および解任する。そして，TEGによる作業部会（のメンバー）の任命を監督する。EFRAGの資金調達の確保などを行う（EFRAG［2014b］Article 7.3.4）。

　2014年の改革により，監督委員会（Supervisory Board）が理事会に置き換えられた（Maystadt［2013］p.14）。従来，監督委員会は，TEGのメンバーおよび企画・資源委員会（Planning and Resource Committee）のメンバーを選任し，その職務を監督していた。TEGは，IASBに対する意見と欧州委員会へのエンドースメント助言レターを議論し，それらの承認をしていた。また，企画・資源委員会は，主に欧州各国基準設定主体を1つにまとめて，IASBの作業の立上げ段階に貢献するプロアクティブ活動に従事し，特にプロアクティブ活動の議題を決定していた（Maystadt［2013］p.25）。しかし，2014年の改革後は，上述のように，理事会が，EFRAGのすべての見解を承認し，IFRSの開発に関する戦略上の方向性を決定することとなり，その権限が強化されたと解される。

(2) 構　　成

　IFRSの開発において，EFRAGが欧州の正当な発言をすることを可能にする理事会の構成を目指している。理事会のメンバーは，2つの支柱（欧州利害関係者組織と欧州各国基準設定主体）から提案された候補者を基礎として，総会によって任命される。欧州利害関係者組織から選出される8名のメンバーの内訳は次のとおりである。

・製造業および流通業の企業：欧州経営者連盟によって2名のメンバーが提

案される。
- 銀行：欧州銀行連盟，欧州協同組合銀行協会，欧州貯蓄銀行グループおよび欧州公的銀行協会（European Association of Public Banks）によって2名のメンバーが提案される。
- 保険会社：欧州保険協会によって1名のメンバーが提案される。
- 会計専門職：欧州会計士連盟および欧州会計士・監査人連盟によって2名のメンバーが提案される。
- 利用者：個人投資家（最終利用者）および証券アナリストを代表する協会によって1名のメンバーが提案される。

また，欧州各国基準設定主体から選出される8名のメンバーのうち4名は，フランス，ドイツ，イタリア，イギリスの基準設定主体がそれぞれ1名ずつ任命する。

欧州証券市場監督局，欧州銀行監督局，欧州保険年金監督局，欧州中央銀行（European Central Bank）および欧州委員会がそれぞれ，発言権のあるオブザーバーを1名ずつ指名する（EFRAG［2014c］Article 8）。

理事会のメンバーは，財務報告についての全般的な理解ならびに財務報告が経済成長および金融の安定化に及ぼす影響についての理解を有していること，その他にも高い資質を要求される。理事会のメンバーは，その所属する組織または国を代表している一方で，欧州の公益の立場で活動することを公約することが求められる（EFRAG［2014c］Article 6）。

(3) 意思決定

理事会の決定も，合意すなわち全会一致による。しかし，2014年の改革においては，総会同様，合意に達することができない状況も例外的に想定されることとなり，その場合には出席者の3分の2の特定多数決により決定されることとなっている。

さらに，IASBに対するコメント・レターに関して特定多数決にたどり着かないような例外的な場合には，多数意見を見解として示す参照投票に基づいて，理事会議長が結論を示すことができることとなっている。

また，欧州委員会に対するエンドースメント助言に関しては，特定多数決の助言が反対意見とともに欧州委員会に提出される。特定多数決にたどり着かないような例外的な場合には，反対意見を明らかにしたうえで，参照投票に基づいて，理事会議長が結論を示すことができることとなっている（EFRAG [2014b] Article 7.3.5）。

3 テクニカル・エキスパート・グループ

(1) 役 割

テクニカル・エキスパート・グループ（TEG）は，理事会に技術的助言を提供する。その際に，TEGは，技術的専門知識およびデュー・プロセスに基づき，専門家としての判断，論拠および技術的な分析を提供する。技術的助言の作成にあたって，TEGは専門分野の作業部会を設置し，作業部会から提供された情報を反映する。EFRAGユーザー・パネル，基準設定主体諮問フォーラム（Consultative Forum of Standards Setters），公聴会およびフィールド・ワークから提供された情報も反映させる（EFRAG [2014c] Article 23）。TEGの職務は改革前と変わらないが，TEGがEFRAGの見解を決定する全面的な権限を持つのではなく，理事会の諮問機関となる（Maystadt [2013] p.16）。

(2) 構 成

TEGは，最大16名のメンバーで構成される。そのうち4名は，フランス，ドイツ，イタリア，イギリスの基準設定主体によって指名され，TEGと自国の関係者との間の強力なリエゾンとしての役割を果たす。残る12名は，専門知識と能力に基づいて選ばれる。TEGのメンバーはEU全域から広範な専門的かつ地域的背景を考慮して選出される（EFRAG [2014c] Article 20, 21）。その結果，TEGは，作成者，監査人，財務諸表利用者，研究者の組み合わせで構成される。これにより，TEGの議論および結論は独立しており，いかなる利害集団からも不当な影響を受けないことが確保される。TEGのメンバーは，欧州の公益の立場で活動し，自身を産業または国の利害を代表する者と考えないことを公約することが求められる。これは，基準設定主体とのリエゾンとして指名されるメンバーにも適用される。

また，欧州証券市場監督局，欧州銀行監督局，欧州保険年金監督局，欧州中央銀行，欧州委員会，IASBがオブザーバーとしてTEGのミーティングに参加する（EFRAG［2014c］Article 22）。

2014年の改革以前は，TEGは12名のメンバーで構成され，フランス，ドイツ，イタリア，イギリスの基準設定主体の委員長が，投票権を持たないメンバーとなっていた（EFRAG［2013］p.40）。すなわち，2014年の改革により，4カ国の基準設定主体は，投票権を有するTEGのメンバーを選出することとなった。

(3) 意思決定

有効な決定をするためには，TEGメンバーの最低60％が会議に出席しなければならない。TEGのすべての決定は，単純多数決による（EFRAG［2014c］Article 26）。

4 基準設定主体諮問フォーラム

EFRAGは，基準設定主体諮問フォーラムで3カ月ごとに欧州各国基準設定主体と会合する。基準設定主体諮問フォーラムは，理事会およびTEGの諮問主体として位置づけられる。また，IFRS財団会計基準アドバイザリー・フォーラム（ASAF）に出席する欧州メンバーのための事前会合としての役割を果たすため，基準設定主体諮問フォーラムの重要性は今後増すものと考えられる。

5 改革の特徴

IAS規則が，グローバルに受け入れられた一組の会計基準の促進と，IFRSがEUの公益に対応することの確保との両立を達成するためには，EUがIFRSの開発に積極的に関与することが重要であると，EUでは認識されている。この目的のもと，EUがIFRSの開発に関与する場合に重要となるEFRAGの改革が行われた。具体的には，EFRAGが欧州の見解を集約し，IFRSの開発に発信することを目指した改革である。その特徴として，次の4点を指摘できると考えられる。

第1に，IFRSの開発に欧州が積極的に関与するためには，EFRAGの安定的な資金の確保も重視されている。この観点からは，欧州経済領域参加国資金拠

[図表5-3] EFRAGに対する資金拠出の推移

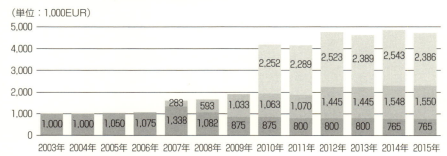

（出所）EFRAG, *Annual Review 2004-2015*のFinancial Highlightsをもとに筆者が作成。

出メカニズムからの拠出と欧州委員会からの拠出が，EFRAGに対する資金拠出の重要な部分を占めるようになっている（**図表5-3参照**）。資金拠出メカニズムからの拠出の重要性が考慮され，EFRAGの改革では，総会構成員が拡張され，欧州経済領域参加国資金拠出メカニズムが会員組織として位置づけられることとなった。しかし，欧州経済領域参加国資金拠出メカニズムは，いまだ十分に確立されていないため，今後の課題として残されていると解される[17]。また，欧州委員会からの拠出は，EFRAGがその役割（IFRS適用に関する欧州委員会への助言と，IFRS開発プロセスへの積極的な関与）を十分に達成できるようにするためのものである[18]。欧州委員会からの拠出を受ける条件として，EFRAGのガバナンスを強化するための改革が必要とされた（European Parliament and Council [2014]）。

第2に，EFRAGと欧州各国基準設定主体との協力体制の強化である。そのため，基準設定主体の代表者が，理事会メンバーおよびTEGメンバーとして関与することとなった。ただし，EFRAGと基準設定主体との協力体制の構築は以前から行われてきた。具体的には，基準設定主体諮問フォーラムがあげられ

---

17 メイシュタット報告書によれば，当面の対応も検討される可能性が示唆される。すなわち，上場企業が，IFRSを使用し，そのベネフィットを享受していることから，上場企業に対する強制的な拠出または賦課金（compulsory contribution/levies）のシステムの創設が検討される可能性があるとされる（Maystadt [2013] p.13）。

る。また、2011年以降、現在の理事会の前身である監督委員会に、国内の基準設定主体に関与するメンバーが選任されていることもあげられる[19]。その意味では、EFRAGの改革は、EFRAGと基準設定主体との関係強化と考えられる。

第3に、EFRAGの見解を決定する権限が、TEGから理事会に変更されたことである。この変更は、どのような機関がEFRAGの見解を決定するかという点に関わる。つまり、専門知識と能力に基づいて選ばれたメンバーで構成される機関（TEG）から、欧州利害関係者組織と基準設定主体とのバランスを確保した機関（理事会）へと変化したのである。理事会の構成を、企業2名、銀行2名、保険会社1名、会計専門職2名、利用者1名、欧州各国基準設定主体8名とすることによって[20]、理事会によって承認されたEFRAGの見解が、欧州利害関係者組織と基準設定主体のそれぞれの意見を集約したものになることを

---

18 欧州委員会からの拠出は、2009年に金融サービス、財務報告および監査の分野の特定の活動を支援するためのプログラムが確立されたことによるものであり、当初は2010年1月1日から2013年12月31日を期間とするものであった（European Parliament and Council ［2009］）。その後、2014年4月に当該プログラムはEFRAGについて2016年12月31日まで延期されている（European Parliament and Council ［2014］ Article3.1）。

さらに、EUの理事会の2017年2月27日付プレス・リリースによれば、理事会議長国と欧州議会との間でEFRAGへの拠出を延長する暫定合意がなされている。この延長は、EFRAGのガバナンス改革の完了を受けてなされたものであり、2017年から2020年までの期間に約1,400万ユーロが割り当てられる予定である（http://www.consilium.europa.eu/en/press/press-releases/2017/02/27-finacial-reporting-auditing/ 最終アクセス2017年3月31日）。

19 2011年には、イギリス財務報告評議会理事会メンバー（John Kellas氏）が監督委員会のメンバーとなっている。2012年には、フランス会計基準庁理事会メンバー（Gérard Gil氏）とスウェーデン財務報告審議会委員長（Anders Ullberg氏）が監督委員会のメンバーとなっている。2013年には、2012年の2名のほかに、デンマークの基準設定主体のメンバー（Stig Enevoldsen氏）も監督委員会のメンバーとなっている。ただし、いずれの者も他の職歴を有しており、また監督委員会のメンバーに就任した後に、基準設定主体のメンバーに就任している者もいるため、基準設定主体のメンバーと監督委員会のメンバーとの関係性については、詳細な分析を要すると考えられる。

20 メイシュタット報告書では、欧州公的機関（欧州証券市場監督局、欧州銀行監督局、欧州保険年金監督局および欧州中央銀行）がそれぞれ1名、理事会メンバーを提案することが勧告されていた（Maystadt ［2013］ p.15）。すなわち、メイシュタット報告書が勧告する理事会の構成は、欧州公的機関4名：利害関係者組織5名：基準設定主体7名であった。欧州公的機関はいずれも、当初、EFRAGに積極的に関与する姿勢を示していた（EC ［2014］ p.8）が、最終的にはオブザーバーとして関与することとなった。その経緯は必ずしも明らかではない。エンドースメントに公的機関がどのように（あるいはどの程度）関与するか、という点が論点になると考えられる。

保証すると解される。

　最後に，理事会の決定が全会一致を基本としながら，合意が得られない例外的な場合に限って特定多数決を導入していることである。これによって，理事会の意思決定の長期化が避けられ，IFRSの開発にEUの見解を迅速に発信することが可能になると考えられる。

第4節　おわりに

　本章では，EUによるIFRSの開発への積極的な関与という視点からのエンドースメント・メカニズムの意義と，そうした視点からのEFRAG改革の特徴を考察した。本章で明らかにした点を要約すると次のとおりである。

(1) エンドースメント手続によって，IASBが公表した会計基準がアドプションされない，あるいはカーヴ・アウトされることになると，IAS規則の目的と矛盾する。そのため，EUのエンドースメント・メカニズムでは，IFRSの開発過程，特に初期段階から積極的に関与し，EUの見解をIFRSの開発に反映させることが重視されている。

(2) EFRAGの改革は，欧州の見解を集約し，IFRSの開発に発信することを目指した改革であり，次の特徴を指摘できる。すなわち，①EFRAGに資金拠出をする欧州経済領域参加国がEFRAGのガバナンスにより積極的に関与するための総会構成員の拡張，②EFRAGと基準設定主体との協力体制の強化，③EFRAGの見解を決定する機関の変化（専門知識と能力に基づいて選ばれたメンバーで構成される機関から，欧州利害関係者組織と基準設定主体とのバランスを確保した機関への変化），④合意を基本とした理事会の意思決定と，合意が得られない場合の意思決定の長期化の回避という特徴をあげることができる。

　最後に，本章では，EFRAGの改革によりIFRSの開発に対するEUの影響力に生じた変化を特定できていない。そうした変化の検証方法も含めて，今後の課題である。

第 5 章 EUにおけるIFRSのエンドースメント・メカニズムの意義　101

《参考文献》

Abela M. and A. Mora. [2012] "Understanding the Consequences of Accounting Standards in Europe: The Role of EFRAG," *Accounting in Europe*, 9, pp.147-170.

Commission of the European Communities [2000] *Communication from the Commission to the Council and the European Parliament: EU Financial Reporting Strategy: the way forward*, COM (2000) 359 final. (http://eur-lex.europa.eu/homepage.html 最終アクセス2017年 3 月31日)

EC [2014] *REPORT FROM THE COMMISSION TO THE EUROPEAN PARLIAMENT AND THE COUNCIL on the progress achieved in the implementation of the reform of EFRAG following the recommendation provided in the Maystadt report*, COM (2014) 396 final. (http://eur-lex.europa.eu/homepage.html 最終アクセス2017年 3 月31日)

EC [2015] *COMMISSION STAFF WORKING DOCUMENT: Evaluation of Regulation (EC) N° 1606/2002 of 19 July 2002 on the application of International Accounting Standards, accompanying the document, Report from the Commission to the European Parliament and the Council, Evaluation of Regulation (EC) N° 1606/2002 of 19 July 2002 on the application of International Accounting Standards*, SWD (2015) 120 final. (http://eur-lex.europa.eu/homepage.html 最終アクセス2017年 3 月31日)

EFRAG [2004-2014a, 2015] *Annual Review 2004-2015*. (http://www.efrag.org/About/AnnualReports 最終アクセス2017年 3 月31日)

EFRAG [2011] *Discussion Paper, Considering the Effects of Accounting Standards*. (http://www.efrag.org/Publications 最終アクセス2017年 3 月31日)

EFRAG [2012] *Position Paper, Considering the Effects of Accounting Standards*. (http://www.efrag.org/Publications 最終アクセス2017年 3 月31日)

EFRAG [2014b] *EFRAG International Non-Profit Association STATUTES*. (http://www.efrag.org/About/Legal 最終アクセス2017年 3 月31日)

EFRAG [2014c] *EFRAG – INTERNAL RULES*. (http://www.efrag.org/About/Legal 最終アクセス2017年 3 月31日)

European Parliament and Council [2002] Regulation (EC) No 1606/2002 of the European Parliament and of the Council of 19 July 2002 on the application of international accounting standards. *OJ* L 243, 11.9.2002, pp.1-4.

European Parliament and Council [2009] Decision No 716/2009/EC of the European Parliament and of the Council of 16 September 2009 establishing a Community programme to support specific activities in the field of financial services, financial reporting and auditing. *OJ* L 253, 25.9.2009, pp.8-16.

European Parliament and Council [2014] Regulation (EU) No 258/2014 of the European Parliament and of the Council of 3 April 2014 establishing a Union programme to support specific activities in the field of financial reporting and auditing for the period of 2014-20 and repealing Decision No 716/2009/EC. *OJ* L 105, 8.4.2014, pp.1-8.

Haller, A., C. Nobes, D. Cairns, A. Hjelström, S. Moya, M. Page and P. Walton [2012] "The Effects of Accounting Standards – A Comment." *Accounting in Europe*, 9, pp.113-125.

Maystadt P. [2013] *Should IFRS Standards be More "European"? Mission to reinforce the EU's contribution to the development of international accounting standards*.

(http://ec.europa.eu/internal_market/accounting/docs/governance/reform/131112_report_en.pdf 最終アクセス日2017年3月31日)

稲見亨［2008］「EUにおける国際的会計基準適用の法的根拠—承認メカニズムに焦点を当てて—」『會計』第174巻第4号，36-48頁。

稲見亨［2015］「EUの「新会計指令」へのドイツの対応—会計指令転換法（BilRUG）の要点—」『會計』第188巻第2号，42-55頁。

倉田幸路［2015］「EUの会計改革」，日本会計研究学会特別委員会＜最終報告＞委員長：河﨑照行『経済社会のダイナミズムと会計制度のパラダイム転換に関する総合研究』第6章所収，47-62頁。

佐藤誠二［2015］「IFRSの欧州化についての考察—欧州委員会「IAS規則の評価」等を素材として—」『會計』第188巻第4号，1-15頁。

仲尾次洋子［2014］「会計基準の適用における影響分析の論点—EFRAG及びHaller et al. の見解を中心に—」『名桜大学紀要』第19巻，59-64頁。

中村民雄［2016］「EU脱退の法的諸問題—Brexitを素材として—」，福田耕治編著『EUの連帯とリスクガバナンス』第5章所収，成文堂，103-122頁。

渡邉雅雄［2015］「欧州における会計基準のエフェクト分析と欧州財務報告諮問グループの役割」『産業経理』第74巻第4号，75-83頁。

［追　記］

　脱稿後の2017年4月5日に，EFRAG TEGが，アカデミック・パネルのメンバー構成を承認するとともに，アカデミック・ネットワークの創設を許可したことが公表された（http://www.efrag.org/News/Public-104/EFRAG-Academic-Panel-and-new-Academic-Network-to-boost-EFRAGs-evidence-based-work-on-financial-reporting　最終アクセス2017年6月2日）。アカデミック・パネルは，EFRAGの研究プロジェクトの支援等を行っていく。EFRAGは，財務報告の諸課題に対して，実証に基づく解決策を見つけ出していくために，研究者による支援を役立てたい考えである。このような方向性は，第7章で分析されているフランスにおける動向と軌を一にするものであり，注目される。

（渡邉　雅雄）

第6章

IASBデュー・プロセスにおける
会計基準設定主体の行動
―― 中小企業向けIFRSに対するドイツの対応 ――

第1節　はじめに

　本章では，国をベースとして活動するアクターである各国の会計基準設定主体が，国内のその他の利害関係者の意向を反映してグローバル・レベルや国レベルでどのような行動を行うかを，ドイツ会計基準委員会（DRSC）によるIASBの中小企業向けIFRS（IFRS for SMEs）への対応を事例として明らかにすることを目的としている。

　制度的には，周知のとおり，2005年，EUは規制市場への上場企業の連結財務諸表に対してEUでエンドースされたIFRSの適用を義務化したが，これと同時に中小企業を含む非上場企業の個別財務諸表および連結財務諸表に対するIFRS適用については加盟国選択権とされ，各国が独自に決定できることとした。また，国際会計基準審議会（IASB）が中小企業向けIFRSを公表したが，これに対しEUは中小企業向けIFRSを適用せず，加盟国が中小企業向けIFRSを適用するかどうかを各自決定することができるとした。さらに，EUは，中小企業に対する開示義務を緩和するようなEU会計指令の会計規定の規制緩和を継続して行っている。このようなEUの規制のもとで，ドイツにおいては，規制市場上場企業の連結財務諸表にはIFRSを強制適用したものの，非上場企業（中小企業）の連結財務諸表についてはIFRS任意適用とするとともに，EU会計指令の規定に従って国内の規制を緩和しており，IFRSおよび中小企業向けIFRSの受入れについては消極的な立場を採っている。上場企業へのIFRS適用が一段落し

たいま，中小企業へのIFRS適用に伴う影響が大きな論点となっているのである。

　ドイツにおける中小企業会計の問題を取り上げるのは，事前のエフェクト分析が各国レベルではどのように行われるのか，IASBの提案への「反対」案件が会計基準設定主体が各国内のさまざまなアクターとの相互関係のなかでどのように構造的にまとめ上げられるのか，その成果をIASBのデュー・プロセスのなかでのロビイング活動にどのように活用しているのかを明らかにするための恰好の事例であるためである。

　さらに，中小企業会計の問題を取り上げることで，ドイツが規制市場への上場企業に対するIFRS強制適用を進める一方で，非上場の中小企業に対してはなぜIFRSあるいは中小企業向けIFRSを強制適用せず，ドイツ商法典（HGB）のもとでの独自のディファレンシャル・レポーティング（differential reporting）を継続して要求してきたのかを明らかにするための示唆が得られると考えられる。

　ロビイングに関わる先行研究においては，各国の会計基準設定主体がグローバルな会計基準設定の場においてIASBに対して国内から国外へとどのようなロビイングを行っているのかを，国内の他のアクターとの関連において明らかにした研究は十分に行われていない。本章での分析を通じて，ドイツにおいて会計基準設定主体，産業界（作成者・利用者），学者といったアクターが相互に結びつき，中小企業向けIFRS受入れに対しては消極的態度をもって，積極的に受入れ反対行動を行っていることが明らかになる。

　以上のような本章の目的と問題意識のもとに，第2節において先行研究をレビューしたうえで，第3節ではなぜドイツの中小企業会計を事例として取り上げる意義があるのかを，第4節では中小企業向けIFRS受入れに対するドイツの消極的な対応をDRSCによるIASBへのコメント・レターを取り上げて検討する。その後，「おわりに」では本章の発見と今後の課題を示す。

第2節　先行研究

　会計基準設定におけるロビイング活動を取り扱う先行研究では，会計専門家，作成者，利用者，規制機関（政府，会計基準設定主体，証券取引所など），研究者

といったルール設定および設定プロセスに影響力を及ぼすアクターが認識されている。同時に，それらのアクターがIASBのデュー・プロセスに外部から参加する際に採りえるロビイングの方法について議論されている。具体的に，直接的な手段を用いたロビイング方法として，コメント・レターの提出，IASBの公聴会での発言，IASBの公開ラウンド・テーブル会議への参加，フィールド・ビジットまたはフィールド・スタディへの参加，IASBメンバーやテクニカル・スタッフに直接的に見解を伝達，IASBが設置した諮問グループまたは作業部会のメンバーとして人材派遣，一方，間接的な手段を用いたロビイング方法として，メディアを使ったコメント，関係者に自らの見解を支持するようなアピール，研究調査のスポンサーとなることなどがある（Georgiou [2010]）。このようにさまざまなロビイング手段が認識されてはいるものの，これまでのIASBに対するロビイングに関する先行研究では，情報の入手可能性の問題から，IASBの公開草案および基準案に対するコメント・レターを分析する研究が中心的に行われてきた。

さらに，先行研究では，特定のアクターがデュー・プロセスのどの段階で影響力を及ぼすかについて，IASBに関与するアクターがロビイング可能な6つの段階として，①協議事項形成段階，②公開草案作成およびディスカッション・ペーパー作成段階，③ディスカッション・ペーパーの公開段階，④公開草案の作成・採用段階，⑤公開草案公開段階，⑥IFRSの作成・採用段階が認識されている（Georgiou [2010]）。しかしながら，近年の分析には，デュー・プロセスの変更に伴い，2013年に制定された⑦適用後レビューもこの段階に組み入れる必要があると考えられる（適用後レビューについては第4章を参照）。

図表6-1には，本章で取り扱う中小企業向けIFRSのデュー・プロセスを示している。先行研究と図表から，中小企業向けIFRSが，①協議事項の形成，②ディスカッション・ペーパーの作成・採用・公開，③スタッフ調査票の作成・採用・公開，④公開ラウンド・テーブルでの審議，⑤スタッフ草案の作成・採用・公開，⑥改訂スタッフ草案の作成・採用・公開，⑦公開草案作成・採用・公表，⑧フィールド・テストの実施，⑨基準の作成・採用・公表，⑩適用後レビューの実施，⑪改訂草案の作成・採用・審議，⑫改訂基準の作成・採用・公表といった，多くのロビイング可能な段階を経たことがわかる。

[図表6-1] 中小企業向けIFRSのデュー・プロセス

年月	デュー・プロセスにおけるイベント
2004年6月	ディスカッション・ペーパー（DP）の公表
2005年4月	スタッフ調査票の公開
2005年10月	公開ラウンド・テーブルでの審議
2006年8月	スタッフ草案の公表
2006年11月	改訂スタッフ草案の公表
2007年2月	公開草案（ED）の公表
2007年6月	フィールド・テストの実施
2009年7月	中小企業向けIFRSの公表
2012年6月	適用後レビューの実施
2013年9月	改訂版中小企業向けIFRS草案の公表
2015年5月	改訂版中小企業向けIFRSの公表

（出所）IFRSF［2016］より作成。

またさらに，IASBに対するロビイングを取り扱う先行研究は，アクターが①ロビーを行うかどうか，②使用するロビー方法は何か，③いつロビーするか，④その立場を支持するのに用いる議論[1]は何かが分析の対象となると論じている（Königsgruber and Palan［2015］）。本章では，ドイツの会計基準設定主体DRSCがIASBに対して行ったコメント・レターによるロビイングを，上述の中小企業向けIFRSのデュー・プロセスにわたって分析するものである。ただし，④に関わるコメント・レターの内容の分析には触れていない。

第3節　制度的背景

それでは，なぜドイツの中小企業会計を事例として取り上げる意義があるのか。本節では，それを明らかにするために，ドイツにおける中小企業会計の制度的背景を，EUの規制を含めて考察する。

2005年の強制適用を定めたEUのIAS適用規則（1606/2002）は，加盟国の規

1　たとえば，理論や経済的帰結の議論が用いられるという。

[図表6-2] 非上場企業へのIFRS適用に対する選択権の行使状況

国名	コード	連結財務諸表	個別財務諸表
キプロス	CY	全部強制	全部強制
ブルガリア	BG	全部強制	全部強制
リトアニア	LT	全部強制	全部強制
マルタ	MT	全部強制	全部強制
クロアチア	HR	一部強制	一部強制
ルーマニア	RO	一部強制	一部強制
ベルギー	BE	一部強制	一部強制
ラトビア	LV	一部強制	一部強制
ギリシャ	EL	一部強制	一部強制
エストニア	EE	一部強制	一部強制
イタリア	IT	一部強制	一部強制
スロベニア	SI	全部任意	一部強制
スロバキア	SK	全部任意	一部強制
ポルトガル	PT	一部強制	一部強制
チェコ	CZ	全部任意	一部任意
デンマーク	DK	全部任意	一部任意
フィンランド	FI	全部任意	一部任意
オランダ	NL	全部任意	一部任意
ポーランド	PL	全部任意	一部任意
イギリス	UK	全部任意	一部任意
アイルランド	IE	全部任意	一部任意
ルクセンブルク	LU	全部任意	全部任意
オーストリア	AT	全部任意	禁止
ドイツ	DE	全部任意	禁止
フランス	FR	全部任意	禁止
スペイン	ES	一部強制	禁止
ハンガリー	HU	禁止	禁止
スウェーデン	SE	禁止	禁止

(注) 2014年7月現在。
(出所) EU [2016a] に基づき筆者作成。

制市場において証券を上場している場合，その連結財務諸表を，国際的会計基準に準拠して作成しなければならないと定めている（第4条）。一方，上場企業の個別財務諸表，および非上場企業の個別・連結務諸表にEUでエンドースされたIFRS適用を義務づけるかどうかについては，加盟国に選択権が与えられている（第5条）。

このようなEU規則の規定のもとで行使された各国の選択権の行使状況は図表6-2に示されている。つまり，ここには規制市場上場会社以外の企業に対してEU加盟各国におけるIFRS適用がどのように行われているかが示されてい

[図表6-3] IFRS受入れに伴うドイツ会計制度内調整

	連結財務諸表	個別財務諸表
規制市場上場企業および上場予定企業	2005年以降IFRS強制適用	IFRS禁止 ⇒ドイツ基準強制適用
	2007年以降負債証券発行企業およびUS GAAP適用企業に対するIFRS強制適用	大企業に対する連邦官報においてIFRS準拠財務諸表の登録の認可
それ以外の企業	IFRS任意適用	IFRS禁止 ⇒ドイツ基準強制適用

(出所) UNCTAD [2006] p.10を一部修正。

る。これによれば、規制市場上場企業以外の企業に対してもIFRS強制適用を行い積極的対応をする国がある一方で、IFRS適用を禁止するという消極的対応をする国とがあることがわかる。そのなかで、ドイツは、規制市場上場企業以外の企業に対して、連結財務諸表のIFRS適用は任意であり中立的立場である一方で、個別財務諸表は禁止という消極的立場を採っている。

さらに、**図表6-3**には、IAS適用規則を受けて行われたドイツの2004年「会計法改革法」(BilReG)によるHGB改正などを通じて行われたドイツ会計の制度内調整の結果が示されている。ドイツにおいては、IFRS強制適用の範囲を上場登録会社にまで拡張したのとともに、大企業のIFRS準拠個別財務諸表の開示許可とHGB準拠の個別財務諸表の作成義務を同時に定めた。つまり、上場企業および上場予定企業以外の企業（主に中小企業）について、連結はIFRS任意適用、個別はHGB強制適用とすることによって、上場企業に対するIFRS強制適用に伴う制度内調整を行ったのである。

一方で、中小企業を含むそれ以外の企業に対しては規制緩和を進めてきた。具体的にまず、2006年に公表された2つのEU指令（監査人指令：2006/43/EUおよび改訂指令：2006/46/EU）を根拠とした2009年ドイツ会計法現代化法（BilMoG）を通じて「①一定の個人商人に対する帳簿作成義務の免除、②資本会社に関する規模規準の引上げ」が行われた（稲見［2013］）。さらには、2012年EU指令（2012/6/EU）において企業規模に従った新たな区分「零細企業」が設定され、該当企業には貸借対照表および損益計算書の作成上の簡素化措置が適用された。これを、ドイツは2012年「零細企業指令変換法」(Micro-Richtlinie) と

第6章 IASBデュー・プロセスにおける会計基準設定主体の行動　109

[図表6-4] EUにおける企業区分

	総資産	純売上高	年平均従業員数
中企業	≤ € 20,000,000	≤ € 40,000,000	≤ 250
小企業	≤ € 6,000,000	≤ € 12,000,000	≤ 50
零細企業	≤ € 350,000	≤ € 700,000	≤ 10

（出所）EU［2016b］.2013/34/EU第3条。

[図表6-5] 各企業区分に属する予想企業数

上場企業	7,608	0.11%
大企業	96,562	1.35%
中企業	206,419	2.88%
小企業	1,477,882	20.65%
零細企業	5,369,738	75.02%
総数	7,158,209	100.00%

（出所）EU［2010］p.19.

[図表6-6] ドイツにおける法形態別会社数

資本会社(有限会社・株式会社)	666,231	18.36%
人的会社(合名会社・合資会社など)	453,746	12.50%
個人会社	2,293,444	63.19%
その他の法形態	216,245	5.96%
合計	3,629,666	100.00%

（注）2015年5月31日現在。
（出所）Statistisches Bundesamt［2016］.

して国内法化したことから，ドイツ非資本市場志向企業は規模別に，大企業，中企業，小企業，零細企業と区分されることとなった（詳しくは，稲見［2013］を参照）。

図表6-4にはEUにおける規模区分が示されており，2会計年度の決算日において総資産，純資産，年平均従業員数という3つの基準のうち2つを満たす企業が，図表の基準に従って大・中・小・零細企業にそれぞれ区分される（同規定は，HGB第267条にも導入されている）。

さらに，**図表6-5**は各規模区分に属するEUの予想該当企業数を示している。**図表6-5**によれば，EUにおいて中・小・零細企業が全企業の約99％を占めることがわかる。

また，**図表6-6**はドイツにおける法形態別会社数を示している。これによれば，規模区分ごとの企業数は不明であるが，ドイツの中小零細企業を多く含む人的会社および個人会社の割合は全企業の約78％であり，ドイツの中小零細企業はドイツ経済において重要な地位を占めていることがわかる。

以上のように，ドイツにおいては，規制市場上場企業とそれ以外，連結財務

諸表と個別財務諸表，大・中・小・零細による規模別といった区分を設けて規制を行う会計規制の形態（ディファレンシャル・レポーティング）が採用されている（詳しくはEierle［2009］；Haller and Eierle［2004］などを参照）。そして，EUおよびドイツにおいては中・小・零細企業の割合が高くその重要性が高いため，当該企業のIFRS適用に際しては慎重な態度を採っているのである。Walton［2015］は，2005年のIFRS適用から10年を経て次の10年を見据え，課題の1つとしてディファレンシャル・レポーティングをあげている[2]。

第4節　中小企業向けIFRSへの対応
——DRSCを中心として

　以下では，第2節で検討した先行研究で示された分析の視点をもって，中小企業向けIFRSのデュー・プロセスにおけるコメント・レターや中小企業会計に関するDRSCの公表物を分析対象として，ドイツの会計基準設定主体であるDRSCによるIASBの中小企業向けIFRSへの対応を分析する。

　前述のとおり，中小企業向けIFRSのデュー・プロセスでは，ディスカッション・ペーパーの公表，スタッフ調査票の公開，公開ラウンド・テーブルでの審議，スタッフ草案の公表，改訂スタッフ・ドラフトの公表，公開草案（ED）の公表，フィールド・テストの実施，中小企業向けIFRSの公表，および適用後レビューの実施が行われ，さらに近年では改訂作業として改訂版中小企業向けIFRS草案の公表，改訂版中小企業向けIFRSの公表も実施された[3]。利害関係

2　そのほかの課題には，①IASBの資金調達問題および，②IFRSの複雑性があげられている。さらに，EU委員会の資本市場統合に関するグリーンペーパーでは上場企業に対してもさらなる区分が検討されており，小企業が銀行による資金調達に代えてその他の資金調達形態へのアクセスが可能になるよう，多角的取引システム（Multilateral Trading Facilities：MTFs）と呼ばれるものを通じて資金調達された企業についてはIFRSの会計を簡素化する必要があると述べている。そこでは，①規制市場へのIFRS，②MTF企業への新たな基準，③それ以外の2013年会計指令という3区分によるディファレンシャル・レポーティングを想定している。

3　さらに，中小企業向けIFRSは外部からの関与だけでなく内部からの関与も広く行われ，40名のワーキング・グループメンバーがさまざまな段階で基準設定に関与したという。また，2007年に公表された公開草案は5カ国語に翻訳されたほか，利害関係団体から直接的フィードバックを受け取るために50回以上の円卓会議およびセミナーが開催され，20カ国の小企業116社でフィールド・テストが実施された（以上，IASB［2016］）。

者にはこのデュー・プロセスのそれぞれの段階においてさまざまなロビイングの機会が提供されている。

そのような状況において，ドイツの会計基準設定主体であるDRSCはIASBの中小企業向けIFRSに，どの段階で，どのようなロビイングを行ったのであろうか。

ドイツにおいては，IFRS強制適用が決定された2002年頃（IASBのディスカッション・ペーパーを公表前）から，非上場企業に対するIFRS適用の可能性が予見され，ドイツ企業の中小企業向けIFRS適用に関する調査が研究者や産業界によって数多く，そして幅広く自発的に行われた。ドイツ中小企業へのIFRS適用に関して行われた調査のうち，財務諸表作成者に対して行われた調査が**図表6-7**に，その他の利害関係者に対して行われた調査が**図表6-8**に示されている。これらの調査では，IFRSあるいは中小企業向けIFRSの中小企業への適用が企業の資金調達機会の改善，国際的な比較可能性の向上などのメリットと変更コストおよびフォロー・アップ・コスト，IFRSの複雑性などのデメリットの両方が認識されたが，多くはIFRS適用が中小企業に及ぼす負の影響を報告していた（Fülbier and Gassen［2010］）。

それらの広範な調査をもとに，DRSCは，IASBデュー・プロセスにおけるそれぞれのイベントに対してロビイングを行った。**図表6-9**には，IASBのデュー・プロセスにおけるイベントに対してドイツの会計基準設定主体であるDRSCが提出したコメント・レターや公表物とその総頁数もまた示されている。図表からは，コメントの機会をすべて捉えてコメント・レターを提出していること，さらには，とくに公開草案に対して3部構成から成る資料を提出するなど，中小企業向けIFRSに対して非常に積極的な対応を行っていることがわかる。なかでも，2007年の公開草案に対しては，研究者が中心となりドイツ中小企業4,000社を対象として産業界（作成者）と会計基準設定主体との共同により公表された行われた総56頁にわたる調査報告がPart IIIとして添付された（DRSC et al.［2007］）。そこにおいては，DRSCから継続して反対意見が述べられており，たとえば次のように主張されている。「私たちは，適切な中小企業向けIFRSの開発の困難性を理解しており，この草案を正しい方向性に向けての重要なステップとして認識している。しかしながら，中小企業向けIFRS草案には，ド

[図表6-7] ドイツ中小企業へのIFRS適用に関する作成者に対する調査

著者	調査期間	サンプル	回答率	IFRS適用企業率	IFRS適用のメリット・利点	IFRS適用のデメリット・欠点
Mandler (2003a, 2003b, 2004)	2002年秋	400社（IHK部門，中部ヘッセン地方：従業員最大500人）	24%	14%（大規模会社）	国際的な比較可能性の向上	変更コスト
Wetzel (2003)	2003年4月	8,362社（非上場会社，売上高最低35m€または総資産13m€）	10.5%	n/a	n/a	n/a
von Keitz/ Stibi (2004)	2003年12月	4,556社（ノルトライン・ヴェストファーレン州：売上高最低20m€）	6.6%	20%	企業の資金調達機会の改善	複雑性，変更コスト，税金への負の影響
BDI/ Ernst & Young (2005)	2005年4月	BDI会員企業	820通	39.6%(個別) 51.4%(連結) US-GAAP含む	財務会計と管理会計の収斂，連結財務諸表の作成の単純化	経営管理的・組織的および財政的負担
DIHK/ PwC (2005)	2005年	DIHK会員企業	600通	8%	公正な表示の改善	変更コストおよびフォロー・アップ・コスト
Oehler (2005, 2006a)	2005年1-2月	1,800社（中部フランケン地方：最大従業員500人，売上高最大50m€）	5%	6.42%	銀行からの要求，さらなる情報	変更コスト，従業員教育，複雑性
Ochs/ Leibfried (2006)	2006年1-3月	従業員数最大500人および売上高最大50m€の企業	10.4%	19%	国際的な比較可能性の向上	複雑性，変更コストおよびフォローアップ・コスト
Danne et al. (2007)	2006年9月	60社（VMEBFメンバー企業）	75%	33.3%	比較可能性の向上，財務会計と管理会計の収斂	作成時間消費，利益のボラティリティ
DRSC et al. (2007)	2007年5月	4,000社（ランダム・サンプル：売上高最大8m€）	10.3%	n/a	n/a	n/a
Kajüter et al. (2007)	2007年4-5月	971社（ベルリン：従業員最大500人，売上高最大50m€）	11.4%	21%	競合他社との比較可能性の向上	従業員の増加，複雑性
von Keitz et al. (2007)	2005年	4,780社（ノルトライン・ヴェストファーレン州：売上高最低20m€）	7.3%	30%	企業の資金調達機会の改善	複雑性，変更コスト，税への負の影響
Mages (2009)	2007年夏	2,767社（非公開商業パートナーシップ企業：売上高最低40m€）	10.0%	19.3%	親会社とのコントロール関係；連結財務諸表作成の単純化	変更コストおよびフォローアップ・コスト

(注) BDI (Bundesverband der Deutschen Industrie)：ドイツ産業連盟
　　IHK (Industrie- und Handelskammer)：商工会議所
　　VMEBF (Vereinigung zur Mitwirkung an der Entwicklung des Bilanzrechts für Familiengesellschaften e.V.)：ファミリー企業のための会計法の発展の協同連合
(出所) Fülbier and Gassen [2010] p.52を一部修正。

第6章 IASBデュー・プロセスにおける会計基準設定主体の行動 113

[図表6-8] ドイツ中小企業へのIFRS適用に関するその他の利害関係者に対する調査

著 者	調査期間	サンプル	回答率	結 果
Marten et al. (2002)	2002年6月	1,200社（DVFAメンバー：財務アナリストおよびアセット・マネージャー）	12.75%	・IFRS適用は中小企業部門において意義がある。 ・非公開企業はしばしばIFRS適用の利点について過小評価されている。
Mandler (2003b, 2004)	2002年秋	研究者145人（ドイツ単科大学の税務・監査担当教員によるワーキング・グループ）	約50%	・中小企業部門とは対照的に，IFRS適用の利点について高く，欠点について低く評価している。
Oehler (2005, 2006a)	2005年1-2月	銀行250行（データベース：Bundesverbanden deutscher Banken）	12%	・銀行は，中小企業とその他の企業は格付目的で区別している。 ・IFRS適用は財務諸表の質を改善しない。 ・IFRS適用はそもそも格付を改善しない。
DRSC et al. (2007)	2008年	銀行従業員59人（プライベート・バンク，州立銀行，協同組合）	100%（インタビュー）	・会計情報（とくに連結財務諸表）は，貸付の意思決定にとって重要である。 ・中小企業部門における国際的に比較可能な会計情報への要求 ・中小企業向けIFRSは，中小企業に好ましくないものとして批判されてきた。
Zülch/Löw (2008)	2007年6月	銀行1,544行の従業員2,430人	11.44%	・IFRS適用企業にとってのレート優遇はない。 ・IFRS適用を推奨するのは2行のみである。 ・IFRS適用は貸付コストを改善しない。

（注）Bundesverbanden deutscher Banken：ドイツ連邦銀行協会
　　DVFA (Deutsche Vereinigung für Finanzanalyse und Asset Management)：ドイツ財務分析・資産管理協会
（出所）Fülbier and Gassen [2010] p.54を一部修正。

イツにおける承認を妨げるようないくつかの決定的な問題がある。一般的な印象は，中小企業向けIFRS草案は今なお複雑であり，中小企業およびその財務諸表利用者のニーズに十分に合致していない。中小企業の基準は完全版IFRSのコンテキスト以外で読まれる場合に，読みにくいし，包括的でもない。私たちの見解では，いまなお中小企業向けIFRSの構造と言い回し，ある種の測定要件と開示要件を単純化する余地がある」。さらに，2008年のフィールド・テストでは，産業界と監査法人との共同でドイツ中小企業15社のフィールド・テストが実施されている（DRSC [2008]）。このようにDRSCからIASBへの積極的な反対意見のインプットが継続的に行われたのである[4]。

[図表6-9] DRSCにより提出されたコメント・レター

デュー・プロセスの段階	年月日	公表物の総頁数
ディスカッション・ペーパー（DP）	2004/10/01	6頁
	2006/02/17	2頁
スタッフ調査票	2005/06/07	3頁
	2005/07/14	6頁
公開ラウンド・テーブル	―	―
スタッフ草案	2006/12/15	6頁
改訂スタッフ・ドラフト	―	―
公開草案（ED）	2008/10/ 7	2頁
	2008/12/14	Part I：33頁
	2008/12/14	Part II：5頁
	2008/12/14	Part III：56頁
フィールド・テスト	2008/ 4	21頁
中小企業向けIFRS	―	―
適用後レビュー	2012/11/26	21頁
改訂版中小企業向けIFRS草案	2014/02/14	22頁
改訂版中小企業向けIFRS	―	―

（出所）DRSC［2016］より作成。

　以上検討してきたように，中小企業向けIFRSに対しては，DRSCが中心となり，会計専門家，作成者，利用者，研究者の支援を得て，コメント・レターを通じて積極的にロビイング活動を展開したという事実がある。それは，ドイツ企業の99％を占める約220万のドイツの中小企業の多くにIFRSは適用されておらず，適用の影響に大きなデメリットがあると考えられており，中小企業向けIFRSの適用に積極的に反対するという利害関係者間の総意があったためであると考えられる。これらのドイツでの証拠の蓄積は，EUレベルでの中小企業への影響評価（EU［2010］）へと引き継がれ，IASBへの二重のロビイングとして展開されることとなる。そして最終的に，EUは，IASBの中小企業向け

4　近年では，たとえばTeixeira［2014］が，IASBが会計基準設定に学術研究を用いる「証拠提供型の基準設定（Evidence-Informed Standard-Setting）」に移行していることを指摘している。本章で取り上げたDRSCの対応も，この文脈における活動と捉える必要がある。

IFRSを適用しないことを決定し，加盟国がIASBの中小企業向けIFRSを適用するかどうかを各自決定することができると決定するのである。

第5節　おわりに

　本章では，ドイツ会計基準委員会（DRSC）のIASBの中小企業向けIFRSへの対応を事例として，IASBの提案への「反対」案件について，会計基準設定主体が国内のその他の利害関係者の意向を反映してグローバル・レベル・国内レベルでどのような行動を行ったかを明らかにした。

　ドイツは，制度的には，資本市場指向企業とそれ以外，連結財務諸表と個別財務諸表，大・中・小・零細による規模別といった区分に従って規制を行うディファレンシャル・レポーティング政策を採っている。その政策のもとで，グローバルな会計基準設定の場では，DRSCがさまざまなロビイングの機会を捉えて，国内のさまざまな利害関係者とともに，ドイツを代表して意見発信を行っているのである。本章での分析を通じてもなお，残されている課題がある。たとえば，ドイツの意見が公表された基準にどのように反映されたかについてコメント・レターの内容を分析し，IASBのデュー・プロセスにおいてDRSCをはじめとするドイツのアクターがどの程度影響力を行使しているかを，ドイツやどの他の国々のアクター間の相互関係において明らかにする必要がある。

《参考文献》

Arndt, S. J. [1999] *Internationale Rechnungslegung und Rechnungslegungspolitik: Ein Vergleich der Rechnungslegungswelten HGB, IAS und US-GAAP*, Marburg: Tectum Verlag.

BDI (Bundesverband der Deutschen Industrie e.V.) and Ernst & Young [2005] *Rechnungslegung im Umbruch, Ergebnisse einer repräsentativen Umfrage bei der Deutschen Industrie*, Berlin.

Choi, F. D. S. and G. G. Mueller [1984] *International Accounting*, Englewood Criffs: N. J. Prentice-Hall.

Danne, M. / S. Wielenberg / F. Reuther [2007] Entsprechen die IFRS den Anforderungen von großten Familiengesellschaften?, *KoR*, 7, 581-587.

DIHK (Deutscher Industrie- und Handelskammertag) and PwC (PricewaterhouseCoopers)

[2005] International Financial Reporting Standards (IFRS) in mittelständischen Unternehmen, Berlin.

DRSC (Deutsches Rechnungslegungs Standards Committee) [2008] *Report on the Field Tests in Germany regarding the ED-IFRS for SMEs*, DRSC e.V.

DRSC [2016] (http://www.drsc.de/service/index.php 最終アクセス2016年10月4日)

DRSC / A. Haller / B. Eierle [2007] *Ergebnisse einer Befragung deutscher mittelständischer Unternehmen zum Entwurf eines internationalen Standards zur Bilanzierung von Small and Medium-sized Entities (ED-IFRS for SMEs)*, DRSC.

DRSC [2014] *Feedback: EU Questionnaire on the Evaluation of IFRS Regulation*. (http://www.drsc.de/docs/press_releases/2014/141020_EU_FB_EvaluationIFRS_DRSC.pdf 最終アクセス2016年10月4日)

Durocher, S., A. Fortin andL. Cote [2007] Users' Perception in the Accounting Standard-Setting Process: A Theory-Building Study, *Accounting, Organization and Society*, 32 (1-2), 29-59.

Eierle, B. [2009] "Differential Reporting in Germany – A Historical Analysis," *Accounting, Business & Financial History*, 15 (3), 279-315.

EFRAG [2009] *EFRAG Compatibility Analysis: IFRS for SMEs and the EU Accounting Directives*, EFRAG.

EFRAG [2016] (http://www.efrag.org/ 最終アクセス2016年10月4日)

European Commission [2009] *Commission staff working document - Accompanying document to the proposal for a Directive of the European Parliament and of the Council amending Council Directive 78/660/EEC on the annual accounts of certain types of companies as regards micro-entities – Impact assessment /COM (2009) 83/ /SEC (2009) 207/* SEC/2009/0206 final*, EU.

European Commission [2010] *Internationalization of European SMEs*, European Commission.

European Commission [2015] *Staff Working Document, Evaluation of Regulation (EC) N 1606/2002 of 19 July 2002 on the Application of International Accounting Standards, Accompanying the document Report from the Commission to the European Parliament and the Council Evaluation of Regulation 1606/2002 on the Application of International Accounting Standards, Com (2015) 301 Final*, EU.

EU [2010] *Framework Contract for Projects relating to Evaluation and Impact Assessment Activities of Directorate General for Internal Market and Services, 4th Company Law Directive and IFRS for SMEs, Final Report*, October 2010.

EU [2016a] (http://ec.europa.eu/internal_market/accounting/docs/legal_framework/20140718-ias-use-of-options_en.pdf 最終アクセス2016年10月4日)

EU [2016b] (http://ec.europa.eu/finance/company-reporting/index_en.htm 最終アクセス：2016年10月4日)

Evans, L., G. Gebhardt, M. Hoogendoorn, J. Marton, R. Di Pietra, A. Mora, F. Thinggård, P. VehmanenandA. Wagenhofer [2005] "Problems and Opportunities of an International Financial Reporting Standard for Small and Medium-sized Entities: The EAA FRSC's

Comment on the IASB's Discussion Paper," *Accounting in Europe*, 2 (1), 23-45.
Fülbier, R. U. / J. Gassen [2010] *IFRS für kleine und mittelgroße Unternehmen in Europa?: Eine theoretische und empirische Analyse*, Research Report commissioned by DGRV.
Georgiou, G. (2010) "The IASB Standard-Setting Process: Participation and Perception of Financial Statement Users," *The British Accounting Review*, 42 (2), pp.103-118.
Haller, A. and B. Eierle [2004] "The Adaptation of German Accounting Rules to IFRS: A Legislative Balancing Act," *Accounting in Europe*, 1, pp.27-50.
Haller, A. and B. Eierle [2007] *Final Report of the Survey on ED-IFRS on German SMEs*.
IASB [2014] (http://www.ifrs.org/Meetings/MeetingDocs/IASB/2014/May/AP15A-SMEs.pdf 最終アクセス2016年10月4日)
IFRSF [2016] (http://www.ifrs.org/IFRS-for-SMEs/history/Pages/History.aspx 最終アクセス2016年10月4日)
Kajüter, P. / D. Barth / T. Dickmann / P. Zapp [2007] Rechnungslegung nach IFRS im deutschen Mittelstand- Der Standardentwurf "IFRS für kleine und mittelgroße Unternehmen" im Licht empirischer Befunde, *Der Betrieb*, 60, S.1877-1884.
Königsgruber, R. and S. Palan (2015) "Earnings Management and Participation in Accounting," *The Central European Journal of Operations Research* (CEJOR), 23, pp.31-52.
Litjens, R., S. Bissessur, H. Langendijk and R. Vergoossen [2012] "How Do Preparers Perspective Costs and Benefits of IFRS for SMEs? – Empirical Evidence from the Netherland," *Accounting in Europe*, 9, pp.227-250.
Mages, M. K. [2009] *IFRS-Bilanzierung aus der Sicht mittelständischer Personengesellschaften, Eine theoretische und empirishe Untersuchung*, Hamburg.
Mandler, U. [2003a] IAS IFRS für mittelständische Unternehmen Ergebnisse einer Unternehmensbefragung, *KoR*, 3, S.143-149.
Mandler, U. [2003b] Argumente für und gegen IAS/IFRS im Mitttelstand, *Steuer und Bilanzen*, 5, S.680-687.
Mandler, U. [2004] *Der deutsche Mittelstand vor der IAS-Umstellung 2005*, NWB Veriag.
Marten, K.-U. / D. Schlereth / A. Crampton / A.G. Köhler [2002] Rechnungslegung nach IAS – Nutzeneffekte aus Sicht von Eigenkapitalgebern, *Betriebs-Berater*, 57, S.2007-2012.
Ochs, A. / P. Leibfried [2006] IFRS für den deutschen Mittelstand? - Eine empirische Untersuchung, Praxis der internationalen Rechnungslegung (PiR), 2, S.183-189.
Oehler, R. [2005] *Auswirkungen einer IAS IFRS-Umstellung bei KMU*, München.
Oehler, R. [2006a] Internationale Rechnungslegung ber KMU, *KoR*, 6, S.19-28.
Pellens, B. [1998] *Internationale Rechnungslegung, 2. Aufl.*, Stuttgart: Schäffer-Poeschel Verlag.
Simon, H. [2009] *Hidden Champions of the Twenty-First Century: The Success Strategies of Unknown World Market Leaders*, Springer. (上田隆穂監訳 [2015] 『＜新装版＞グローバルビジネスの隠れたチャンピオン企業』中央経済社)
Statistisches Bundesamt [2016] (https://www.destatis.de/ 最終アクセス2016年10月4日)
Teixeira A. (2014) "The International Accounting Standards Board and Evidence-Informed Standard-Setting," *Accounting in Europe*, 11 (1), pp.2-12.

UNCTAD [2006] *Review of Practical Implementation Issues of International Financial Reporting Standards: Case Study in Germany.*
von Keitz, I. / B. Stibi [2004] Rechnungslegung nach IAS/IFRS – auch ein Thema für den Mittelstand?, *KoR*, 4, S.423-429.
von Keitz, I. / B. Stibi [2007] Rechnungslegung nach (Full-) IAS/IFRS – auch ein Thema für den Mittelstand?, *KoR*, 7, S.509-519.
Walton, p. (2015) "IFRS in Europe-An Obsever's Perspective of the Next 10 Years," *Accounting in Europe*, 12 (2), pp.135-151.
Wetzel, A. [2003] *Kapitalmarkt und Mittelstand: Ergebnisse einer Umfrage bei nicht-börsennotierte Unternehmen*, Frankfurt a.M.
Zülch, H. / E. Löw (2008) *IFRS und HGB in der Praxis, Zur Bedeutung von IFRS-Abschlüssen beider Kreditvergabe von Bauken an Wittelständische Unternehmen*, Frankfurt.

稲見亨［2013］「ドイツにおける非資本市場指向の会計制度改革―最小規模資本会社会計法指令法（MicroBilG）の要点―」,『會計』第183巻第2号, 96-106頁。
稲見亨［2015］「EUの『新会計指令』へのドイツの対応―会計指令転換法（BilRUG）の要点―」『會計』第188巻第2号, 176-189頁。
大石桂一［2015］『会計規制の研究』中央経済社。
大石桂一［2016］「会計規制研究の可能性」『會計』第189巻第1号, 24-37頁。
木下勝一［2000］「『ドイツ会計基準委員会』の設立の現代的意義」『會計』第157巻第2号, 65-78頁。
木下勝一［2012］「ドイツ会計基準委員会の新しい秩序への転換―2010年6月28日の臨時総会決定―」『企業会計』第64巻第1号。
櫛部幸子［2016］『中小企業会計基準の課題と展望』同文舘出版。
佐藤誠二［2016］「IFRSの欧州化についての考察―欧州委員会『IAS規則の評価』等を素材として―」『會計』第188巻第4号, 1-15頁。
小津稚加子［2009］「SME版IFRSの開発過程―公開草案（ED）構造化はどのようになされたのか―」『経済学研究』第75巻第5・6合併号, 65-78頁。
河﨑照行編著［2015］『中小企業の会計制度―日本・欧米・アジア・オセアニアの分析―』中央経済社。
潮﨑智美［2009］「ドイツ会計制度改革の本質的特徴―IFRS導入との関連において―」『国際会計研究学会年報2008年度』35-47頁。
潮﨑智美［2014］「EUにおける会計基準設定と学術研究」『企業会計』第66巻第8号, 102-103頁。
潮﨑智美［2015］「IFRS適用の影響に関する海外調査報告(2)―ドイツ―」『企業会計』第67巻第6号, 102-105頁。
潮﨑智美［2017］「グローバルな財務報告基準設定の現状と展望」, 木戸田力・高橋和幸編著『企業会計システムの現状と展望』五絃社（近刊）。
津守常弘［1993a］「会計ディスクロージャー政策と財務」, 日本経営財務研究学会編『現代経営財務政策の新展開』中央経済社, 1-20頁。
津守常弘［1993b］「ドイツにおける会計基準の設定」, 新井清光編『会計基準の設定主体』中央経済社, 125-141頁。

樋口尚文・石井和敏［2013］「零細企業向け『IFRS for SMEs』の適用に関する指針について」『会計・監査ジャーナル』。
【インタビュー】
2014年2月11日　Hanno Neuhaus氏，Marco Pazzaglia氏（ともにKPMG Düsseldorf）
2014年2月13日　Liesel Knorr氏（DRSC委員長：当時）

（潮﨑 智美）

第7章

会計基準設定主体の戦略と会計研究

―― フランスにおけるIFRS適用後の動向 ――

第1節　はじめに

　EUでは，IFRS適用後12年が経過した。そのようななか，IFRS適用のエフェクト（影響：effect）についての議論が活発になっている。たとえば，デュー・プロセスにおいて会計基準の事前・事後分析を含むエフェクト研究の必要性を主張する論考（Haller et al. [2012]）や，分析方法の変遷を整理しながら，エフェクト分析を会計基準設定主体に組み込むべきであるという指摘（Trombetta et al. [2012]），EU域内の研究蓄積をグローバルに行われている基準開発にインプットし，事前・事後分析において貢献する機会を構築すべきとEU域内の研究者に促す議論がある（Abela and Mora [2012]）。

　こうした議論はヨーロッパにおいて展開され，学界では問題意識が共有されつつある[1]。EUにおける動向と直接的な因果関係があるのか，あるいはフランス独自の路線なのかは今後の研究によって明らかになると考えられるが，フランスでは[2]，会計基準設定主体がIFRS適用の影響を総括し，将来の戦略を提案するレポートが公表されている（ANC [2010]；ANC [2011]）。そして，その戦略レポートのなかで，研究活動を会計基準設定過程で役立てるべきことを指摘している。会計基準設定主体が主催する公開研究集会も定期的に開催されており[3]，公開性が高い。

　フランスでは，会計基準設定主体は，それが設立された戦中から戦後まで一

　　1　EAAやAccounting in Europe [2012]，Special Issueにおける議論などがある。

貫してパブリック・セクターに置かれている。グローバル化が進展し，IAS/IFRS導入の対応期であっても，意思決定を迅速かつ効率的にするために組織改革はあったものの，会計基準設定権限がプライベート・セクターに移管されることはなかった（小津［2000］，小津［2014a］）。パブリック・セクターである会計基準設定主体において，研究者との連携は少数の委員の任命という形式的な経路を通じた集約的な知見獲得であり，会計基準設定主体が研究活動や研究成果に対してどのような関心を寄せているか把握することはできなかった。研究活動と会計基準設定の関係は外部からは可視的でなかったといってよい。また，会計基準設定主体の委員構成に着目すると，EUによるIFRS導入が決定した2000年以降，委員構成については会計プロフェッションの比率が増加し，労働組合などのステークホルダー代表の比率が減少するという傾向にあった[4]。IAS/IFRS対応のための人的資源の獲得は総じて研究者コミュニティへの期待よりも会計プロフェッションへの依存が大きくなった，というのがIFRS適用期の傾向であった。つまり，2000年以降は，会計実務から得られる経験的知見を相対的に重視していたと考えられる。しかし，この傾向に変化の兆しが見えている。近年，会計基準設定主体と研究者コミュニティとのソフト・ネッ

2　フランスを取り巻く背景を説明しておかねばならない。フランスは，EU加盟国の一員として，28カ国の会社法規制に影響を与える欧州理事会指令（EU Directives）を受け入れている。近年では，とりわけ新会計指令，公正価値指令およびIAS規則が重要であり，IFRS（EUにおいてはEU版IFRS）を導入，適用している。しかし，公正価値指令における公正価値測定導入の経緯および法令上の位置づけは，たとえば，fair value（公正価値）の適用範囲は限定的であり，慎重な論議が展開された（小津［2014b］）。このように，経済社会（資本市場）のダイナミックな変化に対応してEU域内に公正価値指令やIAS規則が取り込まれたとしても，フランス国内における非上場企業に対する個別具体的な対応は独自の考えないしは枠組みに基づいている。

3　2010年以来，毎年開催されている。2016年は12月12日に開催した。2015年の研究テーマは「会計の一般原則，欧州の規準とIASBの概念フレームワーク」で，財務省で開催された。概念フレームワークに関するセッションの主題は，次のとおり。慎重性，実質優先主義，業績の財務測定，取得原価VS公正価値であった。研究報告に対して討論者が3名から4名あらかじめ決められている。研究者の報告に対して産業界，金融機関，アナリスト，欧州委員会，EFRAG，フランス国税庁，会計士協会などから選ばれている。偏りなく質疑やコメントができるようになっている。2015年は，報告も討論もテレビ電話による参加が可能であった。ワークショップは映像で配信されている。

4　小津［2000］に詳しい。

ワークが形成されつつあり，その様子がフランス国外からも見えるようになってきている。

フランスの会計基準設定主体は，いまなぜ研究者コミュニティを軸とするネットワークを形成しようとしているのか。中立であるはずの研究者は，どのように基準設定に連携しようとしているのか。どのような研究テーマが，いかなる理由で求められているのか。IFRS適用が与えた影響として会計基準設定主体と研究者コミュニティの関係の変化を捉え，求められている研究主題を追跡することを通じて，IFRS適用後に見えてきた会計基準設定主体の行動様式の変化を明らかにするのが本章の目的である。フランスの会計基準設定主体である会計基準庁[5]の公表物に基づいて文献サーベイを行い，この目的にアプローチする。

以下，第2節では，会計基準庁が公表した『戦略レポート』を取り上げ，なぜこのようなレポートが登場したのか考察し，IFRS適用の影響の大きさを確認する。第3節では，会計基準庁になってからフランス会計基準設定主体がEU域内さらにはIFRS適用国のなかで自らのポジションを確立するために研究力を重視していることを述べる。またどのような研究テーマが選択されているか整理し，その背景を確認する。最後の第4節はまとめである。

第2節　『戦略レポート』

『戦略レポート 2010-2011 (*Plan Stratégique 2010-2011*)』は，ジェローム・アース (Jérôme Haas) 議長 (当時) のもとで，2011年6月に発表された[6]。アース議長は，冒頭，次のように述べている (以下，特に断り書きがない限り，括弧

5　フランス語の表記は，Autorité des Normes Comptables：ANC。「会計基準庁」の他に，会計基準機構，会計基準監督機関，会計基準委員会という邦訳が付されている場合があるが，ここでは会計基準庁と訳している。また，本文中では，会計基準設定主体と会計基準庁を交えて使用している。「フランス会計基準設定主体」というときは，会計標準化委員会，国家会計審議会，会計規制委員会を含む通時的な意味合いで，「会計基準庁」というときは行為主体を特定して使用する。

6　1年後，ANCは『戦略レポート 2011-2012 (*Plan Stratégique 2011-2012*)』を公表した。本章では，会計基準設定主体が改革された直後の，『戦略レポート 2010-2011』を取り上げる。

内記載ページは『戦略レポート』の参照箇所である)。

　「任命を受けた時から，私は，『戦略レポート』を作成すると決めていた。実際，制度が現代化した後には，会計基準庁は任務と行動を前進させるために資源を動かさねばならない。…（中略）…この戦略レポートは，グローバルで，細心の注意を払わねばならない状況のもとで執筆された。…（中略）…戦略レポートはいくつか重要な項目を含んでおり，研究には一般的な関心が寄せられている。…（中略）…われわれは『戦略レポート』に掲げた目的に着手する。同時に，中小企業の利害に適合する詳細で新しい提言の作成を2010年第1期から始め，IFRSの開発における具体的な位置づけのなかで会計基準庁は戦略的に議論に参加し貢献していく。」
（『戦略レポート』はじめに（pp.3-4），より引用）

1　2つの機軸

　アース議長の言葉にあるように，会計基準庁は2010年から2011年にかけて戦略的な目標を設定して（ANC［2010］p.5, p.15），次の2項目について優先順位を高くしている。
① 中小企業の会計基準に着手すること
② IFRSの作成手続の一環として，意見および見解を表明し積極的に関与すること[7]

加えて，次の2つの根本的な課題を指摘している。
① 新たに，研究が優先事項として浮上している。つまり，会計基準庁が行うプロジェクトの基礎には研究があり，会計基準の開発に関する理論ないし研究方法について整理統合を行わねばならない。
② 会計基準庁は，フランスの会計基準を最新にするためすべてのプロジェクトを引き受ける[8]。

　7　会計基準庁が優先順位を高くしている会計基準は，次の項目である。金融商品，ヘッジ会計，保険契約，財務諸表の表示，収益認識，リース契約である（p.7）。

こうした目標は，EUの会計フレームワークについての議論のなかで収斂した課題のようである（ANC［2010］p.6）。たとえば，中小企業に関しては，会計，法律，税制に関する現在の環境と法的な枠組みを保持することや，中小企業に，複雑で不完全な国際的な基準を適用させないことが述べられている（ANC［2010］；ガルシア［2015］）。

2 『戦略レポート』の構成と承認の経緯

『戦略レポート』の本論は，本文46ページ，付録等17ページから構成されている。内容の概略は**図表7-1**のとおりである。

[図表7-1]　『戦略レポート（2010-2011）』の構成

```
・序：戦略の機軸
・優先される2つの基準
    ―中小企業のための会計基準とIFRS
・2つの基本的な課題
    ―会計研究とフランス基準の適用
・手　続
    ―会計基準設定主体と任務を遂行するために適切な方法
・結　論
・付　録
```

（注）この他に，「はじめに」および英文で書かれた要約があるが，ここでは省略している。

まず，序章である戦略の機軸（pp.10-14）において，「会計基準は3つの主要な現象にさらされている」と前置きしている[9]。3つの現象とは，(a)経済のグローバル化と，EUが採択した上場企業の連結財務諸表へのIFRSの強制適用，(b)IFRSの特殊性，(c)ヨーロッパで行われている会計についての制約を緩める必要性についての議論である。

8　2011年現在，次の課題が例としてあげられている（p.8）。自己創設のれんの定義と測定，気候変動商品の会計処理，非営利組織への寄付。

9　会計基準を取り巻く環境に関するすべての議論はフランス，欧州，グローバルの三層構造を念頭に置いている。

(b)の特殊性では,「(国際会計基準が)大陸ヨーロッパがもつ法域の伝統とは異なる資本市場の財務的観点を中心（p.10）」にしていることを取り上げており,「金融危機のときに,それが有害な影響があることが明らかになった（p.10）」としている。

(c)は,中小企業を前提とした内容である。つまり,「中小企業にとって,IFRSは負担がかかるもの（p.10）」であり,中小企業のためにIFRSを採用しなくてもヨーロッパ域内市場の規制によって安全性と透明性が提供（p.10）」されているという考えがある。(a)は制約条件と解釈できる。

このような記述から,IFRSの特殊性と会計の二分化は戦略レポートの機軸であり,中小企業会計基準への対応と会計研究が重要課題となっていることがわかる。なかでも会計研究が浮上した背景には,IASBにおける会計基準開発の作業工程とG20を中心とした会計に関する議論のなかでプロジェクトが決定されているという認識が基準設定主体の内部にあると推測される。そして,このことは,会計基準庁が求める研究課題にも現れている（第3節で詳しく述べる）。

このように,『戦略レポート』とはIFRS適用後のフランス国内での考えがまとめられて,外部に公表されたレポートである。そこに次のような記述がある。

> 「会計基準とは,経済生活の《言語》として具象されているものであり,その（会計基準という）名称のもとで,その国の文化的な慣習や事業活動の伝統のみならず,企業活動の表示や経済,さらには社会システムについてさえ表す。」（p.10）

つまり,会計基準は単に会計処理や財務報告のルールであるだけでなく,社会装置としての意義をもつものと認識されている。このような考えならば,会計基準の開発に研究者コミュニティの英知を投入しようとするのは必然的な成り行きかもしれない。ところで,『戦略レポート』は,なぜ,どのような経緯で登場したのか。承認までの経緯を述べておく。

会計基準庁は,ミッションを遂行するために,2010年から2011年にかけての戦略レポートを作成した。会計基準庁は,2010年1月に,クリスティーヌ・ラガルド経済・財政・予算大臣（当時）によって設立が承認された[10]。会計基準

庁はCNC（国家会計審議会）とCRC（会計規制委員会）の組織改革によって誕生した機関である。

その会計基準庁が作成した素案は2010年6月に承認されたが，「戦略レポートは，2010年2月22日，3月4日，4月1日に開催された会計基準庁における会合で決定された」(p.11) ので，概ねひと月に一度の審議を経たことになる。また，「会計基準庁は議論をより深め，焦点を当てるために5月6日にセミナーを行った」(p.11) と説明されている。諮問委員会は5月18日まで延長された。こうした，集中的な審議を経て，異例の早さで2010年6月初旬，本レポートは承認された。以下では，『戦略レポート』のなかから，研究に焦点を当てる。

第3節 研究への関心の高まり

1 研究に対する基本的なスタンス

2つの基本的な課題（pp.29-38）のなかで，会計研究が述べられていることはすでに指摘した。特徴的な記述となっているので，本節で取り上げる。まず，フランスの会計学研究について，『戦略レポート』は次のように言及している。

「フランスの会計学研究は，比較的最近になって発展したのだが，とりわけアメリカやイギリスと比べるとさほど（国際的には：筆者注）認められていない。会計学研究を行う研究者の数はいまなお少なく，研究方法（moyens）が欠落している。」(p.29)

会計基準設定主体はフランスの会計学研究をこのように客観的に分析している[11]。英米と比較したうえで，相対的にフランスの研究力を見直す必要がある

---

10 会計基準庁の前身であるCNC（国家会計審議会）の組織改革は，小津［2000］および小津［2014a］で詳しく論じている。

11 筆者の理解では，フランスにおける会計学の研究方法は，理論研究・規範研究，事例研究，歴史研究が伝統的に多い。

かのようである。とくに，研究方法の改善を指摘している。そして，次のように続けている。

　「研究は，会計基準づくりに携わる者にとっては戦略的な活動といえる。事実，IFRSの適用をめぐる議論を経験した今日，会計基準庁の立場や見解は，高品質な研究によって支持される概念と議論に基づかねばならない。」(p.29)

「したがって研究は，会計基準庁にとって，分野横断的な戦略的な機軸となるのであって，しばしば会計の役割や目的を展望した見解に基づくべきである。研究は，会計基準庁がその任務を実現する枠組みにおいて用いられる道具であり，…（中略）…会計基準庁が会計基準開発の作業工程に関係する研究を指揮することによって，その手続を決定することができる」(p.29) としている。

　同様に，「概念レベルにおいて，基本的な問題は次の点にある」(p.30) としている。

　① 会計，財務諸表，財務情報一般に共通するグローバルな役割および目的
　② 誰が会計情報の利用者なのか，情報利用者の要請の多様性，会計が利用者を満足させる方法
　③ 業績（損益計算書）と財政状態（貸借対照表）の連携

　会計基準庁は，「フランス国内の研究機関に所属する主要な会計研究者を確認し，その多くと連絡をとった」(p.31) という。彼らの研究内容の調査と研究関心を分析し，どのような課題ならば彼らが無理なく実りある成果を出せるかを洗い出した，とのことである。その結果，「高品質な会計研究を行う研究者のネットワークができ，会計基準庁は直ちに彼らと緊密な関係を構築」(p.31) した。

　『戦略レポート』がとった行動についての説明もある。開始時点では次の項目が盛り込まれている。

① 概念整理についての諸課題（questions d'ordre conceptuel）に関して，研究者と共同研究すること
② 博士課程人材を含む教育現場にいる研究者に博士論文のテーマについて提案し，あわせて研究助成を検討すること
③ 会計学を専攻する修士課程2年生の学生に修士論文のテーマを提案すること

開始時期は，①は2010年7月末から，②は2010年から，③は2010年夏前，という。大学・研究機関に所属する学者のみならず，博士課程，さらには修士課程の人材に至るまで連携しようという構想である。フランス国内のすべての研究者，とくに次世代の研究者まで取り込もうとしている。研究者人材とのネットワーク化に連なるように，「フランス会計研究の成果を普及させること」（p.31）も，項目にあがっている。

2　研究者とのソフト・ネットワーク

(1)　進行中の研究テーマ

2012年に，会計基準庁が『戦略レポート』のなかで示した重点領域は次のとおりであった。①会計の範囲と会計の必要性，②会計が表示しなければならないもの，③企業業績の定義と表示方法，④会計目的と評価方法の適合性，⑤会計主体論，⑥欧州の環境における会計であった。

では，実際にどのような研究主題が選ばれたのか。**図表7-2**は，2010年から2015年に公募され終了した研究テーマをまとめている[12]。時系列でみていこう。

この11テーマのうち，2件は金融機関との共同研究である。11テーマ中，3件が単独研究であり，他は複数の研究者による研究チームとなっている。しかし，研究成果が他の研究者との共同研究となる場合もある。「会計基準と金融

12　**図表7-2**は会計基準庁のHPに基づく訳出であり，研究に従事した研究者の所属および専攻はHP上公開されていない。しかし，われわれの関心は，会計基準庁のネットワークがどれくらい広がっているか，なぜその研究主題を取り上げているのか，である。そこで，**図表7-2**のリストを補うため，確認できた研究者情報を本文に書き留めておく。

[図表7-2] フランス会計基準設定主体が公募した研究テーマ
（2010年から2015年）

研究者名	研究テーマ
Guillaume Plantin and Jean Tirole	会計基準の経済への影響（預託金融公庫との共同研究）
Sandra Rigot and Samira Demaria	会計基準と金融機関の慎重性：長期投資のための仕組み（BNPパリバとの共同研究）
C. Disle and P. Protin	非財務情報に関する文献研究
Allouche and Dupuis	非財務情報に関する文献研究と研究成果の統合：CSR情報と知的財産の開示
Véronique Blum	採掘事業に関するIFRSにおける評価：利用者ニーズとフランス企業への影響分析
Beatrice Touchelay, Nicolas Praquin, Jubé and Chantiri	会計基準の評価に関する歴史的考察
Paul André	欧州における保守主義とIFRS強制適用の経済的帰結
Benoît Pigé	制度，組織のガバナンスと会計情報
Vidal, Chekkar, and Gillet	業績概念と上場企業によるグラフィック・コミュニケーション
Sépari	貸手による業績評価のための指標と会計基準
F. Bertrand, N. Gonthier-Besacier, Perier and P. Protin	会計におけるビジネスモデル・アプローチの妥当性

機関の慎重性」は，過去からの継続プロジェクトである。また，会計基準に関連すると推測されるものは1件であるが，フランス企業への影響に関連づけられている。全般的にはマクロ金融，非財務情報とCSR，ガバナンスというように会計と隣接する領域を含むテーマが選ばれているが，文献研究やアーカイバル研究も使われている。

研究成果を追跡できたもののなかには，Guillaume Plantin（シアンスポ教授）とJean Tirole（トゥールーズ・スクール・オブ・エコノミクス教授）というように，それぞれPlantin教授はリスク理論，保証，再保険，Tirole教授は産業組織論（IO），組織理論，ゲーム理論，ファイナンス領域の研究者による共同研究もある。会計学者以外の研究者が招聘されているのである。Beatrice Touchelay

(リール第3大学教授)の場合は，近代経済史，税制史の研究者である。研究方法もさまざまである。Sandora Rigot（パリ・ノール大学専任講師）とSamira Demaria（ニース大学専任講師）は保険会社とIFRS基準の研究について43ページにわたるワーキングペーパーを提出したが，記述研究である。Paul André（ESSEC教授KPMG寄付財務報告センター所長）は複数の研究者との共同研究で成果を完成させた。50ページにわたるワーキングペーパーであり，実証研究である。

次に2016年現在進行中のテーマは**図表7-3**のとおりである。

2016年に進行中のテーマも広範で波及効果が大きいテーマが選ばれているが，資本市場研究やファイナンス分野との学際的なテーマが増えている。業績，減損とならび環境会計のテーマも選ばれている。2015年までは個人研究が含まれていたが，2016年にはなくなり，すべて共同研究となった。

研究テーマを会計基準設定主体が明示する目的は，何だろうか。会計基準庁自身が研究テーマに理解を深め，現在および将来において国際的な議論の場で効果的にこうした課題に影響を与えていくためであると，会計基準庁自身が述べている（ANC［2016］）。そして研究アプローチは定量的であろうと定性的で

[図表7-3] 進行中の研究テーマ（2016年現在）

研究者名	研究テーマ
Christopher Hossfeld	欧州における公共利益概念
Lambert Jerman and Samuel Sponem	適用困難なIFRSとその業績表示の帰結に関するフランスとカナダの比較研究
Philippe Touron	投資家はAERGを業績予想のみならず企業価値評価に使用しているのか（財務アナリスト協会との共同研究）
Isabelle Martinez and Thomas Jeanjean	業績指標の持続性と信頼性
Arnaud Thauvron	リスクについての研究
Véronique Blum	資産価値の損失についての研究
Sophie Spring Giordano	欧州におけるカーボン会計の制度化と規範性
Anne Jeny	アナリストの非同意，リターン・ボラティリティ，システミック・リスクが開示に与える影響：のれんの減損のケース

[図表 7-4] フランス会計基準設定主体が重視する研究領域（2016年現在）

- 欧州の公共利益
- 業績評価と業績の表示
- 資産の減損テスト
- 国際会計基準における割引
- 負債と資本の区分
- 汚染予防のメカニズム
- 概念フレームワーク：ヨーロッパの構想

（注）http://www.anc.gouv.fr/cms/sites/anc/accueil/recherche/appels-a-projets-2.html（2017年3月31日最終アクセス）より引用。

あろうと拘っていない[13]。研究資金については，会計基準庁が支援するとの説明もある[14]。研究成果は，フランスおよび国際的に広く公開することが奨励されている。

以下では，会計基準庁が，なぜ**図表7-4**にあげた研究テーマを奨励しているのかを，会計基準庁の説明に準じて紹介する[15]。

最初に，「欧州の公共利益」から取り上げる。この研究テーマはECから発表されたメイシュタット報告書（Maystadt Report）[16]に端を発する会計領域における公共利益概念についての研究主題である。フランス会計基準設定主体は，ECの研究をさらに拡張し，ヨーロッパ各国における公共利益概念の比較研究を奨励している。規準（norme）の採用という観点から公共利益概念の定義を曖昧にすることなく，研究成果を達成するよう求めている。

13　2017年のプロジェクト公募は，2017年6月9日が締め切りである。研究テーマはIASBとEFRAGの作業プログラムと関連がある，と説明されている。
14　研究予算額は非公開である。2010年から2015年の時期と2016年とを単純比較すると，会計基準庁に関わっている研究者数が増加傾向にある。
15　本項で紹介する研究テーマの内容は，会計基準庁のHPの研究公募欄 Flash Actualité（http://www.anc.gouv.fr/cms/accueil/appel-a-projet.html：2017年3月31日最終アクセス）を参照した。
16　メイシュタット報告書は3つの提言を含んでいる。1つめは，エンドースメント・アプローチは保持すべきこと，しかしIFRS適用は弾力的にしないこと，2つめは，欧州のIASBへの影響力を次のいずれかのアプローチによって保持すること，すなわち，①EFRAGが正統性と代表性をもつこと，②EFRAGの役割をESMAへの権限委譲を検討すること，③EUのエージェントを組織することである。3つめは，ARCはEFRAGとの対話を緊密にすることである。（第5章をあわせて参照されたい。）

「業績評価と業績の表示」は，概念フレームワークおよびディスクロージャー・イニシアティブに関するプロジェクトにおいて定義と表示が常に検討されてきた。しかし，フランス会計基準設定主体は，従来見落とされがちな視点を取り上げること，すなわち定義と表示を補完する別の視点からの研究を促している。奨励されるプロジェクトの例として，作成者視点から業績についての考え方に関する総合的な調査，企業の事業別ビジネス・モデルに従った業績の表示のあり方，財務指標，非GAAP，非財務指標による業績表示の役割についての研究をあげている。

「資産の減損テスト」は，2014年からIFRSの適用後レビューが開始したことを受けてIAS36号「資産の減損」で規定する減損テストが複雑であることが指摘されている。そこで，減損テストの手続の起源を明らかにし，改善のための提言および注記・附属明細書における情報開示のあり方の調査を求めている。

「負債と資本の区分」の問題は金融商品の複雑化に起因しているとしたうえで，2015年に公表されたIASBの概念フレームワークにおける負債と資本の区分をフランスの伝統的な理論などを踏まえて研究することを要請している。

「国際会計基準における割引」は，次の主題が提案されている。現行の国際会計基準は基準ごとに異なる割引概念が併用されていることを確認し，実務上の課題を考察すること，たとえば作成者が国際会計基準に準拠して財務諸表を作成する場合の現状を，注記・附属明細書を含む情報伝達の仕方について調査すること，使用されている多様な計算方法についての調査と理論的根拠およびその実行可能性についての調査が例示されている。

「汚染予防のメカニズム」は，国際会計基準の問題ではない。しかし温暖化防止対策の計画と温室効果ガス排出量の安定化という脱炭素社会（パリ協定）が掲げた行動目標を実現化すべく，フランス国内で規制を行い，また会計処理しなければならない。これに関連して，どのような規制があるのか現状を調査し，もってフランスの規制を改善し，上場企業に対する適用を望ましいものにする研究が期待されている。各国の比較研究を蓄積し，将来IASBに会計処理および財務報告の方法を提言することにつなげる研究が望まれている。

公募テーマの研究期間は，短期（3カ月から6カ月）と中期（6カ月から2年）である。研究者へのインセンティブとして，研究成果は査読を経てポリ

シーペーパーもしくはリサーチペーパーとして公表されると述べられている[17]。

このようにフランスの会計基準設定主体は，研究に投資し，研究者と連携することを「戦略的」な手法と位置づけており，研究資源の活用が高品質な会計基準開発への貢献を導くことになると考えている。

第4節　おわりに

以上，『戦略レポート』には，フランスにおける将来の会計基準設定の方向性を探る題材があると考えた。またIFRS適用の影響としては，会計制度のあり方について，中小企業向けIFRSを適用することには慎重な考えが示され，二分化を意識する一方で，会計基準設定主体の戦略的な行動の源泉として学術的な研究成果の活用が意図されていることを明らかにした。そのうえで本章では，後者に，すなわち，会計基準庁がエビデンス・ベースとの会計基準設定を志向し，研究者コミュニティとの緊密な関係の構築を会計基準庁が主導していることに注目した。

第3節で考察したように，IFRS適用後のフランス会計基準設定主体の行動はフランスの基準設定の長い歴史において，これまでにない新しさがある。研究志向を内外に明確に伝えている点，とりわけ内容に関しては，資本市場研究への重点移行があること，そして重点領域には非財務情報のディスクロージャーと排出権取引や汚染予防のメカニズムなど環境会計のテーマをも含んでいることがその理由である。人的ネットワークに関しては，会計基準設定主体をパブリック・セクターに据え置くという連続性のなかに民間の研究力を取り込むという連携型である。会計基準の新規作成や改訂に対するパブリック・コメントというかたちを超えた連携の仕方を試みていることが確認できた。それは，会計基準設定主体ないしは会計基準庁自身が，研究者が生み出す学術的知見の情報収集センターになりつつあるという試みである[18]。

17　研究成果は英語かフランス語でサーキュレーションが高い方法で公開することが奨励されている。

18　会計基準設定主体がプリンシパルで，研究者はそのエージェントという見方もあり得るが，今後の検討課題である。

こうした試みにおいては，まず財務報告と金融をも含む研究成果を統合し，フランスの研究力を底上げし，さらにIASBの基準開発とECおよびEFRAGに積極的にコミットすることが意図されている。研究方法は実証研究のみならず，伝統的な理論の変遷や各国の比較分析，歴史研究，実務の現状調査も奨励されており，多様な研究方法を活用する可能性が示されている。とはいえ，いずれもエビデンス・ベースであるよう奨励していること，研究テーマは時機を得たものであることが要求されている。言うまでもなく会計基準設定はアジェンダに載せる前が重要である。将来はこうした研究成果の蓄積をもって，フランスが適用前レビューに関与することを意図していると推察される。研究者コミュニティとのネットワーク，そして研究成果の活用は適用前レビューへの関与を促進する装置の構築と考えられる。

フランスはEU加盟国であり，IAS規則の適用を排除することはできない。現実に，フランスの経済政策はEU全体の枠組みから制約を受けている。したがって，自由な会計政策の提案は実現しようがないのだが，こうした『戦略レポート』が公表される背景には，フランスが内部で抱えているさまざまな会計制度上，会計基準設定上の問題があると推測される。国内の問題を研究者との共同作業によって解決に導くという方策を広く外部からも可視化したのは，フランス会計基準設定主体の歴史において（小津［2000］；小津［2014a］），近年の新しい試みであり，今後の動向が注目される。

《参考文献》

Abela, M. and A. Mora,［2012］"Understanding the Consequences of Accounting Standards in Europe: The Role of EFRAG," *Accounting in Europe*, 9, pp.147-170.
ANC［2010］, *Plan Stratégique ANC 2010-2011*.
ANC［2016］, http://www.anc.gouv.fr/（2017年3月31日最終アクセス）
Conseil National de la Comptabilité, *Avis n° 2004-15 du 23 juin 2004 relatif à la définition, la comptabilisation et l'évaluation des actifs*.
Conseil National de la Comptabilité, *Avis n° 2002-07 relatif à l'amortissement et à la dépréciation des actifs*.（大下勇二・小津稚加子訳「資産の償却と減価に関する2002年7月27日付意見書第2002-07号」『経営と情報』（静岡県立大学経営情報学部学報）第16巻第1号）
Bernard Colasse著，藤田晶子訳［2015］「会計基準のこれまでとこれから―欧州の経験と日本の課題」，明治学院大学日欧国際シンポジウム講演録．

（www.meti.go.jp/committee/summary/0004637/pdf/koen_029_j.pdf；2017年3月31日最終アクセス）

Haller, A, C. Nobes, D. Cairns, A. Hjelstrom, S. Moya, M. Page, and P. Walton, [2012] "The Effects of Accounting: A Comment," *Accounting in Europe*, 9, pp.113-125.

Trombetta, M., A. Wagenhofer, and P. Wysocki, [2013] "The Usefulness of Academic Research in Understanding the Effects of Accounting Standards," *Accounting in Europe*, 9, pp.127-146.

Maystadt Philippe [2013] Should IFRS Standards Be More "European"?: Mission to reinforce the EU's contribution to the development of international accounting standards.

小津稚加子［2000］「フランス『国家会計審議会』の組織改革―会計基準設定主体の最近の動向と歴史的背景に関する考察―」『會計』第158巻第5号，52-65頁。

小津稚加子［2014a］「フランスの新しい会計基準設定機関（ANC）の設立の経緯―戦後から現代に至る制度的・組織的変容―」『経済学研究』（九州大学経済学会）第81巻第2・3合併号，1-10頁。

小津稚加子［2014b］「EUにおける展開」，北村敬子編著『財務報告における公正価値測定』第5章，中央経済社，75-88頁。

小津稚加子［2014c］「フランスにおける展開」，北村敬子編著『財務報告における公正価値測定』第7章，中央経済社，107-119頁。

ガルシア・クレマンス［2015］「フランス」，河﨑照行編著『中小企業の会計制度』第6章，中央経済社，81-92頁。

内藤高雄［2012］「フランスにおける会計標準化の手段―IFRSとプラン・コンタブルを巡って―」『成城大学経済研究』第198号，35-56頁。

藤田晶子［2011］「IFRS導入とフランス―会計基準の国際的コンバージェンスと国内的ダイバシティ―」『国際会計研究学会年報　2010年版』，25-32頁。

（小津 稚加子）

第8章

中小企業向けIFRSに対する
オーストラリアの選択
―― 開示要件の削減 ――

第1節　はじめに

　2003年，国際会計基準審議会（IASB）は，中小企業（SME）向けの一組の簡素化された基準を開発する必要性を認識した。しかし，その後のプロジェクトは激しい論争を招き，IASB理事会およびスタッフのメンバーの中からも反対があった（Ram and Newberry [2013]）。2009年6月，IASBはついに約230ページからなる「自己完結型基準」となる中小企業向けIFRSを公表した（IASB [2009a]）。中小企業向けIFRSが施行される際，David Tweedie前IASB議長は，次のように述べていた。

　　「中小企業向けIFRSの公表は，世界中の企業にとって大きな前進である。初めて，中小企業が共通の高品質かつ国際的な権威ある会計要件を手に入れることになるだろう。我々は，先進国と新興国の双方でベネフィットを感じるだろうと考えている。」

　これまでに，80カ国以上がこの新しい中小企業向け基準をすでに採用し，または採用する計画を発表してきた。そのうち63％は発展途上国である。しかし，オーストラリア，ニュージーランド，日本など，先進国の中にはその国独自の

[付記] 著者の許諾なく本稿を引用することを禁ずる。

報告差別化制度を開発することを決定した国もある。

オーストラリアの報告差別化方式は，開示要件削減方式（RDR）といわれ，完全版IFRSをもとにしている。本研究は，オーストラリア会計基準審議会（AASB）は，なぜIASBが開発した中小企業向けIFRSを採用するのではなく，独自の報告差別化方式を開発すると決定したのかを研究するものである。

第2節では報告差別化論争の概要を示し，第3節でオーストラリアにおけるIFRSの採用について概観する。さらに第4節でRDRを開発するに至る背景を示す。第5節では本研究が依拠する研究方法を述べる。第6節で，我々が得た知見について議論し，結論を提示する。

第2節 報告差別化

報告差別化は，異なる事業体には異なる会計ルールを適用すべきであるという考えに由来している（Harvey and Walton [1996]）。これは，「（場合によっては）財務諸表を作成する上で会計基準の中の特定要件あるいは会計基準全体から離脱することを事業体に認めるべきであるという概念」に基づいている（CAPA [2003] p.7）。報告差別化フレームワークは，「支配的となっている政治的のみならず社会経済的な目的や優先事項」によってしばしば影響を受ける（Eierle [2005] p.283）。それゆえに，報告差別化は，それが生み出された社会を反映する「社会的構築物」であると考えられるだろう。

報告差別化を認めるべきであろうか。報告差別化への賛成理由として，利用者のニーズやコスト面の配慮の違いがしばしばあげられる（Harvey and Walton [1996]；Collis et al. [2001]）。上場企業の財務諸表利用者の情報ニーズと中小企業の財務諸表利用者の情報ニーズとは異なっている（Eierle [2005]）。また，中小企業は通常はオーナー企業であり，情報ソースへの内部アクセスは管理目的のために行われる。そのために，詳細な法定の決算書を要しない（Collis et al. [2001]）。財務報告規制を遵守する際に発生するコストも，事業体により異なるだろう。複雑な取引が発生しない事業体には，複雑な会計基準は不要である（Eierle [2005]；Harvey and Walton [1996]）。報告差別化の支持者は，中小企業が財務報告要件を遵守するためには相対的に高いコストが発生すると主張

する。また，この高いコストは中小企業が受け取るベネフィットと比較すると正当化されず，中小企業に不相応な負担を課すことになると主張する。

　報告差別化概念への反対者は，報告差別化は二組の基準を生み出し，「より劣っている」とみなされた基準を遵守することで当該企業も相対的に劣っている，もしくは二級市民であると考えられるおそれがあると主張する（Cheney [2003]）。また，報告差別化は小規模企業の財務諸表の情報の比較可能性を減少させ（Harvey and Walton [1996]），会計プロフェッションの二層化を招くというリスクを生み出す（Collis et al. [2001]）可能性があるという懸念もある。

　いかなる報告差別化フレームワークを開発する場合でも，2つの基礎的問題を考慮しなければならない。第1に，報告差別化はどのようにコスト・ベネフィットの考慮を規定しうるのか。第2に，差別化は開示および（あるいは）認識・測定規準に基づくべきか（Harvey and Walton [1996]）。

　一般に，開示の簡素化は認識・測定規準の差別化よりも受け入れられやすい。これは，認識・測定規準の差別化が「直接的に報告利益数値に影響を及ぼし，企業間の比較可能性を減少させることになり，財務諸表利用者が誤った解釈をするリスクを増大させるおそれがある」ためである（Harvey and Walton [1996] pp.18-19）。しかし，Harvey and Waltonの主張によれば，報告のコスト負担を著しく削減するために，また財務報告要件を利用者のニーズにあわせて調整するために，差別化された認識・測定規準は必要である。

　かつて，複雑な会計基準に苦しむ小規模会社の負担を緩和するために，オーストラリア，アメリカ，イギリスなどの先進国が差別化された報告様式を開発したこともあった（Abdel-Khalik [1983]；Carsberg et al. [1985]；Holmes et al. [1991]；McCahey and Ramsay [1989]）。オーストラリアで1990年に導入された初期の報告差別化制度は，報告主体概念に基づいていた。会計概念ステートメント（SAC）1号「報告概念の定義」によれば，「報告主体は，希少資源の配分についての意思決定や評価のために一般目的財務諸表の情報に依存している利用者が存在すると期待するのが合理的であるような主体のことである」（AASB [1990] para.40）[1]。SAC 1はさらにこの適用に際して作成者を支援するためのガイドラインを定めた。しかし，1995年には規模テストが設けられ，境界値以下の規模の会社は財務諸表の提出を免除されることとなった。これは，

ある一定規模以下の会社を非報告主体とし，当該企業は一般目的財務諸表を作成する必要がないことを意味していた。その代わりに，当該企業は特定目的財務諸表を作成することができた。興味深いことに，近年報告差別化フレームワークを改訂する際に，オーストラリアは中小企業向けIFRSを採用せず，新たにAASB1053号「開示要件の削減」（RDR）を導入した。これは，既存の認識・測定規準を保持する一方で開示の簡素化を規定するものである。これは先行文献と矛盾し，イギリスなどの他の会計基準設定主体の経験とは正反対である。

イギリスは「小規模企業向け財務報告基準」（FRSSE）を開発し，認識・測定原理を保持しつつ開示要件の差別化を定めた。スコットランド勅許会計士協会（Institute of Chartered Accountants of Scotland：ICAS）はイギリスにおけるFRSSE採用について分析し，100社のうち49社がFRSSEを採用したことを明らかにした。採用しなかった51社については，FRSSEを採用しても開示面で重要な影響を与えなかったであろうし，よってコスト面についても同様であろうと明らかにした（Evans et al.［2005］）。

イギリスの別の研究では，John and Healeas［2000］が，FRSSEは小規模会社にとって魅力的である，またはベネフィットがあるとは見なされていないことを明らかにした。たとえば，FRSSEの利用に関するフィードバックは，「…開示免除とされた項目は中小企業の決算書の実務でいつも発生しているわけではなく，現実的な利点を全く得られないことを示していた」（John and Healeas［2000］）というものであった。そのために，「FRSSEによってもたらされた変化は根本的なものというよりはむしろ表面的なものである」（John and Healeas［2000］p.6）。

基準を簡素化する必要性があることを認め，IASBは報告差別化について検討を始めた。その過程で，IFRSの認識・測定原理をすべて保持し，中小企業向けIFRSの観点から開示の簡素化だけを定めるべきかという問題に直面せざるを得なかった。2003年のIASBによる世界の会計基準設定主体の調査によれ

---

1 依存的な利用者の存在は，経営と経済的利害の分離，経済的あるいは政治的な重要性・影響力，財務的な特徴によって証明されうる（AASB［1990］）。

ば，実際に，中小企業向けの認識・測定の差別化に対する要求があった（Pacter [2004]）。それにもかかわらず，認識・測定の簡素化を定めることは，IASB内では非常に議論の多い問題であった。しかし，IASBは最終的な基準で簡素化を実際に定めた（IASB [2009b] を参照）。

要約すると，先行研究は認識・測定の簡素化の要求があると述べている。認識・測定を簡素化せずに開発されたフレームワークは，主に表面的な変更をしたにすぎないと捉えられていた。

第3節　オーストラリアにおけるIFRSの採用

オーストラリアの財務報告評議会（FRC）は，2005年1月1日を発効日としてIFRSを採用すると2002年に発表した。これは論争を呼ぶ意思決定であった。というのは，オーストラリア基準は既存の国際会計基準よりも高品質であると考える者もいたからである（Jones and Wolnizer [2003]；Walker and Jones [2003]；Jones and Higgins [2006]）。また，意思決定プロセスにもっと広範なコミュニティを含めるのに十分な協議が行われなかったと考えられたからである（Jones et al. [2004]）。IFRSの採用はAASBの「役割を減少」（Brown and Tarca [2001] p.292；Jones and Higgins [2006]）させるだろうという懸念があった。また，国際会計基準を「採用することが事前決定済み」となることで，基準設定主体の交渉力も減少するであろう（Brown and Tarca [2001] p.292）。

Stoddart [2000] によれば，オーストラリアがIFRSを採用した意思決定は，政治的な誘因によるものであった。オーストラリア政府の財務大臣およびASXは，この意思決定の最も強力な支持者であった（Jones and Higgins [2006]）。政府およびASXは，IFRSを使用することのベネフィットは「国際的な資本市場へのアクセスを改善し，資本コストを減少させ，投資家とのコミュニケーションを改善し，基準の質を高める」ことにあると認識していた（Jones and Higgins [2006] p.631）。

オーストラリアでは，2001年会社法のもとで一般目的財務諸表の作成が求められるすべての事業体に国際会計基準（すなわちIFRS）が適用されることになっていた。これは，上場企業だけにしかIFRSの採用を求めないヨーロッパ

など他の国々と比較すると、適用範囲が非常に広範であった。このプランがオーストラリアの非上場企業や他のより小規模な事業体に問題を生み出すことは確実であった。

オーストラリアはIFRSを早期に採用した国であったために、予想では、中小企業向けIFRSも早期に採用する国となり、完全版IFRSの利用を求められる負担に苦しんでいた小規模企業を安心させるだろうと考えられた。

しかし、オーストラリアは別の決断をした。そして、オーストラリア独自の報告差別化フレームワークを設定することを選択した。

第4節　開示要件の削減

AASBが直面していた進行中の問題の1つは、報告主体概念に適用上の矛盾があることであった（AASB [2007]; Carey et al. [2014]; Potter et al. [2013]; Walker [2007]）。明らかに報告主体であるにもかかわらず、自らを非報告主体であると分類する企業が多数存在した（ASIC [2005]）。この適用上の矛盾は、「…規模、経済的および政治的な重要性、負債水準が類似する」（Carey et al. [2014] p.485）企業群について特に指摘できるのではなく、大企業、外国企業、未上場の公開会社、保証有限責任公開会社など、さまざまなタイプの事業体にわたって見られた。この報告における矛盾がもたらす帰結の1つは、一般目的財務諸表と比較すると開示要件の水準が低い特別目的財務諸表の要件を遵守することによって、企業は限定的な報告だけでうまく切り抜けているということである。

AASBによると、これは報告差別化方式について再考すべき根拠の1つである。IASBの中小企業プロジェクトの開始とともに、オーストラリアの報告差別化フレームワークプロジェクトはAASBのアジェンダでより高い優先順位を得た（AASB [2007]：BC 4）。

2007年5月に、AASBは「オーストラリアの報告差別化方式改定案およびIASB公開草案中小企業向けIFRS基準へのコメント募集」（ITC12）（AASB [2007]）を公表した。AASBの当初の考えでは、IASBの中小企業向けIFRSを採用する可能性を考慮に入れていた。

ITC12に対して多数のコメント提出がなされた。Potter et al.（[2013] pp.21-22）によれば，さまざまな利害関係グループによって提起された共通見解は次のようなものであった。すなわち，報告差別化システムへと移行し，完全版GAAP（を遵守した）財務諸表を作成するためには高いコストがかかるという問題に取り組む必要がある。このIFRSが内包する認識・測定アプローチを遵守することで発生するコストは，特に問題である。

2009年までに，オーストラリアが中小企業向けIFRSを採用する見込みは厳しいと思われた。そして，オーストラリア独自の報告差別化を開発する方向に議論が進んだ。2009年7月，Kevin StevensonがAASBの新議長に任命された。Potter et al.[2013]によれば，新議長のリーダーシップのもとで，設定されるいかなる差別化アプローチもIFRSの認識・測定原理を維持するだろう（Potter et al.[2013]）。2010年2月，AASBは諮問書「財務報告の差別化─開示要件の削減─」（AASB[2010]）を公表した。この諮問書は，報告差別化に3つのオプションを提示していた（AASB[2010] p.12）。

　オプション1：開示要件削減方式（RDR）
　オプション2：オーストラリアで中小企業向けIFRSを採用
　オプション3：現状維持

3つのオプションについて審議された後に，AASBはオプション1の開示の削減方式を支持することを決定した。

2010年6月，AASBはAASB1053号「オーストラリア会計基準の多層的適

[図表8-1] AASB1053の開発において重要なイベントの概要

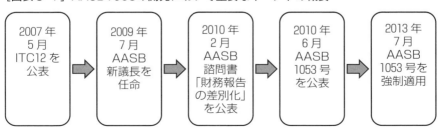

用」を公表し，RDRを運用した（**図表8-1**を参照）。RDRは完全版IFRSで定められた認識・測定規準を保持しており，主に開示要件の簡素化を定めている。AASB1053号は2013年7月1日から事業体に強制適用された。しかし，2009年7月1日以降に開始する報告には，早期適用が認められた。

RDRは公的説明責任のない事業体にも用いうる。公的説明責任とは，証券が公開市場で取引されているか，または受託者として資産を保持している事業体に適用されると定義されている。RDRを適用することを選択可能な事業体には，以下のようなものが含まれる（AASB 1053：5）。

- 公的説明責任を有しない営利目的の民間部門の事業体
- 非営利目的の民間部門の事業体
- オーストラリア政府，州，特別地域，地方政府以外の公的部門の事業体

これは，一般目的財務諸表を作成する報告主体に報告の二層化をもたらした。第1層は，公的な説明責任を有する事業体およびオーストラリア政府・州・特別地域，地方政府からなる事業体で構成されており，これらは完全版IFRS/AASB基準に従うことが求められる。第2層は公的説明責任がない事業体で構成されており，完全版IFRS/AASBまたはRDRのいずれかを選択するオプションを有している（AASB 1053：5）。

非報告主体はそれまでどおり特別目的財務諸表を作成する。その際，これらの事業体は3つのAASB会計基準（AASB101「財務諸表の表示」，AASB107「キャッシュ・フロー計算書」，AASB108「会計方針，会計上の見積もりの変更および誤謬」）に準拠するように定められる（Grant Thornton [2010]）。よって，限定的な情報の作成を認めているために，特別目的財務諸表は非常に魅力的である。近年の研究では，非公開会社の79.9％，外国支配の非公開会社の84.4％，小規模な非公開会社の75.8％が特別目的財務諸表を作成しオーストラリア証券投資委員会（ASIC）に提出している（AASB [2014]）。

第5節　研究方法

　我々の研究は，データ収集のために文書分析およびインタビューを用いている。RDRの開発に関する以下を含む公的に入手可能な文書をAASBのウェブサイトから入手した。それには以下のものが含まれる。

- AASBに寄せられた公開されているコメント
- コメント募集：ITC12「オーストラリアの報告差別化制度改定案へのコメント募集」
- 諮問書：「財務報告の差別化—開示要件の削減—」
- 公開草案（ED）192「報告差別化フレームワーク」
- AASB1053号「オーストラリア会計基準の多層的適用」

　インタビューによって開発に関する問題にさらなる洞察を得た。電話インタビューは，Kris Peach　現AASB議長，Kevin Stevenson　前AASB議長，Ahmad Hamidi　現AASBスタッフ・メンバーに対して2015年7月から8月に実施された。インタビューの質問はインタビューの1週間前に送られており，インタビュー時間は30分から45分間であった。すべてのインタビューはインタビュー回答者の許可を得て録音され，後日文字に起こされた。インタビュー回答者は文字に起こされたインタビューを再検討し，いかなる情報も希望どおりに修正・加筆を行う機会を与えられた。

第6節　結　　果

1　RDRで規定された主な開示の簡素化

　ASICに財務諸表を提出している営利部門の大規模な非公開会社はおよそ7,000社にのぼる。これらの事業体は第2層要件を適用可能である。すなわち，完全版IFRSまたはRDRを選択することが可能である（AASB［2010］）。多くの

一般目的財務諸表作成者にとってはRDRを利用することを選択すると開示負担が実質的に削減され(AASB [2010]),公的説明責任を有しない報告主体にとっては完全版IFRSの開示要件を満たす場合と比較すると開示を約50%削減する可能性がある(Grant Thornton [2010])。RDRで規定された主な簡素化は**図表8-2**に示されている。

[図表8-2] RDRで定められた主な簡素化

基　準　名	規　定　さ　れ　た　主　な　簡　素　化
AASB 7 金融商品:開示	・損益を通じて公正価値で測定する金融資産および金融負債の詳細開示要件を削除 ・金融資産と金融負債を相殺する要件を削除 ・担保開示を簡素化 ・債務不履行および契約違反の開示を簡素化 ・公正価値開示を大幅に削減 ・信用リスク,流動性リスク,市場リスク(これらは,異論もある感応度分析と関係している)に関する定性的および定量的開示を含む,リスクの性質および程度に関する開示要件を削除
AASB 101 財務諸表の表示	・遡及的な会計方針変更や修正再表示がある場合に要求される3期目(前々年度)の財政状態計算書要件は適用しない ・キャピタル・マネジメント開示を削除 ・監査の詳細,無報酬監査人およびその他の監査人の詳細を削除
AASB 108 会計方針,会計上の見積りの変更および誤謬	・公表済みであるが,まだ適用されていない新設または改正された会計基準に関する開示を定める要件を除外
AASB 123 借入費用	・資産化された借入費用の資産化率の開示を削除
AASB 124 関連当事者についての開示	・経営幹部の主たる報酬を5項目に内訳表示するよう定めた要件を削除
AASB 128 関連会社および共同支配企業に対する投資	・関連会社に関する要約財務情報を削除
AASB 107 キャッシュ・フロー計算書	・直接法を用いた純利益から営業活動によるキャッシュ・フローへの調整は不要 ・子会社またはその他の事業体の取得および処分(の開示)は不要
AASB 136 資産の減損	・個々の重大な減損損失または戻入,減損損失または戻入を生じさせる事象,資金生成単位となる資産の説明の詳細は不要 ・耐用年数を確定できないのれんまたは無形資産が配分された資金生成単位の開示を削除

図表8-2から明らかなように,RDRはAASB 7,108,124,136のように膨大な開示を定めた会計基準については開示を著しく簡素化している。これは,たとえば共済会,慈善団体など,以前は一般目的財務諸表を作成するよう定められていたが現在では削減された開示を選択できる事業体(第2層の事業体)や,将来新規株式公開(IPO)を検討していないような事業体にとって特に有用であろう。

しかし,RDRは今なお,IASBの中小企業向けIFRSによる定めよりも約50％多い開示を要求している。これはRDRが認識・測定規準の簡素化を定めていないためである。

[図表8-3] 要求される開示の概算数

	開 示 数
AASB 101, 107, 108	185
中小企業向けIFRS	310
開示削減方式(RDR)	625
完全版IFRS	1,550

(注) BDO (BDO 2010:9) に基づき筆者作成。

図表8-3は公的登記所に決算書を提出する事業体や特別目的財務諸表を作成することが認められている事業体の一部にとっては,RDRは報告負担を増大させることを示している。すなわち,RDRは開示の削減はなされているけれども,完全版IFRSを前提としてすべての認識・測定規準に準拠するよう定めている。ところが,特別目的財務諸表は少数の会計基準(AASB 101, 107 and 108)への準拠を定めるだけである。よって,特別目的財務諸表を利用する事業体にとってRDRを利用するインセンティブはない。RDRはそのような事業体の開示を削減することになるかもしれないが,実際には,全体的な報告負担を増大させるであろう。

現在,大規模非公開会社の75％以上が特別目的財務諸表を作成しASICに提出している(AASB [2014])。しかし,このうち特別目的財務諸表を本当に作成すべきなのはこのうちの何％だろうか。完全版IFRSの複雑さや大量の開示

を回避したいがために，特別目的財務諸表作成に伴う主観性を悪用している事業体も存在するのかもしれない。そのような報告の1つの帰結として，利用者が不利益を被り，利用者が意思決定にとって必要な開示や情報を得られない。RDRはそのような事業体にとって1つの選択肢であり，完全版IFRSと特別目的財務諸表の間に足がかりを与えるように見える。しかし，これは本質を捉えていないかもしれない。RDRは今なお複雑であると考えられており，この簡素化では事業体がRDRへ移行するよう促すには不十分なのである。

RDRをさらに魅力的なオプションとし，特に現在特別目的財務諸表を作成している営利部門の事業体による採用を増加させるために，RDRのさらなる簡素化を検討すべきであると，インタビュー回答者全員が同意した。

2 なぜ中小企業向けIFRSはオーストラリアの中小企業にとって理想的ではなかったのか

報告差別化フレームワークは，それが生み出された一国の社会経済的ニーズをしばしば反映している。現状のままか，あるいは独自のニーズを反映するシステムを作り出すかがしばしば問題となる。同じように，AASBは中小企業向けIFRSを採用せず，オーストラリアの社会経済的ニーズを反映した独自の差別化基準を開発することを決定した。

AASBが中小企業向けIFRSで抱えた根本的問題の1つは，当該IFRSが認識・測定に何らかの簡素化を認めることであった。これはオーストラリアという環境で活動する事業体にとって問題点を生み出すと見なされた。浮かび上がってきた重要な問題点は，取引中立基準，完全所有子会社に関する問題，二種類の会計士を生み出すおそれ，二組の会計基準を維持するコストなどである。

(1) 取引の中立性

オーストラリアは部門中立基準を有しており，これは民間部門，公的部門，非営利部門の事業体に同一の会計基準を適用することを意味している[2]。

---

2 オーストラリア基準はIFRSを基礎としており，公的部門および非営利部門向けの追加要件は「オーストラリア条項」として追加される。

AASBは，可能な限り，同一の取引および事象には同一の会計要件を適用すべきであるという方針に固執している。取引中立アプローチは，もし別の認識・測定規準を認めれば公的部門の事業体に困難を生じさせてしまう場合があるという見解を導いた。たとえば，中小企業向けIFRSは完全版IFRSで利用可能な評価替えオプションを削除した。それゆえ，完全版IFRSを使用する第1層の事業体には有形固定資産の再評価が認められるが，他方で，中小企業向けIFRSを利用する第2層の事業体には有形固定資産の再評価は認められない。インタビュー回答者の一人は，以下のように説明する。

「公的部門では，中小企業向けIFRSは多くの悩みの種を生じさせることになるだろう。とくに，再評価の機会がないことがそうだ。では，第2層の会計のために，他の層にも適用される取引中立アプローチを無効にするのだろうか？ 多くの人は，それを望んではいなかった。」（インタビュー回答者1）。

残りの2人のインタビュー回答者も似たような見解を共有しており，有形固定資産を再評価するオプションがあることは公的部門事業体にとって重要であるとした（インタビュー回答者2および3）。

(2) 完全所有子会社

AASBへのコメントにおいて提起されたよく生じる問題の1つは，完全所有子会社は完全版IFRSで利用可能な認識・測定に関するすべてのオプションを利用可能とすべきだというものである。中小企業向けIFRSは，たとえば連結時の有形固定資産の再評価のように完全版IFRSで利用可能なオプションの一部を削除しているために，子会社は会計方針の再調整や追加修正を求められる（インタビュー回答者2および3）。この実施により，当該事業体に追加的なコストを課しているだろう。

(3) 1種類の会計士

オーストラリアがIFRSを採用する魅力の1つは，会計士の移動性を高め，

IFRSに関連する法域で働く機会を高めることである。IFRSの基礎知識を有して訓練を受けていると，会計士が制約条件なしに海外で働くことが容易となるだろう。中小企業向けIFRSは認識・測定にいくつかの異なる規定を定めているので，二種類目の会計士を生み出すおそれがあった（インタビュー回答者3）。

(4) 教育と訓練

　教育と訓練もIFRSの認識・測定規準を保持する理由としてあげられた。また，異なる認識・測定規準を持つことは会計人が第2層の会計の規準も利用できるように訓練されなければならないことをも意味していた。

　それゆえ，審議会は独自の報告差別化フレームワークを考案することを決定した。「…開示の削減に向かっているが，中小企業向けIRFS以下にはならないというのが原則である」と決定された（インタビュー1）。RDRは「第2層会計を生み出すが，そのことが二種類目の会計士を生み出すのではない」（インタビュー回答者3）。

　審議会のメンバーは，なぜ認識・測定の簡素化を認めるべきかについて確信を持てていなかった。

　　「経済的事象が相違しないときに，これらの範囲を異なる扱いにする，すなわち，異なる認識・測定であると見なす理由を合理的に説明することはとても困難である。異なっているのは，経済事象を測定しようとしている事業体の規模だけだった。」（インタビュー回答者1）

　RDRは，「適用可能な別のもの（中小企業向けIFRS）に従ったときの認識および測定要件の変更を心配している完全所有子会社を支援すべく」設計された。「彼らは，最低限度の開示を求めていた」（インタビュー回答者2）。IASBへのコメントの中で，AASBはこれを強く主張した。しかし，これはIASBの賛成を得なかった。

　しかし，中小企業向けIFRSは小規模企業向けの会計を持たない諸国にとって有用であると考えられた。これらの諸国は何もない状態からスタートして「中小企業向け会計基準」を採用するより他になく，もしインフラストラク

チャーや訓練を当該基準の実施を支援するのに利用できるのであれば，それはよい一歩であろう。すなわち，「…中小企業向けIFRSへの態度は中小企業向けIFRSについて考える前にどこにいたかに大いに依存している…」（インタビュー回答者1）。対照的に，オーストラリアでは事業体がすでに完全版の認識・測定要件に従っているというIFRSに関する背景からスタートしていた。このように，ある種の「規制撤廃」と見えるような独自のイニシアティブを生み出すことは利にかなっていた（インタビュー回答者1）。

3　さらなる簡素化要求

RDRは簡素化を定めるためにはよいスタートであると考えられる一方で，多くの利用者を引きつけるには不十分であることは明らかであった。

> 「…我々はこの問題を再検討したり，実際の開示をさらに削減できるかどうかを判断したりしていく。率直に言って，私は開示の削減という点で十分に成功したとは思っていない。」（インタビュー回答者3）

この新しいイニシアティブをとることは，かつて事業体が一般目的財務諸表を作成していた非営利部門にとっては非常に良いことであった（インタビュー1，2，3）。しかし，これは民間部門の，とくに特別目的財務諸表を作成する事業体にとっては，採用に十分なインセンティブを与えることができなかった（インタビュー回答者3）。

近年，AASBは第3層報告が必要かどうかを議論した。AASBは，営利部門に第3層を定めるかどうかについていずれ議論する予定である。しかし，非営利部門に第3層を導入する余地はあるようだ。あらゆる決定が行われる前に，この領域についてさらなる研究を行う必要がある（インタビュー3）。

考慮すべきもう1つの可能性は，中小企業向けIFRSをオプションとして認めるかどうかである。その場合には，強制的に決算書を作成することを求められていないが自発的に決算書を作成したいと考える事業体は，もしそうしたいのであれば，中小企業向けIFRSを利用するというオプションを持つことができる。

証拠となる実務が多様であることを前提に，どのような事業体が財務諸表を公的に提出すべきかについても明確にすることが必要である。これは，AASBがオーストラリア財務省やASICとの協力を必要とする問題である。

「…思うに，重要なのはもしある種の一般目的報告を行うべきであると心から考えるなら，財務諸表を提出するよう要求するしかないということである。さもなくば，もしこれらの財務諸表に誰も実際に関心を持っていないと思うなら，彼らに提出するよう要求しないはずである。彼らは財務諸表を提出する必要はないはずである。」（インタビュー回答者３）

第7節　議論および結論

　IASBによる中小企業向けIFRSの公表は，多くの国に報告差別化フレームワークを再考するよう後押しした。オーストラリアは，他国と同様に，2007年に報告差別化フレームワークの調査を開始した。この調査の一環として，AASBは開示のみを簡素化する独自の報告差別化フレームワークを開発することを決定した。本研究は，AASBが中小企業向けIFRSを採用するのではなく独自基準を開発するという決定をした理由や，AASBが開示のみを簡素化するという決定をした理由に対して，いくばくかの解釈を与えるものである。

　この研究から得られた知見は，報告差別化フレームワークはそれが生み出された社会を反映する「社会的構築物」であるというEierle［2005］の考えと一致している。これは，社会経済的状況や，その国で支配的となっている政治目的や優先事項によって影響を受けることがしばしばある。取引中立基準に対する立場を維持し，完全所有子会社にさらなるコストを負わせることを避けようとするオーストラリアのアプローチが意味しているのは，（オーストラリアの）環境は認識および測定の簡素化や中小企業向けIFRSの採用を認めることにはつながらないということであった。認識および測定の簡素化を認めると，おそらく公的部門の会計に混乱を生じさせたり完全所有子会社に追加的なコストを負わせたりするであろうと考えられた。また，同一の経済的事象に対して異なる認識・測定原理を適用することを認めるべきかについても，AASBは確

信を得られなかった。

　新しい報告差別化フレームワークは非営利部門の事業体にとってはいくらかの負担を軽減するよう定めるが，自らを非報告主体と分類し，現在特別目的財務諸表を作成するだけで済ませている大規模な未公開事業体が採用するだけの十分なインセンティブを与えることには失敗した。また，RDRは根本的な変更を定めているのか，あるいは表面的な変更を定めているのかについても，疑問が生じている。AASBはRDRをもっと魅力的な制度にするためにさらなる簡素化を再考する必要性がある。本章の執筆時点で，AASBは第3層の報告の導入について予備的な議論を始めつつある。

　また，我々の知見が示すのは，IFRSを採用した国は独自基準の開発という点での主権を完全に放棄したのではなかったということである。オーストラリアのように新基準を開発する能力を有する国は，自国が直面する問題をIASBが解決できない場合や，IASBの新基準が現状の報告環境で混乱を生じさせたり問題を生じさせたりすると考えられる場合には，独自基準の開発を通してまさしく先頭に立つということを示した。

　将来の研究によって，オーストラリアにおけるRDRが中小企業にとって報告をさらに容易かつ単純にすることができるかどうかを実証できるだろう。RDRを利用している事業体のアニュアル・レポートの調査や分析によって，RDRが実際に会社の報告に相違をもたらしたかどうかを確かめることができるだろう。

《参考文献》

AASB（Australian Accounting Standards Board）［1990］*Statement of Accounting Concepts: Definition of the Reporting Entity*. Australia: AASB.

AASB［2007］*Invitation to Comment – Request for Comment on a Proposed Revised Differential Reporting Regime for Australia and IASB Exposure Draft of a Proposed IFRS for Small and Medium-sized Entities*. Australia: AASB.

AASB［2010］*Consultation Paper – Differential Financial Reporting-Reducing Disclosure Requirements*. Australia: AASB, 1-50.

AASB［2014］*AASB Research Report No.1 – Application of the Reporting Entity Concept and Lodgement of Special Purpose Financial Statements*. Australia: AASB.

Abdel-Khalik, R. [1983] *Financial Reporting by Private Companies: Analysis and Diagnosis.* Stamford, Connecticut: Financial Accounting Standards Board.

ASIC [2005] *Regulatory Guide 85, Reporting Requirements for Non-Reporting Entities.* ASIC.

BDO [2010] *Differential Reporting – Part 2.* BDO.

Brown, P. and A. Tarca [2001] "Politics, Process and the Future of Australian Accounting Standards," *Abacus* 37 (3): 267-296.

CAPA (Confederation of Asia and Pacific Accountants) [2003] *A Framework for Differential Reporting — A Response to ISAR's Accounting and Financial Reporting Guidelines for Small and Medium-sized Enterprises* [2003] Available from http://www.capa.com.my/article.cfm?id=125.

Carey, P., B. Potter, and G. Tanewski [2014] "Application of the Reporting Entity Concept in Australia," *Abacus*, 50 (4): 460-489.

Carsberg, B. V., M. J. Page, A. J. Sinhall, and I. D. Waring [1985] *Small Company Financial Reporting.* London: Prentice Hall and Institute of Chartered Accountants in England and Wales.

Cheney, G. [2003] "Big GAAP and Little GAAP: Has This Idea's Time Come?" *Accounting Today*, 17 (21) : 5 and 48.

Collis, J., D. Dugdale, and R. Jarvis [2001] "Deregulation of Small Company Financial Reporting in the UK," *Contemporary Issues in Accounting Regulation:* 167-185.

Eierle, B. [2005] "Differential Reporting in Germany — A Historial Analysis," *Accounting, Business and Financial History,* 15 (3): 279-315.

Evans, L., G. Gebharth, M. Hoogendoorn, J. Marton, R. Di Pietra, A. Mora, F. Thinggard, P. Vehmanen, and A. Wagenhofer [2005] "Problems and Opportunities of an International Financial Reporting Standard for Small and Medium-sized Entities. The EAA FRSC's Comment on the IASB's Discussion Paper," *Accounting in Europe*, 2 : 23-45.

Grant Thornton [2010] *Reduced Disclosure Regime.*

Harvey, D. and P. Walton [1996] *Differential Reporting — An Analysis.* The Foundation for Manufacturing Industry.

Holmes, S., P. Kent, and G. Downey [1991] "The Australian Differential Reporting Debate: A Survey of Practitioners," *Accounting and Business Research,* 21: 125-132.

IASB (International Accounting Standards Board) [2009a] *IASB publishes IFRS for SMEs.* Available from http://www.ifrs.org/News/Press+Releases/IASB+publishes+IFRS+for+SMEs.htm.

IASB [2009b] *IFRS for SME Standard, Basis for Conclusion.* Available from http://eifrs.iasb.org/eifrs/sme/en/IFRSforSMEs/BasisforConclusions.pdf.

John, B. and S. Healeas [2000] *Financial Reporting Standard for Smaller Entities: A Fundamental or Cosmetic Change?* London: Certified Accountants Educational Trust, the Association of Charterd Certified Accountants.

Jones, S. and A. D. Higgins [2006] "Australia's Switch to international Financial Reporting Standards: A Perspective from Account Preparers," *Accounting and Finance*, 46 : 626-652.

Jones, S., S. Rahman, F., and P. W. Wolnizer. [2004] "Accounting Reform in Australia: Contrasting Cases of Agenda Building," *Abacus*, 40 (3) : 379-404.
Jones, S. and P. W. Wolnizer [2003] "Harmonization and the conceptual Framework: An International Perspective," *Abacus*, 39 : 369-381.
McCahey, J. E. and A. L. Ramsay [1989] "Differential Reporting: Nature of the Accounting Standards Overload Problem and a Proposal for its Resolution," *Australian Accounting Research Foundation Discussion Paper, No 13*.
Pacter, P. [2004] "Will the GAAP Widen for SMEs?" *Accountancy*, January.
Potter, B., T. Ravlic, and S. Wright [2013] "Developing Accounting Regulations that Reflect Public Viewpoints: The Australian Solution to Differential Reporting," *Australian Accounting Review*, 23 (1) : 18-28.
Ram, R. D. and S. Newberry [2013] "International Financial Reporting Standards for Small and Medium-sized Entities: The International Accounting Standard Board's Due Process," *Australian Accounting Review*, 23 (1) : 3-17.
Stoddart, E. K. [2000] "Political Influences in Changes to Setting Australian Accounting Standard," *Critical Perspectives on Accounting*, 11: 713-740.
Walker, R. G. [2007] "Reporting Entity Concept: A Case Study of the Failure of Principles-Based Regulation," *Abacus*, 43 (1) : 49-75.
Walker, R. G. and S. Jones [2003] "Measurement: A Way Forward," *Abacus*, 39 : 350-369.

(ロニータ・ラム,シドニー・J・グレイ／訳＝境 宏恵)

「第8章　中小企業向けIFRSに対するオーストラリアの選択──開示要件の削減──」に対するコメント

　IFRSを強制適用または任意適用などといった形で利用する国は150カ国を超え,もはや国際的な資本市場において不可欠の存在となっている。しかし,これらはあくまで上場企業を対象とした話である。非上場企業は中小企業が中心であり,企業規模や経済的影響力という点では上場企業と比べて劣ってはいるが,その数はきわめて多い。また,一国内で考えても,国際的に考えても,きわめて多様である。そして,これらの中小企業向けの会計基準についての各国の対応は一様ではない。

　Ram and Grayによる本研究は,あえて中小企業向けIFRSを採用せずに独自の報告フレームワークを設定するという道を選んだオーストラリアの経験を事

例として,中小企業向け会計基準の問題について切り込んだ労作である。それによると,オーストラリアでは自国の固有の状況を反映させ,中小企業に対してIFRSと同様の認識・測定を保持しつつ,開示面の簡素化を行った。それが,独自の報告差別化フレームワーク「開示要件の削減」(以下,RDR)である。しかし,このRDRは中小企業にとってのインセンティブに欠け,実際の利用が低迷するという結果をもたらし,制度に関するさらなる検討が必要とされる。

Ram and Gray による本研究の特徴と貢献は,基準設定者へのインタビューという研究手法をとっている点である。会計基準等をはじめとした各種文書を検討素材とすることによって,基準や制度,理論的な背景等について研究することはもちろん可能である。しかし,インタビュー調査という研究手法を加えることにより,制度設計者の意図や判断根拠,将来展望等について,新たな角度から証言を与えている。また,複数のインタビュー対象者を設定することで,基準設定機関内部での議論を多元的に再構成することも可能となり,インタビューによってしか得られない知見が存在する。

最後に,中小企業向け会計基準を考えるうえでの論点整理として,本コメントでは以下の3点を指摘したい。

第1は,完全版IFRSあるいはそれと同等の内容である上場企業向けの会計基準との関係である。中小企業向け会計基準は上場企業向け会計基準の簡素化版として位置づけられるが,開示・報告のみの簡素化とするのか,それにとどまらず認識・測定面も簡素化するのかという議論がある。開示・報告のみの簡素化でも負担軽減にはなり得るが,認識・測定面の問題こそが会計としては本質的な問題である。オーストラリアの事例では,認識・測定面に上場企業と中小企業の間で差を設けないという決定を行ったが,この問題については現在も議論が続いている。そもそも会計基準の簡素化が求められる背景には,中小企業が置かれている環境が上場企業とは異なることから発生する加重負担の問題があり,コスト・ベネフィットの比較が重要となる。

第2は,二重基準の問題である。上場企業向けと中小企業向けとで会計基準が異なることで,財務諸表の利用者の側からすると作成される財務諸表の比較可能性が阻害されるおそれがある。他方,財務諸表の作成者である中小企業の側からすると,いずれ上場も視野に入れるような中小企業の場合には,二重基

準化によって財務諸表の連続性が失われるおそれがある。また，利用者，作成者のみならず，社会全体を考えても，異なる基準の理解や対応に追加的なコスト負担が必要になる。さらに，中小企業と一口に言ってもその実態は実に多様であり，それを1つの中小企業向け会計基準としてくくってしまうのは，実は困難な作業である。中小企業の多様性を重視して中小企業の会計基準の中で規模や業種等の属性により対応を変えるということになれば，中小企業の中でも基準の二重化あるいは多元化が生じるおそれがある。

　第3は，第2の点とも関連するが，中小企業の側が依拠する基準について選択肢を持つ場合である。オーストラリアの事例では，報告差別化によって中小企業の側に選択肢が発生することで，インセンティブの問題が発生することが示唆されている点が興味深い。制度設計の際には，この問題についても考慮が必要である。

（境　宏恵）

第9章

台湾におけるIFRSの導入戦略
──企業のIFRS適用事例を手がかりに──

第1節 はじめに

　本章では，東アジアにおけるIFRS移行国として2013年より公開企業に対してIFRSをアドプションした台湾を取り上げる[1]。台湾を対象とした主な理由として，つぎの点があげられる。まず，台湾と日本との経済的関係の重要性である。多数の日本企業が台湾進出を果たしている[2]にもかかわらず，他の東アジア諸国に比してこれまで等閑視されてきたため，台湾の会計制度はわが国において未だ十分に理解されていないからである。つぎに，IFRSの導入において，EU加盟国，英国連邦系諸国およびIMF融資国[3]といった諸外国には見られない台湾特有の背景が想定される点である[4]。

　台湾の規制当局であるFSCはアドプションの目的として，世界各国でIFRSのアドプションが推し進められている現状，国内企業と国際企業の財務報告の比較可能性を強化する必要性，台湾資本市場の国際競争力の向上および外国資

1　台湾における会計基準設定主体（ARDF）は1984年の設立初期においては主にUS-GAAPを参考に基準設定を行ってきた。その後，1996年にIFRSとのコンバージェンスを表明し，IFRSとのアドプションが決定される2009年までに41の会計基準が公表されている（詳しくは，仲尾次［2012］を参照されたい）。

2　台湾に進出している日本企業数は，2016年現在912社，現地法人は1,055社とされる（東洋経済［2016］10頁）。

3　IFRS導入国の特徴については，加賀谷［2011］7頁を参照されたい。

4　ハイテク企業が世界的なシェアを誇り，台湾証券取引所における時価総額でも約53％（台湾証券取引所［2014］）を占めていることがIFRSアドプションの背景にあることと想定される。

本の投資を促進するためをあげている[5]。また，台湾証券取引所は，国内財務報告書とIFRSとの統合を推進することにより，台湾を「ハイテクおよびイノベーション産業の資金調達プラットフォーム」にするという方針を掲げている（台湾証券取引所［2012］）。さらに，会計基準設定に関わる関係者から，自国での基準開発を放棄し，アドプションへシフトした理由として，産業界・議員からの強力なロビイングの回避，非効率なローカル基準開発の克服のためという見解が得られている[6]。

　IFRS適用後の文献研究やフィールド調査によると，台湾におけるIFRS適用は当初予想されたほど困難ではなかったと捉えることができる。たとえば，会計基準設定主体や会計監査人に対するインタビュー調査[7]によれば，10数年にわたるIFRSとのコンバージェンスの経験から，アドプションへの転換は基本的には困難ではなかったとの見解が得られた。また，具体的な会計数値への影響を分析した論稿[8]においても，IFRS適用により純資産に重大な影響を受けたと判断した企業は，約1,800社の公開企業のうちの129社に過ぎず，そのうちの97社は純資産の増減率を5％以下としている。さらに，台湾ハイテク企業（臺灣積體電路製造股份有限公司：以下，TSMC）[9]のIFRS適用事例を分析すると，純資産，利益および財務比率にはIFRS適用前後で著しい変動は見られず，IFRS移行後も安定的に推移していた。TSMCは台湾証券取引所およびニューヨーク証券取引所に上場しており，IFRS適用により，財務の透明性向上，T-GAAPとUS-GAAPに基づく2種類の財務諸表作成の負担軽減，内部管理報告書の統合といったベネフィットも享受していた。同業種のハイテク企業14社のIFRS適用の純資産・財務比率の影響についても軽微であり，そのうち9社は台湾証券

5　この点については，金融監督管理委員會［2009］を参照されたい。
6　この点については，NAKAOJI Yoko, Yang-Tzang Tsay［2014］および仲尾次［2015］を参照されたい。
7　当該インタビュー調査は，2014年5月に小津・仲尾次により，ARDFの莊蕎安主任編集員，KPMG台湾の林琬琬パートナー，李宗霖パートナーに対して行ったものである。インタビューの内容は仲尾次［2015］を参照されたい。
8　莊蕎安［2013］が具体的な会計数値への影響を分析しているので，当該論文を参照されたい。
9　TSMCは，FSCによるIFRS適用支援の一環として，大手監査法人の支援のもとIFRSを先行適用し，そのプロセス等が公開された企業である。この点については，仲尾次［2012］を参照されたい。

取引所以外にニューヨーク証券取引所やルクセンブルク証券取引所でも上場しており、TSMCと同様に、IFRS適用のベネフィットが得られると考えられる[10]。

台湾においては、すべての公開企業に対してIFRSが強制適用されたものの、企業属性、すなわち、TSMCのように海外で上場する企業や外国人投資家比率の高いグローバル企業と、ローカル市場のみに上場し、外国人投資家比率が極めて低い企業、株式流動性の低い企業とでは、IFRS適用の影響は異なると考えられる。そこで、後者の事例として、信大セメント株式会社（信大水泥股份有限公司：以下、信大セメント）を取り上げ、とりわけ、IFRS適用後の影響について、年次報告書・IFRS転換計画書、IFRS適用プロジェクトチームへのインタビュー調査に基づき、探索的に検討する。本章では、ハイテク企業の事例および会計基準設定に関わる関係者の見解も踏まえ、信大セメントの事例分析を通じて、台湾におけるIFRSの導入戦略を浮き彫りにすることを目的とする。

第2節　信大セメントの概要

信大セメントは1964年に設立され、主に鉱石類関連の採掘・加工および卸売を事業内容とする。台北市に本社を構え、台北市内に子会社3社、中国に鉱石類関連の採掘・加工・卸売を担う子会社、英領ヴァージン諸島に投資業務を担う子会社を有する。信大および子会社の2014年の資本額、売上高および純利益は図表9-1に示すとおりである。

[図表9-1]　各社の資本額・売上高・純利益

（単位：千新台湾元）

社　名	資本額	売上高	純利益（税後）
信大水泥（股）公司（信大）	4,210,008	2,011,817	283,540
信泥開發（股）公司	60,000	0	(875)
富立洋生物科技（股）公司	120,000	11,411	(5,151)
信一預拌混凝土（股）公司	110,000	777,778	(8,489)
Soaring Power Corp.	2,208,666	173,759	171,278
江蘇信寧新型建材有限公司	2,230,536	2,352,430	173,759

（出所）信大水泥股份有限公司［2014］188頁に基づき作成。

10　TSMCおよびハイテク企業14社の事例については、仲尾次［2016］を参照されたい。

第3節 IFRS適用プロセス

1 プロジェクトチーム編成とスケジュール

信大セメントは2009年11月,副社長をリーダーとし,業務,財務,監査および情報部門の職員から構成されるIFRS適用プロジェクトチームを編成し,**図表9-2**に示すスケジュールに基づき,IFRS転換計画を策定し,主に①から⑩の業務に取り組んだ(信大水泥股份有限公司［2012］126頁)。

① 現行の会計方針とIFRSとの差異分析
② IFRS個別財務諸表・合併財務諸表の確認
③ IFRS第1号「国際財務報告基準の初度適用」における免除項目の選択と影響の評価
④ 情報システム調整の評価
⑤ 内部統制調整の評価
⑥ IFRS会計方針の決定
⑦ IFRS第1号「国際財務報告基準の初度適用」における免除項目の決定
⑧ IFRSによる開始財務諸表

[図表9-2] IFRS適用スケジュール

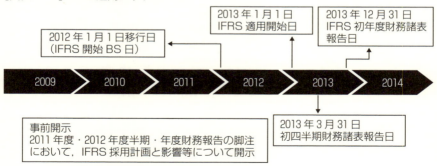

(出所) 信大水泥股份有限公司［2009］3頁に基づき作成。

⑨　2012年度比較財務情報の作成
⑩　関連する内部統制（財務報告プロセスおよび情報システムを含む）の調整

2　外部資源の活用

FSCおよび会計基準設定主体であるARDFは，台湾企業のIFRSへのスムーズな移行を促すため，IFRSサービスセンターの設置や講座の開催等の支援に取り組んでいる（仲尾次［2012］85-86頁）。信大セメントもIFRS適用のプロセスにおいて，SFCやARDFが主催する**図表9-3**に示す研修会に参加した。

[図表9-3] IFRS適用講座

職位・部門	日　時	講　座　名	時間	受講人数
経理部長	2012年9月28日	IFRS採用推進研修会	8	1名
	12月18日			
監査部	2012年3月3日	内部統制研修―修正内部統制基準IFRS監査編	6	1名
	10月26日	IFRS下の監査実務・企業の「虚偽記載」違法事例	6	1名
財務部	2012年5月28日	IFRS採用推進研修会	4	1名
	6月4日			2名
	9月24日			3名
	9月28日			2名
	12月18日			4名
	2012年4月24日	IFRSバトルの鍵！3ヶ月完成連結財務諸表	3.5	3名
	2012年7月18日	IFRS連結財務諸表の全面解決法	4	3名

（出所）信大水泥股份有限公司［2012］21頁に基づき作成。

第4節　IFRS適用による会計数値への影響

本節では，IFRS初度適用における免除項目を示した上で，信大セメントが公表した調整表に基づき，**図表9-4**から**図表9-6**において，2012年12月31日の財政状態計算書，2012年度の包括利益計算書を掲載し，T-GAAPとIFRSの差異の要因について分析する。つづいて，総資産，包括利益および主な財務比率への影響について取り上げる。

1　IFRS初度適用における免除項目

ローカルGAAPを適用している企業がIFRSを初めて適用する際には，原則としてIFRSの規定を遡及適用しなければならないが，IFRS第1号により，遡及適用する便益に比して負担が過度に大きくならないように，特定項目については遡及適用を免除する規定が設けられている。企業にとって，IFRS第1号を活用し，いかに効率的にT-GAAPからIFRSに移行するかが重要となってくる。信大セメントは初度適用において次のような免除項目を利用している。

① 企業合併

IFRS移行日前に行った企業結合について，IFRS第3号「企業結合」の規定を遡及適用しない。

② みなし原価

IFRS移行日前にT-GAAPに従って再評価した不動産，建物および設備については，再評価日の再評価額をみなし原価とする。

③ 従業員給付

IFRS移行日における従業員給付計画に関連するすべての保険数理差損益の累積額を一括して留保利益（利益剰余金）として認識する。

④ 累積換算差額

IFRS移行日における在外営業活動体（在外子会社）の累積換算差額をゼロとみなし，IFRS移行日以降に発生した累積換算差額のみをIFRS第21号「外国為替レート変動の影響」に従って処理する。

⑤ 過去に認識した金融資産の指定

IFRS移行日に「原価評価金融資産」を公正価値で評価し，売却可能金融資産とした。

2　財務諸表

上述したIFRS初度適用における免除項目を前提として，**図表9-4**および**図表9-5**おいて，2012年度のT-GAAPおよびIFRSによる連結財政状態変動表および連結包括利益計算書を掲載する[11]。

[図表9-4] 連結財政状態計算書（2012年12月31日）

(単位：台湾ドル)

	T-GAAP	影響額	IFRS	説　明
現金および現金等価物	$ 964,475	—	$ 964,475	
棚卸資産	825,407	(37,101)	788,306	①
繰延税資産（流動）	11,810	(11,810)	—	②
売却可能金融資産（非流動）	—	298,061	298,061	③
原価評価金融資産（非流動）	216,411	(216,411)	—	③
その他の長期投資	682,413	(673,413)	9,000	④
投資不動産純額	—	1,529,048	1,529,048	④⑤⑥
固定資産純額 （不動産・建物・設備）	5,044,558	(673,413)	4,293,683	①⑤⑥
無形資産	173,221	(167,326)	5,895	⑦
繰延税金資産	66,144	(1,103)	65,041	②⑧⑨
その他資産 （その他非流動資産）	74,319	99,667	173,986	⑥⑦
その他	1,487,659	—	1,487,659	
資産合計	$ 9,546,417	$ 68,737	$ 9,615,154	
未払費用	$ 187,951	$ 8,430	$ 196,381	⑧
長期借入金	1,165,440	—	1,165,440	
退職給付債務	348,366	(85,037)	263,293	⑨
その他	1,127,572	—	1,127,572	
負債合計	$ 2,829,329	($ 76,643)	$ 2,752,686	
資本金	$ 4,210,008	—	$ 4,210,008	
資本準備金	42,598	(20,299)	22,299	⑫
法定利益準備金	1,116,298	—	1,116,298	
特別利益準備金	—	42,354	42,354	⑬
未処分利益	473,195	83,957	557,152	⑧⑨⑩⑪⑫⑬
為替換算調整累計額	(12,082)	(42,208)	(54,290)	⑩
金融商品未実現損益	739	81,650	82,389	③
未実現再評価増額	145	(145)	—	⑪
未認識退職金費用の純損失	(1,314)	1,314	—	⑨
少数株主持分	887,501	(1,243)	886,258	⑧⑨
株主持分合計	$ 6,717,088	$ 145,300	$ 6,862,468	

(出所) 信大水泥股份有限公司［2012］130頁に基づき作成。

11　キャッシュ・フローについては，T-GAAPとIFRSとで重大な影響がなかったため，連結キャッシュ・フロー計算書に関する調整表は作成されていない（信大水泥股份有限公司［2013］133頁）。

[図表9-5] 連結包括利益計算書（2012年度）

（単位：台湾ドル）

	T-GAAP	影響額	IFRS	説　明
売上高	$ 3,661,986	$ －	$ 3,661,986	
売上原価	(3,259,111)	(2,523)	(3,261,634)	⑧⑨
営業費用	(309,960)	(685)	(310,645)	⑧⑨
営業利益	92,915	(3,208)	89,707	
営業外損益	(1,233)	－	(1,233)	
税引前利益	91,682	(3,208)	88,474	
法人税	(33,222)	545	(32,677)	⑧⑨
税引後利益	58,460	(2,663)	55,797	
その他の包括利益	－	13,549	13,549	③⑨⑩
包括利益	$ 58,460	$ 10,886	$ 69,346	
合併純利益	$ 87,812	$ 11,551	$ 99,363	
少数株主損益	(29,352)	(665)	(30,017)	⑧⑨
	$ 58,460	$ 10,886	$ 69,346	

（出所）信大水泥股份有限公司［2012］131頁に基づき作成。

　図表9-4および図表9-5の①から⑬と示したT-GAAPとIFRSの差異の要因の大半は，表示差異（表示組替え）であり，純資産，包括利益に影響を及ぼす認識差異は③，⑧，⑨，⑩である。各々に関わる会計基準は，IAS第39号「金融商品：認識および測定」（③），IAS第19号「従業員給付」（⑧⑨），IAS第21号「外国為替レート変動の影響」（⑩）である。これらの差異の要因を，2012年1月1日のIFRS開始財政状態変動表の調整理由（信大水泥股份有限公司［2012］128-129頁），2012年12月31日の財政状態計算書および2012年度の包括利益計算書の調整理由（信大水泥股份有限公司［2012］131-133頁）に基づき**図表9-6**において整理する（純資産内での組替えである⑫⑬を除く）。

[図表9-6] T-GAAPとIFRSの主要な差異

項　目	IFRS	T-GAAP
①重要な予備部品	「不動産，建物および設備」として表示（IAS第16号）	「棚卸資産」として表示
②繰延税金資産・負債	非流動資産・負債に分類（IAS第1号）	関連する資産・負債の区分に基づき分類
③未上場株式	公正価値によって評価し，「売却可能金融資産（非流動）」として表示（IAS第39号）	原価によって評価し，「原価評価の金融資産」として表示
④投資不動産	投資不動産の定義を満たすものは，「投資不動産」として表示（IAS第40号）	「その他の長期投資」として表示
⑤賃貸不動産	投資不動産の定義を満たすものは，「投資不動産」として表示（IAS第40号）	「固定資産」として表示
⑥一時的に個人名義で保有する農地・遊休固定資産	不動産の定義を満たすものは，「不動産，建物および設備」，および「投資不動産」として表示（IAS第16号および第40号）	「その他の資産」として表示
⑦借地権	「その他の非流動資産」として表示」（IAS第17号）	「無形資産」として表示
⑧有給休暇引当金	見積もり計上（IAS第19号）	規定なし
⑨退職給付	数理計算上の差異は，その他の包括利益として認識（IAS第19号）	数理計算上の差異は，回廊アプローチを採用し，当期退職給付費用として認識
⑩為替換算調整累計額（持分法）	「その他の包括利益」として認識（IFRS第1号）	資本の調整項目として表示
⑪固定資産	原価モデルで評価したものは，当初認識後は再評価モデルを適用できない（IAS第16号）	取得原価を基礎とするが，法令により再評価可能

3　IFRS適用による純資産・財務比率への影響

　信大セメントのIFRS適用による会計数値への影響をみると，純資産が約2.2％増加し，包括利益が約18.6％増加している。包括利益増加の主な要因は，従業員給付および為替換算調整額に関わる減少を上回る，金融商品未実現損益の増加である。さらに，IFRS適用により財務比率への影響を**図表9-7**に示している。

　台湾においては，「公開發行公司年報應行記載事項準則」および「公開發行公司年報應行記載事項準則附表二十三修正附表對照表」により年次報告書にお

いて，特定の財務比率を開示することが規定されている。ここでは，**図表9-7**において，2012年の調整表により両基準に基づく比率が確認できる比率のうち，流動性，安全性および収益性に関する5つの比率について取り上げる。さらに，**図表9-8**において，当該5比率について，IFRSに基づく財務比率の2012年から2014年の推移を示す。

[図表9-7] **IFRS適用による財務比率への影響**（2012年）

	比　率	T-GAAP	IFRS	差　異
流動性	流動比率	248.7%	250.31%	1.6%
	当座比率	180.35%	181.81%	1.46%
安全性	総資産負債比率	29.64%	28.36%	−1.28%
収益性	ROA	1.02%	0.98%	−0.04%
	ROE	0.86%	0.81%	−0.05%

（出所）信大水泥股份有限公司［2014］60頁，62頁に基づき作成。

IFRS適用による財務比率への影響として，流動性指標（流動比率，当座比率），安全性指標（総資産負債比率）の改善と，収益性指標（ROA，ROE）のわずかな悪化が見られる。流動性および安全性が改善した要因は，T-GAAPに基づく保険数理差損益の回廊アプローチおよび5年償却の採用から，IAS第19号に基づく保険数理差損益の即時認識による退職給付債務の減少である。

[図表9-8] **IFRSに基づく財務比率の推移**（2012年～2014年）

	比　率	2012年	2013年	2014年
流動性	流動比率	250.31%	238.48%	150.36%
	当座比率	181.81%	177.27%	103.30%
安全性	総資産負債比率	28.36%	27.20%	24.25%
収益性	ROA	0.98%	3.66%	3.86%
	ROE	0.81%	4.61%	4.76%

（出所）信大水泥股份有限公司［2014］60頁に基づき作成。

IFRS移行後の2012から2014年までの各比率の推移を見ると，流動比率および当座比率が著しく悪化している。その原因は，1年以内に返済期限の到来す

る長期借入金の増加によるものである。一方，ROAおよびROEの著しい改善は，中国子会社の売上・営業利益の増加によるものである。したがって，2012年度以降の信大の財務状況・業績におけるIFRSへの転換の影響は見られなかった。

第5節　IFRS適用プロジェクトチームへのインタビュー

　信大セメントの年次報告書やIFRS転換計画書からは得られないIFRS適用の影響を把握するため，同社にて，IFRS適用プロジェクトのリーダーを務める呉連富副社長および朱萍経理部長に対して3回のインタビューを実施した。第1回は，2014年5月16日に小津，仲尾次により実施し，事業の現状，IFRS適用プロジェクトの体制，IFRS適用のエフェクト（コスト・ベネフィット，会計数値への影響），IFRS適用による企業行動への影響およびIFRS適用の外部支援に関する質問事項を事前に送付する半構造的インタビューとした。第2回は，2015年7月13日に仲尾次により，第1回の調査項目の内容の変化を中心に確認した。第3回は，2016年3月3日に仲尾次により，主に前2回の調査内容のフォローアップと研究報告に関する許諾を得た。

1　事業の現状

　グループ企業として，台湾国内に3社，中国に鉱石類関連の採掘・加工・卸売を担う子会社，英領ヴァージン諸島に投資業務を担う子会社を有するが，最も重要な子会社は中国の江蘇信寧新型建材有限公司でありグループ全体の売上の3分の1を占め，現在，販売量は台湾を超えている。中国子会社の生産設備も台湾より新しく，稼働率は台湾工場の5割なのに対して7割である。

　信大セメントの台湾全体での業界におけるシェアは7.5%であるが，工場が立地する台湾北部（台北市，新北市，基隆市，桃園市，新竹市および宜蘭県）では25%のシェアを占める。台湾北部では，建設物件が多く，専用のタンク車で運ぶバラ（生コン業者向け）よりも袋詰めのバックの需要が高いことがその要因である。

2　IFRS適用のコストまたは適用上の困難

　IFRS適用のコストまたは適用上困難であった個別基準・会計処理については，連結財務諸表の作成，非上場金融商品の評価，開示項目の増加，会計システムの統一，CPAに対する報酬の増加が挙げられた（第1回インタビューより）。

　主要財務諸表が個別財務諸表から連結財務諸表となり，4半期ごとに中国子会社およびT-GAAPで作成される台湾国内の子会社の会計帳簿をIFRSベースに転換しなければならない。「毎月15日頃，中国子会社からメール送信される残高試算表等をIFRSに転換し連結財務諸表を作成するため，作業に時間を要する」（第2回インタビューより）。

　非上場金融商品の評価については，規模・業種・商品が類似する上場企業の株価を参考にして算定し，会計士の了承を得る類似会社比準方式が採用されている。

　開示項目の増加について，台湾においては，1990年代後半からIFRSとのコンバージェンスが進められたため，基準間の相違点はそれほど多くはないが，アドプションによる開示面での困難を経験することになった。さらに，アドプション初年度の2013年から2014年までは2010年版のIFRSが適用されたが，2015度より2013年版のIFRSが適用されることとなり，これに伴い，公正価値情報のより詳細な開示，OCI項目の分類掲載（リサイクル可能・不可能）および注記項目の増加がIFRS適用のコストとして新たにあげられた（第2回インタビュー）。

　会計システムについて，信大セメントおよび台湾国内の子会社は社内のIT部門が開発したIFRSの対応した会計ソフトを使用しているが，中国子会社は中国国内企業に外注した中国GAAPに対応した会計ソフト使用している。これらについては，IFRS適用初年度から継続している問題であるが，2年経過後も改善されていないということである（第2回インタビュー）。

3　IFRS適用のベネフィット

　IFRS適用に関する上述のコストを負担する一方，第1回インタビュー時点では，「ベネフィットについては，現在のところ得られておらず，規制当局に

よりIFRSを強制適用されたため，選択の余地はない」との見解を得た。しかし，第2回インタビューにおいては，現在1.1％の外国人投資家比率が将来的に増える可能性や企業のイメージアップがあげられた。IFRS適用を前向きに捉えるようになった要因として，規制当局や監査法人が開催する研修会に参加し，IFRSに習熟してきたこと，台湾国内の子会社も2015年よりIFRSの適用が容認[12]され，国内で会計基準が統一されたことがあげられた。

4 　IFRS適用の企業行動への影響

　IFRS適用においては，会計上の問題だけではなく，保有資産の構成，資金調達，人事・労務政策，事業再編，IR活動等の企業行動への影響が想定される。

　信大においては，IFRS適用により，中国子会社や非上場金融商品の会計処理に負担がかかるものの，事業再編や保有資産の構成といった企業行動への影響はない。

　IRに関しては，株式の70％をオーナー家族が保有する同族企業であるため，IFRS適用による影響はほとんどなく，株主の個人的な問い合わせに応じて説明会を開催することはあるが，IFRS適用に関する株主の関心はそれほど高くはないとのことであった。しかし，他社に関して，「ハイテク企業は毎月法人説明会を開催しているであろうし，同業のアジアセメント・太平洋セメントは3カ月に一度法人説明会を開催している」（第1回インタビュー）とのことであった。

5 　IFRS適用に役立った外部資源

　上述のように，規制当局は台湾企業のIFRSへのスムーズな移行を促すため，IFRS支援に取り組んでいる。信大もSFCやARDFが主催する無料の研修会に参加するとともに，インターネットで配信されるIFRS適用に関するQ&Aや適用事例を日々活用し，IFRSに習熟してきたとのことである。

12　従来IFRSをコンバージェンスしたT-GAAPが適用されていた非公開企業に対して，2016年より非公開企業向けの企業会計基準が適用されることになったが，経済部2015年9月16日付経商字10402425290号通達により，業務上の実際の需要に応じてIFRS（金融監督管理委員会より承認された国際財務報告基準，国際会計基準，解釈及び解釈公告）を選択することができる。

第6節　おわりに

　本章では，IFRSアドプション後の台湾企業を取り上げ，IFRS適用の影響について探索的に検討した。信大セメントは，台湾証券取引所に上場はしているものの同族企業であり，株式流動性は極めて低い。IFRS転換期に生じた移行期コストに加え，2015年のインタビューでは，維持コストを具体的に把握することができた。まず，2010年度版IFRSから2013年版IFRSへの変更に伴う公正価値情報のより詳細な開示，OCI項目の分類掲載（リサイクル可能・不可能）および注記項目の増加があげられた。さらに，台湾においては，2015年以降はエンドースメントアプローチの採用が決定しているため，個別基準の改定や新基準の公表に対応するために，今後も会計担当者のトレーニングや会計システムのアップデートに係るIFRS適用の維持コストは継続して発生するであろう。

　IFRS適用国以外に有する子会社にかかるIFRS適用のコストを負担する一方，2014年のインタビューでは，IFRS適用のベネフィットは得られないとのことであった。しかし，IFRS適用2年を経験した2015年のインタビューでは，IFRS適用のベネフィットとして，将来的な外国人投資家の増加の可能性やイメージアップがあげられた。規制当局や監査法人によるIFRS適用支援でIFRSに習熟してきたこと，台湾国内の子会社も2015年よりIFRSの適用が容認され，国内で会計基準が統一されたことがIFRS適用を前向きに捉える要因である。

　本事例分析，公開企業全般やハイテク企業の事例および会計基準設定に関わる関係者の見解を踏まえ，台湾におけるIFRS導入の特徴は次のように整理できる。

① IFRSアドプションの背景には，世界的な潮流，財務報告の比較可能性の強化，台湾資本市場の活性化に加え，リーディング産業にもたらされるベネフィットおよび会計基準設定の効率化がある。

② IFRSのアドプションは，コンバージェンスのプロセスを経たことにより，ローカルGAAPからの直接の転換に比して，その影響を抑えることが可能となった。

③　アドプションのプロセスにおいて，リーディング産業である一部のグローバル企業に経済的・人的資源を先行投資し，IFRSを成功裏に適用させ，模範事例として広く公開し，すべての公開企業のスムーズなIFRS適用を促進した[13]。

以上のように，台湾においては，効率的な会計基準設定，コンバージェンスを経たアドプションへのシフト，リーディング産業におけるIFRS適用のベネフィットおよび適用支援の充実により，IFRSを戦略的に導入したと捉えることができる。今後，事例分析を重ね，台湾株式市場を対象とした実証研究も踏まえ，本章で得られた知見を発展させ，検証することが課題となる。

《参考文献》

FSC［2009］「我國推動架構」。
　　(http://www.twse.com.tw/ch/listed/IFRS/aboutIFRS.php　最終アクセス2015年5月20日)
FSC［2014］「全面升級推動架構」。
　　(http://www.twse.com.tw/ch/listed/IFRS/aboutUpdate.php　最終アクセス2015年5月20日)
FSC「公開發行公司年報應行記載事項準則」。
　　(http://www.6law.idv.tw/6law/law3/%E5%85%AC%E9%96%8B%E7%99%BC%E8%A1%8C%E5%85%AC%E5%8F%B8%E5%B9%B4%E5%A0%B1%E6%87%89%E8%A1%8C%E8%A8%98%E8%BC%89%E4%BA%8B%E9%A0%85%E6%BA%96%E5%89%87.htm　最終アクセス2015年5月20日)
FSC「公開發行公司年報應行記載事項準則附表二十三修正附表對照表」。
　　(http://law.fsc.gov.tw/law/NewsContent.aspx?id=4440　最終アクセス2015年5月20日)
FSC「我國成功導入IFRSs座談會」。
　　(http://www.sfb.gov.tw/sfb/ch/home.jsp?id=637&parentpath=0, 2　最終アクセス2016年4月25日)

13　台湾証券取引所およびグレタイ証券市場が台湾大学に委託し，ハイテク・金融・保険5社（TSMC，穎台科技，上緯企業，兆豐國際商業銀行および元大証券）のIFRS適用事例を2011年に分析し，IFRS先行適用事例として公表している（臺灣證券交易所股份有限公司・財團法人中華民國證券櫃檯買賣中心［2011］)。また，FSCのウェブサイトにおいても，TSMCと漢民微測科技のIFRS適用事例が成功事例として公表されている（金融監督管理委員會「我國成功導入IFRSs座談會」)。

NAKAOJI Yoko, Yang-Tzong Tsay［2014］"*The Current Status of the Implementation of IFRS in Taiwan*"『名桜大学紀要』第18号，149-150頁．

臺灣證券交易所股份有限公司・財團法人中華民國證券櫃檯買賣中心［2011］「全面採用國際財務報導準則個案研究計畫」
　（http://www.twse.com.tw/ch/listed/IFRS/doc/plandomestic/plandomestic01.pdf 最終アクセス2016年4月25日）．
信大水泥股份有限公司［2009］『國際會計準則（IFRS）轉換計畫』．
信大水泥股份有限公司［2012］『一〇一年度年報』．
信大水泥股份有限公司［2013］『一〇二年度年報』．
信大水泥股份有限公司［2014］『一〇三年度年報』．
莊蕎安［2013］「採用IFRS的財報告數字面貌」，『會計』第326号，59-65頁．
小津稚加子・梅原秀継［2011］『IFRS導入のコスト分析』中央経済社．
台湾証券取引所［2012］「台湾証券市場の概況および発展における新局面」．
　（https://www.saa.or.jp/news/pdf/data_taiwan201210.pdf 最終アクセス2016年3月9）
台湾証券取引所［2015］「台湾資本市場の概況」．
　（http://www.twse.com.tw/jp/investor/foreign_invest/TCMI_JP_1203.pdf 最終アクセス2016年3月9日）
東洋経済［2016］『Data Bank SERIES 6 2016【国別編】海外進出企業総覧』．
仲尾次洋子［2012］「台湾におけるIFRSアドプションの課題—台湾企業の事例を手がかりとして—」『會計』第181巻第1号，82-92頁．
仲尾次洋子［2015］「IFRS適用の影響に関する海外調査報告・台湾—会計基準設定主体・会計監査人の見方—」『企業会計』第67巻第6号，106－110頁．
仲尾次洋子［2016］「台湾におけるIFRSの適用—台湾ハイテク企業の事例を中心に—」，『商経学叢』第62巻第3号，125-148頁．

【インタビュー】
2014年5月16日　呉連富氏，朱萍氏（ともに信大セメント）
2014年5月19日　莊蕎安氏（ARDF）
2014年5月20日　李宗霖氏，林琬氏（ともにKPMG台湾）
2015年7月13日　呉連富氏，朱萍氏（ともに信大セメント）
2016年3月3日　呉連富氏，朱萍氏（ともに信大セメント）

（仲尾次 洋子）

第10章

わが国上場企業における IFRS適用に関する事前エフェクト分析

第1節　はじめに

　2010年3月期よりわが国でも連結財務諸表に対するIFRSの任意適用が始まった。IFRS適用をめぐっては、日本取引所グループ（以下JPX）が、国際的な投資基準を満たしたとする新指数「JPX日経インデックス400」の選定要素に加味すると明記しており、国政レベルにおいても2014年6月に閣議決定された「『日本再興戦略』改訂2014」にて支持を表明しており、適用を推し進めようとする流れがある[1]。

　IFRS適用については、国ごとに異なっていた会計基準が国際的に統一されることとなるため、(1)海外子会社を含めた経営管理の統一化、(2)連結財務諸表の作成コスト低減、(3)国際間での財務諸表読替えコストの低減とそれに伴い海外資金調達が容易になるといったメリットが指摘されている[2]。

　しかしながら、JPXによれば、2017年3月現在のIFRS採用済会社は102社であり、採用決定会社35社と合わせても137社である。他方、任意適用可能会社数は、2009年6月より行われた規制緩和により約600社から約4,000社に拡大された[3]。さらにIFRSによるIPOも可能になったことを考えると、潜在的な適用可

---

[1] 日本取引所グループHP「IFRSへの対応」（http://www.jpx.co.jp/equities/improvements/ifrs/index.html 最終アクセス2017年3月24日）を参照。

[2] たとえば、日本経済団体連合会「IFRS任意適用に関する実務対応参考事例（2014年1月15日版）」、金融庁［2015］および日本取引所グループHP「IFRSへの対応」（http://www.jpx.co.jp/equities/improvements/ifrs/index.html 最終アクセス2016年2月28日）を参照。

[3] 国内会社有価証券報告書受理件数を参照（関東財務局HPより）。

能会社数はさらに多くなるため，現在のIFRS任意適用済/予定会社数は，非常に少ない数字である。原因としては，多くの日本企業は内部資金調達をメインとし，外部資金調達の需要がそれほど高くないこと，あるいは調達先として米国がメインである場合が多いこと，グローバルな企業活動を行っているような大企業の数はそもそも多くないことなどがあげられる。しかしながら，この点について，財務諸表作成者の心理的コストも含めて包括的かつ有機的に要因を分析した文献というのは，研究方法の困難さもあることから，世界的にみても少ないのが現状である。

本研究は，こうした状況を受けて，財務諸表作成者であるわが国企業について，その企業特性を考慮しながらIFRS適用に対してどのような見方をしているのか，大規模なアンケート調査に基づいた分析を行うことによって，明らかにしようとしたものである。本研究は，IFRS適用のプロセスが具体化された東京合意直後の2008年（初期）および強制適用から任意適用への流れが強くなってきた2013年（中間点）の2点間において行っているため，IFRS適用という大きな制度変化に対して，わが国企業がどのような影響（事前のエフェクト）[4]を考慮して，IFRS適用という会計基準選択にかかわる意思決定をしようとしているのか，その変遷を捉えている点に特徴がある。

第2節　IFRS適用をめぐる日本・米国・IASBの動向

1　FASBとIASBの接近とEUにおけるIFRS強制適用

日本と米国は，その資本市場の規模および成熟した自国基準を有していることを理由に，国際的に統一された会計基準を設定する試みに対しては，当初は消極的態度をとっていた。ところが，2001年以降，このような態度に変化が生じる。この年，より公的で基準適用に関して拘束力をもつ常設機関としてIASBが設立され，会計基準としてIFRSが設定されるようになった。

---

[4] 第1章第2節3にあるように，本章でいうIFRS適用による「影響」あるいは「エフェクト」は，新たな政策施行に伴い生じるコスト・ベネフィットを含む変化を事前評価する場合の対象（事前のエフェクト）を意味する用語として用いている。

第10章　わが国上場企業におけるIFRS適用に関する事前エフェクト分析　177

　このような改変が行われた背景には，IASBが世界最大の資本市場を抱えるFASBと対話し，IFRSと米国基準とのコンバージェンスを進めることで，米国資本市場においてもグローバル基準としてIFRSが受け入れられることを望んでいたと推察される[5]。他方，FASB側からすれば，2001年12月のエンロン破綻に象徴される会計不正事件による米国会計基準の信頼回復，および今後デファクト・スタンダードとなる可能性があるIFRSに対して自国の意見を反映させたいという目論見があったと考えられる。こうした結果，両者の間で2002年10月にノーウォーク合意が締結され，基準開発が共同プロジェクトとして行われるようになった。

　一方，日本との関係を振り返ると，2007年8月にIASBと日本の会計基準設定主体であるASBJとの間で交わされた東京合意がメルクマールであったといえる。この時期には，2005年にEU圏内でIFRSの強制適用が開始されたのを受け，域外企業もEU圏内で上場するためには，IFRSと同等と認められる会計基準による財務諸表作成が求められることとなった。また東京合意締結2カ月後の11月には，米国証券取引委員会（SEC）が，米国外企業についてはIFRSにより作成された財務諸表を調整表なしで受け入れることを表明した。言ってみれば，IFRS適用範囲が日本企業の活動に深く関係している地域に拡大していくことが判明し，わが国企業にとってIFRS適用の必要性が現実味を帯びてきた時期であったと考えられる。

　東京合意では，IFRSを今後どのように日本へ取り入れていくのかということについてIASBとの間で明確化された点が特徴である。具体的には，(1)そのままIFRSを自国基準の代わりに受け入れるアドプションではなく，日本基準とIFRSとの差異を縮めていくコンバージェンスによる適用を目指すこと，(2)コンバージェンスまでのスケジュールを具体化かつ早めること[6]，(3)代わりにIFRS開発過程においてASBJのプレゼンスを高めること，および基本的な主張

5　たとえば，2002年のノーウォーク合意後，2006年に公表されたFASBとIASBとのMoU（Memorandum of Understanding）では，米国の域外企業について調整表なしでのIFRS開示を当面の目標としている。

6　具体的には，日本基準とIFRSとの間の主要な差異は2008年までにすり合わせ，2011年6月30日までにはコンバージェンスの完了を目指すとされた。

を理解してもらうこと[7]がその目標であった。

東京合意後，前倒しされたコンバージェンスの工程表にどのように対応していくかという問題は，IFRS適用とわが国の会社法や税法との関係性にどうやって折り合いをつけるのかという問題を生み出した[8]。当面の対応として，わが国法制度と関係性が強い単体財務諸表は従来の日本基準で作成し，連結財務諸表のみにIFRSを適用させる「連結先行」という考え方が打ち出された。他方，連結財務諸表は基本的に単体を合算したものと考えられるため，単体財務諸表への適用に係る問題を別途議論することとなった。

結果として，2008年12月にはASBJは短期的なコンバージェンスの完了を宣言し，日本基準に対しIASBよりIFRSとの同等性評価が与えられた。

2　強制適用をめぐる議論と任意適用への流れ

2009年に入ると，6月に金融庁企業会計審議会より中間報告として「我が国における国際会計基準の取扱いに関する意見書」が公表された。ここではコンバージェンスの加速とIASBにおける基準設定プロセスにASBJがより関与していくという東京合意の内容を再確認した他に，2010年3月期より連結財務諸表に対して任意適用ベースでのIFRSの適用を認めるという点が強調された。またIFRS適用に関しては，強制適用にむけてのロードマップが公表され，2012年までに意思決定を行うことが示された。当時，仮に2012年にIFRS強制適用の決定した場合は，2015～16年が実際の適用開始時期になると見られていたことから，この時期はIFRS適用対象となる可能性のある企業の多くが本格的にIFRS適用を考慮しはじめた時期であるといえる。

ところが，2011年6月のいわゆる自見金融担当大臣発言によって，IFRS強制適用の実施に関してはより長いスパンでの準備期間が必要であり，2016年前後の適用開始については時期尚早であるとの見解が出された。これにより，IFRS強制適用へのプランは実質的に白紙に戻されることとなった。

　7　西川［2015］, pp.11-20.
　8　この点については本書第12章にて一部議論している。

3　FASBとIASBとの関係性のゆくえ

　こうした，わが国におけるIFRS強制適用をめぐる議論の紆余曲折には，FASBとIASBとの関係性のゆくえも少なからず影響していると考えられる。というのも，わが国のリーディング・カンパニーの中には，米国で資金調達を行うために，SECの定める米国基準により財務諸表を作成していた企業が少なくないし[9]，日本の会計基準設定主体であるASBJもFASBの動向をにらみながら，基準開発を行っているからである。

　米国ではSECが2007年11月に米国外企業に調整表なしでIFRSにより作成された財務諸表での登録を認め，翌年2008年11月には米国企業へのIFRS適用を議論するロードマップ案を公開，3年後の2011年末までに今後強制適用を行うかどうか決定するとされた。しかしながら，同年2月にSECが発表した声明ではロードマップ案に関する言及はなく，2012年7月公表のスタッフペーパーでも同様の扱いであった。

　さらに，2011年5月に公表されたSECスタッフペーパーでは，「コンバージェンス」と「エンドースメント」というコンセプトを組み合わせた「コンドースメント（condorsement）」というIFRS適用方針が打ち出された。これは，まずIFRSの個々の会計基準の承認を検討し（＝エンドースメント），自国基準とIFRSの差異をすり合わせていくことでIFRSを取り入れていく（＝コンバージェンス）というものである。このような方法が打ち出されたということは，言ってみれば，米国としては，自国基準に代えてIFRSによる財務諸表作成を企業に義務づけるという強制適用という道はとらないということを意味していると考えられる。またわが国についていえば，2011年6月の自見金融担当大臣の発言もこうした米国の態度を反映した可能性が考えられる。

4　IFRS適用をめぐる問題と近年の状況

　近年に入ってからは，2012年10月にIFRS財団のアジア・オセアニアオフィスが東京に開設されるなど，IASBとわが国との関係はより強化されていった。

　9　たとえば，ソニー，キヤノン，HOYA，三菱商事，コマツなど約30社。

他方で、IFRS強制適用に関してはトーンダウンしていったように考えられる。たとえば、2013年6月に企業会計審議会から公表された「国際会計基準への対応のあり方に関する当面の方針」(以下、「当面の方針」と呼ぶ) においても、強制適用に関して判断するのは時期尚早としており、代わりにカーヴ・アウト (一部修正・削除) した個々のIFRSを自国基準として取り入れる「エンドースメント (承認)」を通じてIFRSへ対応していくことを明らかにした。いわゆる修正国際基準 (JMIS) による対応である。こうした意思決定の結果、2015年6月30日にはIFRSとの差異として懸案となっていた論点に対し、修正会計基準第1号「のれんの会計処理」、第2号「その他の包括利益の会計処理」が公表された。

さらに企業会計審議会は、「当面の方針」においてIFRS任意適用条件を緩和し、適用可能企業数を増加させることで、IFRSの適用ケースの積み上げを図ると述べている。いわば、先行的にIFRSを適用した企業から、そうした会計基準選択が企業およびその環境にどのような影響を及ぼすのかを観察し、今後どのようにIFRSを取り入れていくのか慎重に見極めようとしているといえる[10]。

他方、2017年3月現在、JPXによれば、IFRS採用済会社102社、採用決定会社35社の計137社である。これまで述べてきたように、政府や会計規制当局は任意適用を推し進めてきており、2010年3月期の任意適用開始からこの数字は増加しているが、潜在的な適用可能社数を考慮すると非常に少ないといえる[11]。

そこで本章では、このような会計基準移行プロセスにおいて、財務諸表作成者である企業がIFRS適用の影響を事前にどのように捉えているのか、またそ

---

10 一方、IASBは先行的に強制適用をしたEUや中国など他でも各国ごとにカーヴ・アウトが行われていることから、今後Pure-IFRSをいかに浸透させていくかが重要な課題だとしている。このような状況を受けて、日本取引所グループではJPX日経インデックス400の選定基準として、今後Pure-IFRSを取り入れているかどうかを考慮していく予定としている。

11 IFRS任意適用をめぐっては、連結財務諸表規則第1条の2により、(1)上場企業であること、(2)IFRSによる連結財務諸表が適切に作成できること、(3)外国に資本金20億円以上の連結子会社を有する企業数の3条件を満たす特定会社に限られていたが、2009年6月に公表された企業会計審議会中間報告により(1)および(3)の条件が撤廃された。これにより、約600社であった任意適用可能会社数は約4,000社に拡大された (国内会社有価証券報告書受理件数参照、関東財務局HPより)。

うした影響とIFRS適用に対する態度との関係を明らかにするために，わが国上場企業に対して行ったアンケート調査結果を分析していくこととする。

第3節　実証分析

1　リサーチ・デザイン

本節では，2008年と2013年に日本の上場企業に対して実施した『IFRS適用のコスト・ベネフィット調査』(以下，それぞれ『2008年調査』，『2013年調査』)に寄せられた回答を比較分析する[12]。

当該調査では個別の会計基準に関する質問から，適用に際して追加的にかかる時間やIFRS適用によって経営環境や財務戦略にどのような影響があるか等，70以上の質問を設けるとともに，「日本基準を維持したいと考えるか」というIFRS適用に対する包括的な質問に対して回答を求めている。このため，当該調査に対する回答は，財務諸表の作成者である日本企業がIFRSの適用によってどのような影響が生じると感じているか（事前のエフェクト）を表すとともに，IFRS適用に対する態度を示すデータでもある。

そこで本章では，各回答企業がIFRSを適用することで生じると予想しているさまざまな影響とIFRS適用に対する態度との関係を分析するとともに『2008年調査』と『2013年調査』の比較を行うことで，日本企業のIFRS適用に向けた動きを明らかにする。事前エフェクトの分析に際しては，質問項目が多数にわたり内容の近いものも含まれることから，主成分分析を適用し，各回答内容を縮約した主成分得点を事前エフェクトの尺度として用いることにする。

2　『2008年調査』および『2013年調査』の傾向と違い

(1)　回答企業の属性

図表10-1は『2008年調査』および『2013年調査』に対する回答企業の特徴

12　『2008年調査』と『2013年調査』に関する詳細は付録参照。なお寄せられた回答のうち，本分析で必要な変数の入手可能性によってサンプル数が増減する。

をまとめたものである。アンケート回答企業の業種分布を示すパネルAから，『2013年調査』では家電（含む音響機器）やその他小売業の回答企業数が『2008年調査』よりも2.5%程度減少し，逆に大手私鉄・陸運・その他の回答企業が3％ほど増加しているものの，概ね同様の業種構成となっていることがわかる[13]。

また，パネルBでは財務的な特徴と株主構成について比較している。パネルBから『2008年調査』と『2013年調査』では負債比率と金融機関持株比率をのぞき，両者に統計的な差はないことがわかる。また，有意な差が見られる負債比率と金融機関持株比率に関しては，2008年，2013年それぞれの全上場企業についても同様の傾向を確認している。このため，『2008年調査』および『2013年調査』の比較にあたり，回答企業の属性の違いが与える影響は軽微であるといえる。なお，『2008年調査』および『2013年調査』の両方に回答した企業は55社あるため，必要に応じてこれらの企業をサブサンプルとして用いた分析を行うこととする。

---

13 調査実施年と業種の独立性に関する検定を行ったところ，統計的に有意な差はないという結果を得ている。

第10章　わが国上場企業におけるIFRS適用に関する事前エフェクト分析　183

[図表10-1]『2008年調査』および『2013年調査』回答企業の特徴

パネルA．アンケート回答企業の業種分布

業種	2008年 N	割合	2013年 N	割合	合計
製粉	13	3.4%	9	3.1%	22
絹紡績	5	1.3%	3	1.0%	8
大手製紙	1	0.3%	1	0.3%	2
大手化学	27	7.0%	15	5.2%	42
大手医薬品	2	0.5%	5	1.7%	7
石炭石油製品・タイヤ	4	1.0%	3	1.0%	7
カーボン・その他	7	1.8%	5	1.7%	12
銑鋼一貫	5	1.3%	5	1.7%	10
大手精錬	13	3.4%	9	3.1%	22
その他機械	18	4.7%	16	5.6%	34
家電（含む音響機器）	38	9.9%	21	7.3%	59
造船	0	0.0%	4	1.4%	4
自動車部品	16	4.2%	8	2.8%	24
その他輸送用機器・計器	4	1.0%	3	1.0%	7
建材	17	4.4%	7	2.4%	24
水産・その他鉱業	3	0.8%	1	0.3%	4
その他建設	27	7.0%	26	9.0%	53
食品商社	43	11.2%	31	10.8%	74
その他小売業	25	6.5%	12	4.2%	37
都市銀行	8	2.1%	6	2.1%	14
証券・保険	2	0.5%	5	1.7%	7
その他金融	10	2.6%	8	2.8%	18
不動産賃貸	7	1.8%	8	2.8%	15
大手私鉄・陸運その他	9	2.3%	16	5.6%	25
大手海運・空運	5	1.3%	4	1.4%	9
通信	2	0.5%	6	2.1%	8
電力・ガス	2	0.5%	1	0.3%	3
娯楽施設	71	18.5%	50	17.4%	121
合計	384	100%	288	100%	672

パネルB．財務数値・株主構成

	平均値	平均値	平均値の差	t値	
(1)　財務数値					
総資産（百万円）	303,687	332,865	-29,178	-0.399	
純利益（百万円）	8,459	6,511	1,949	0.511	
総資産利益率（%）	1.3%	2.5%	-0.012	-1.292	
負債比率（%）	50.4%	47.4%	0.030	1.724	*
海外売上高比率（%）	15.8%	16.0%	-0.20%	-0.116	
時価総額（百万円）	235,808	171,514	64,294	0.894	
(2)　株主構成					
外国人投資家（%）	12.7%	11.8%	0.89%	0.810	
国内事業会社（%）	26.3%	26.9%	-0.67%	-0.435	
金融機関（%）	22.1%	18.6%	3.50%	3.274	**

(2) IFRS適用に対する包括的な態度

図表10-2はIFRS適用に対する回答企業の態度をまとめている。まず「日本基準を維持したいか」という包括的な質問に対する回答をまとめたパネルAから，IFRS適用に消極的な回答をした企業の割合が『2008年調査』では65.7%であったのに対し，『2013年調査』では88.7%に上昇していることがわかる（1％水準で統計的に有意）[14]。この結果は2008年から5年間を経て日本企業のIFRS適用への態度がより慎重になったことを示している。

[図表10-2] IFRS適用に対する態度

パネルA．「IFRS適用に対する態度」

	積極的		消極的				
	N	割合	N	割合	合計	χ²計乗値	
2008年	131	34.3%	251	65.7%	382	45.611	***
2013年	31	11.3%	244	88.7%	275		
合計	162		495		657		

パネルB．IFRS適用初年度の導入コスト（見積り）に関する具体的な金額の記述

	記述あり		記述なし				
	N	割合	N	割合	合計	χ²計乗値	
2008年	105	26.5%	291	73.5%	396	4.399	***
2013年	99	33.9%	193	66.1%	292		
合計	204		484		688		

パネルC．回答者の役職

	取締役		その他				
	N	割合	N	割合	合計	χ²計乗値	
2008年	58	14.6%	338	85.4%	396	191.000	***
2013年	184	66.7%	92	33.3%	276		
合計	242		430		672		

前節でみたように，2011年の「自見大臣発言」によるIFRS強制適用の白紙撤回に続き，『2013年調査』の実施直前に公表された「当面の方針」等，IFRS強制適用に関してトーンダウンしていたことを考えれば，IFRS適用への消極化は自然な流れといえよう[15]。

---

14 調査票では「日本基準を維持したいと考えるか」という質問で回答を要請している。本章では日本基準の維持希望がIFRS適用に対する慎重な態度を表すと解釈し，IFRS適用に対する消極性という表現を用いることとした。

なお,『2008年調査』と『2013年調査』の両方に回答した企業55社に限定して同様の比較を行ったところ,IFRS適用への消極的な回答は9％ほど増加しているものの統計的に有意な差はみられなかった。この結果は,両調査に回答を寄せた企業はIFRS適用に対してより高い関心を持つ企業であり,他の回答企業と比較して相対的に積極的な姿勢を示している可能性を示唆している[16]。

　図表10-2パネルBは,IFRS適用に際して発生するコストに関する質問について具体的に金額を回答した企業数を比較している[17]。2008年では具体的な金額を回答した企業の割合は26.5%であったのに対し,2013年では33.9％と15％近く増加しており,その差は統計的にも有意であることがわかる。このことは『2013年調査』への回答企業では,IFRSの適用がより切実に対応を検討する段階に移っていることを示唆していると解釈できる。一般に新しい制度の適用はコスト（たとえば担当者のトレーニングや新しいITシステムの導入等）を伴うことから,多くの企業がIFRSの適用によってコストが発生すると回答することが予想される。実際,『2013年調査』では,約9割の回答企業がIFRS適用に際してコストが発生すると回答している。しかし,実際にどの程度の金額がかかるかを把握するためには,先行事例の参照や具体的な見積りを行う必要があり,それ自体がコストを伴う。このため,具体的な金額まで回答した企業の割合が増加したことは,IFRS適用についてより差し迫った意識を持つようになったことを示しているといえる。さらに,回答者の役職をまとめたパネルCは,『2008年調査』では約15％の企業が取締役による回答であったのに対し,『2013年調査』では約67％に大幅に上昇していることを示している。取締役による回答率の上昇は,IFRSの適用をめぐる意識がより全社的なものに変化していることを表していると解釈される。

15　グローバル・マーケットで資金調達を行う可能性が高く,企業規模が大きい,外国人投資家の株式保有割合が高い,もしくは海外売上高比率が高い企業群では,『2013年調査』でもIFRS適用に積極的な企業が16％～19％と高くなっていることを確認している。

16　この他に,IFRSの適用に対する「平均的な上場日本企業」の態度が変化していない可能性もある。各調査に対する回答企業の属する業種や財務的な特徴に大きな違いはないことは確認しているものの,『2008年調査』と『2013年調査』で観察される違いが回答企業が異なることに起因する可能性も完全には否定できない。このため,本調査を用いた比較分析に際してこの可能性も留意する必要がある。

17　金額をレンジで回答した場合も含めて,具体的な金額を回答したものとして扱っている。

このように『2013年調査』において『2008年調査』よりもIFRSに対する消極姿勢を示す回答が増加した一方で，IFRS適用を具体的に検討していることを示唆する事実が確認されたことは，水面下ではIFRS適用に向けた動きが進みつつあることを示唆しているといえよう。

3　IFRS適用をめぐる事前エフェクトとIFRS適用に対する態度

本節では，『2008年調査』と『2013年調査』のそれぞれについて，サンプルをIFRSの適用に対する態度で層別し，IFRS適用によって生じると予想される影響（事前エフェクト）とIFRS適用に対する態度の関係を検討する。当該アンケートでは1から7までのスケールで回答する質問だけでも50項目以上にわたって回答を要請しており，なかには内容が近いものからまったく性質の異なるものまでさまざまな項目が含まれている。このため，各質問に対する個別回答の一部について比較を行った後，『2008年調査』と『2013年調査』で共通する項目に対する回答に対して主成分分析を行い，各調査の内容を縮約した主成分得点を各企業のIFRS適用に対して抱いている影響として用いてIFRS適用に対する態度との関係を分析する[18]。

(1)　個別項目に対する回答とIFRS適用に対する態度

図表10-3は，3つの質問項目「IFRS適用に際して日本基準とIFRSの相違がどの程度影響するか（以下，日本基準との相違）」，「IFRSが自社の財政状態・経営成績についてどの程度「真実な報告」を示すか（以下，真実な報告基準）」，「IFRS適用によって株主向けの財務情報の質にどの程度影響するか（以下，株主向けの情報）」に対する回答を『2008年調査』と『2013年調査』で比較したものである。すべての項目について大きな差異は見られないが，『2008年調査』ではIFRSが「真実な報告基準」であると回答する傾向が強いのに対して，

18　具体的には『2008年調査』と『2013年調査』で共通する質問項目のうち，1点〜7点の尺度を用いて回答された54項目を用いてそれぞれ主成分分析を行い，累積寄与率が50％を超えることを目安として第7主成分までを選択し，得られた主成分得点を使用する。なお，主成分分析の性質上，分析に使用した54項目すべてに回答した企業にサンプルが限定されること，さらに日本基準の維持希望について回答していることという制約があるため，サンプルが177社に減少している。

『2013年調査』では「日本基準との相違」が大きく影響すると回答する傾向が確認される。

[図表10-3] 個別項目に対する回答

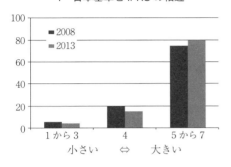
1 日本基準とIFRSの相違

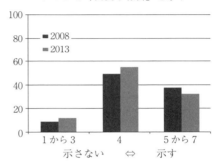
2 IFRSが自社の財政状態・経営成績について「真実な報告」を示す

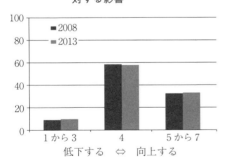
3 株主向けの財務情報の質に対する影響

図表10-4は図表10-3と同じ質問項目に対する回答をIFRS適用に対して積極的な企業と消極的な企業に分けて『2008年調査』と『2013年調査』についてそれぞれ示している。**図表10-4**の「1　日本基準との相違」から,『2008年調査』ではIFRS適用に対して積極的な企業も消極的な企業も大きな影響があると回答する傾向があるのに対して,『2013年調査』ではIFRS適用に積極的な企業では影響が小さいと回答する割合が上昇し,消極的な企業とのコントラストがより明確になっていることがわかる。また,**図表10-4**の2から『2008年

[図表10-4] IFRS適用に対する態度と個別項目に対する回答

1　日本基準とIFRSの相違

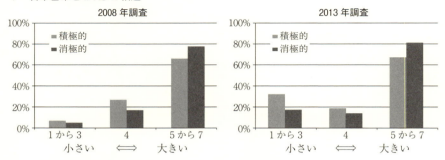

2　IFRSが自社の財政状態・経営成績について「真実な報告」を示す

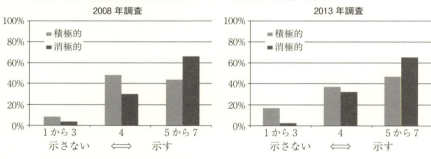

3　株主向けの財務情報の質に対する影響

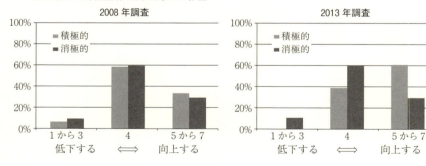

調査』と『2013年調査』ともにIFRS適用に消極的な企業のほうが「IFRSが「真実な報告」を示す」と回答する傾向があること，『2013年調査』ではIFRS適用に積極的な企業であってもIFRSが「真実な報告」を示さないと考える企業の割合が増加していることが確認できる。また**図表10-4**の3から『2008年調査』と比較して『2013年調査』ではIFRS適用に積極的な企業では「株主向けの情報」の質が向上すると回答する割合が上昇し，IFRS適用に消極的な企業との差が拡大していることがわかる。

(2) **事前エフェクト（主成分得点）とIFRS適用に対する態度**

図表10-5のパネルAとパネルBは，それぞれ『2008年調査』と『2013年調査』についてIFRS適用に対する態度で分割し，グループごとに7つの主成分得点の平均値を求め，グループ間の差異を検証した結果を提示している。

図表10-5から，まず2008年と2013年では主成分の内容が概ね類似している一方，順番も含めいくつか異なる点があることがわかる。両年で共通するのは，「コスト全般の増加」，「資金調達能力の改善」，「グローバル・スタンダードがより『真実な報告』を表す」，「投資家や債権者とのコミュニケーションへの好影響」，「会計上の判断の必要性の増加」の5つである。このうち，両年ともに第1主成分である「コスト全般の増加」は，『2008年調査』と『2013年調査』ともにIFRS適用に対して消極的な企業のほうがより高くなっており，さまざまなコストの増加が予想されることがIFRS適用に対する消極性に影響していることがうかがえる。また統計的な検定の結果は，2008年ではIFRS適用に消極的な企業と積極的な企業の間で有意な差がない一方，2013年では1％水準で有意な違いがあることを示している。同様に「資金調達能力の改善」も『2008年調査』と『2013年調査』ともにIFRS適用に積極的な企業がより高く，資金調達能力の改善が期待されることがIFRS適用に対する積極性に影響することが示唆される。統計的な検定の結果は，2013年のみIFRS適用に積極的な企業と消極的な企業間で有意な差があることを示している[19]。

---

19 『2013年調査』については，ノンパラメトリック検定においても，10％水準で有意な差があるという結果であった。

[図表10-5] IFRS適用に対する態度と日本企業が事前に予想する影響との関係

パネルA　2008年

	IFRS適用に対する態度				差の検定	
	消極的		積極的			
	N	平均値	N	平均値	差	t値
第1主成分： コスト全般の増加	116	0.024	61	−0.101	−0.126	−0.783
第2主成分： 資金調達能力の改善	116	−0.018	61	0.045	0.063	0.417
第3主成分： 経営上の優位性増加と監査コストの増加	116	0.081	61	−0.190	−0.271	−1.714 *
第4主成分： グローバル・スタンダードがより「真実な報告」を表す	116	−0.111	61	0.200	0.310	1.831 *
第5主成分： M&Aで不利益を被る	116	0.001	61	−0.069	−0.070	−0.448
第6主成分： 投資家や債権者とのコミュニケーションへの好影響	116	−0.135	61	0.257	0.392	2.595 **
第7主成分： 会計上の判断の必要性の増加	116	0.069	61	−0.178	−0.247	−1.469

パネルB　2013年

	IFRS適用に対する態度				差の検定	
	消極的		積極的			
	N	平均値	N	平均値	差	t値
第1主成分： コスト全般の増加	190	0.066	20	−0.379	−0.445	−2.242 **
第2主成分： 投資家や債権者とのコミュニケーションへの好影響	190	−0.078	20	0.758	0.836	3.193 ***
第3主成分： 経営上の優位性の増加	190	0.017	20	−0.152	−0.169	−0.734
第4主成分： 資金調達能力の改善	190	−0.045	20	0.514	0.559	2.062 **
第5主成分： 会計上の判断の必要性の増加	190	−0.009	20	0.091	0.100	0.426
第6主成分： グローバル・スタンダードがより「真実な報告」を表す	190	0.013	20	−0.176	−0.189	−1.015
第7主成分： 間接的コストの増加	190	0.015	20	−0.167	−0.182	−0.630

（注）***，**，*はそれぞれ1％水準，**は5％水準，*は10％水準で統計的に有意であることを示す。

他方,「投資家や債権者とのコミュニケーションへの好影響」は,『2008年調査』,『2013年調査』ともに日本基準の維持を希望しない企業のほうが高く,その差は統計的にも有意である。これは,IFRS適用によって投資家や債権者によって評価されることが期待される場合にIFRS適用に対してより積極的になることを示している。

また,「グローバル・スタンダードがより『真実な報告』を表す」に関しては『2008年調査』のみでIFRS適用に積極的な企業がより高い値を示しており,その差は10％水準で統計的に有意となっている。これは2008年時点では日本基準よりもIFRSや米国基準が「真実な報告」基準であるという意識がIFRSへの積極性につながっていたのに対して,2013年ではそうした感覚の影響が薄れていることを示唆している。さらに『2008年調査』のみで抽出された『経営上の優位性増加と監査コストの増加』も,IFRS適用に消極的な企業において有意に高い値を示している。これは2008年当時では,IFRSの適用によって経営上の柔軟性が増えるという好ましい影響以上に監査コストの増加という不利な影響が生じるという負担感が,IFRS適用に対する消極性につながっていたことを示唆している。ただし,『2008年調査』で有意な差が認められたこれら2つに主成分得点についてマン・ホイットニーのU検定を行ったところ,両者とも有意な差は確認されなかったことから,さほど大きな影響はないと考えられる。

第4節 おわりに

以上,本章では前半（主に第2節）で過去15年間における日本企業によるIFRS適用をめぐる状況について概観した後,「東京合意」直後の2008年とIFRSの強制適用が実質的に白紙に戻された直後の2013年に実施した『IFRS適用のコスト・ベネフィット調査』で得られた回答を比較分析した。

まず『2008年調査』と『2013年調査』との大きな違いとして,IFRS適用に消極的な企業の割合が上昇したことがあげられる。この変化は,5年間に生じたIFRS適用をめぐる国内外のさまざまな環境変化を反映して,IFRS適用に対してややトーンダウンしているという第一印象を与えるものであった。しかし,同時にアンケートに回答した企業のなかでは,適用コストの具体的な数値を把

握する企業や，取締役の名前によって回答する企業が大幅に増加しており，IFRSの適用が，より全社的で現実的な課題として真剣に対応を検討する段階に移ってきたことも示唆するものであった。

　続いて各企業が，IFRS適用によってどのような影響（事前のエフェクト）を感じているかについて，個別の回答および『2008年調査』と『2013年調査』に共通する54項目をもとに算出した主成分得点を用いて分析を行った。その結果，2013年時点では，IFRS適用に積極的な企業と消極的な企業の間で予想する影響の違いが明確になりつつあることが確認された。たとえば，『2008年調査』では，IFRS適用に際して生じるコストや株主向けの情報の質や資金調達能力等はIFRS適用に対する態度には明確に関連性がみられない一方，IFRSが「真実な報告」基準であるといった要素がよりIFRS適用への積極的な態度につながっていた。これに対して『2013年調査』では，日本基準との相違等から生じるコストの程度や資金調達能力の改善度合いがIFRS適用への積極的な態度に強く関連しており，IFRS適用へ積極的な企業と消極的な企業の間でコントラストが明確になってきていることが示された。これらの変化は，多くの企業に共通するIFRSの適用に関するやや漠然とした感覚から，個々の企業が直面する現実的な課題への意識の変化を示唆しており，さらに近い将来においてIFRS適用の可能性が高い企業とそうでない企業との違いが広がりつつあることを意味しているといえよう。

　本章の冒頭で示したとおり，わが国におけるIFRS適用に関して，当分の間，任意適用の方向性が明確になり，実際に適用を表明する企業数は伸び悩んでいるものの，本章の分析結果は，水面下ではより自ら積極的・具体的に検討する企業が増えていることを示唆している。実際にIFRS適用による効果の検証はより多くの時間が必要であり，IFRS適用による財務諸表作成者へのエフェクトを精緻に分析していくためにはさらなる追跡が必要である。今後は，さらに会計上の意思決定に影響すると考えられる要素を考慮した上で，IFRSの適用に際して日本企業が感じる影響とIFRS適用との関係を解明することが課題である。

《参考文献》

FASB and IASB, *A Roadmap for Convergence between IFRSs and US GAAP – 2006-2008: Memorandum of Understanding between the FASB and the IASB*, February 2006.

Securities and Exchange Commission (SEC), *Staff Paper: Work Plan for the Consideration of Incorporating International Financial Reporting Standards into the Financial Reporting System for U.S. Issuers*, February 2010, May 2011, July 2012.

伊藤邦雄［2016］『新・現代会計入門（第2版）』日本経済新聞出版社，2016年。
金融庁［2015］「IFRS適用レポート」金融庁，2015年4月。
西川郁生［2015］『会計基準の最前線』税務経理協会，2015年。
日本経済団体連合会［2014］「IFRS任意適用に関する実務対応参考事例（2014年1月15日版）」日本経済団体連合会，2014年1月。
日本取引所グループ［2016］「IFRSへの対応」。
　（http://www.jpx.co.jp/equities/improvements/ifrs/index.html 最終アクセス2017年3月24日）
企業会計審議会［2009］「我が国における国際会計基準の取扱いに関する意見書（中間報告）」2009年6月。
企業会計審議会［2013］「国際会計基準への対応のあり方に関する当面の方針」2013年6月。
企業会計審議会［2015］修正会計基準第1号「のれんの会計処理」，2015年6月。
企業会計審議会［2015］修正会計基準第2号「その他の包括利益の会計処理」2015年6月。

（中村 美保・永田 京子）

第11章

IFRS適用の影響に関するCFOアンケートの因子分析とクラスタ分析

第1節　はじめに

　本章では，会計基準IFRSの適用による影響に関する企業を対象とした2013年末に実施したアンケート調査に対し，因子分析とクラスタ分析を適用し，その分析結果を考察した研究を紹介する。

　本研究の目的はアンケート全体を包括的に分析した上で企業をグルーピングし，またそのグループの特徴を把握することで企業のIFRS適用の捉え方の類型を把握することにある。この目的を踏まえた上で，本研究ではまずアンケートに対し因子分析を適用する。因子分析とは，実現値がより潜在的な要因によって決定づけられていると仮定し，その要因（因子）を変数間の相関性をもとに推定する分析である。後述のようにアンケートには70項目以上の質問があるが，これらの質問の回答には互いに関連しあうものが多くある。このことからアンケートの回答を左右する，より深い潜在要因があることが推測される。因子分析により，これらの潜在要因（因子）を推定することでアンケートにおける各企業の特徴，また後のクラスタ分析によって生成されたグループの特徴をこれらの少数の潜在要因によって容易に把握することが可能となる。

　この因子分析の結果をもとにクラスタ分析を行う。クラスタ分析とはデータをデータ間の数学的な距離に基づき，類似するもの同士に分類する手法である。クラスタ分析によりアンケート全体の構造を踏まえた上で各企業を類似した同士に分類する。そして，そのグループの特徴を因子分析の結果をもとに分析することで，企業のIFRS適用の捉え方の類型を把握することが可能となる。

本研究ではこれらの統計的な手法を適用することで，アンケートの包括的かつ構造的な分析を行う。

1 本研究の目的

既存研究では，IFRS適用の影響について，同アンケートの項目ごとの回答の傾向を詳細に分析することによりIFRS適用の影響を分析している。小津・梅原［2011］は，上述したように項目ごとの大まかな傾向は把握できているが，項目間の回答の相関のような，構造的な性質にまで踏み込んだ分析には至っていない。たとえば，［項目Aにaと回答した企業は項目Bに対してbと回答する傾向がある］などの分析結果が得られると，企業（群）がIFRS導入をどのように捉えているのかの典型が得られるため，極めて有用であると予想される。しかし，そのような関係の有無を確認するために，各項目の組合せ1つ1つに，上述のような分析を適用するのは，項目数を考えると現実的ではない。実際，後述のようにアンケートは70項目からからなるため，単純に全2項目の相関を調べるとなると70×69=4,830の組に対する分析を要することになる。このため本研究では別のアプローチによる構造的な性質の分析を試みる。

本研究では，同アンケートの特性として，以下の2点に着目する。

(1) アンケートの各項目には明らかな関連性を持つものがある。
(2) アンケートに回答した企業は多種多様であり，全体に共通する性質の存在は期待できそうにない。反面いくつかの類型は存在することが予想される。

これらの特性を踏まえ，本研究ではまずアンケートに対し因子分析を適用し，その上でクラスタ分析を適用する。因子分析により各項目間の関連性をもたらすような，より潜在的な要因（因子）を推定し，その少数の因子により各企業のアンケートにおける特徴を把握する。そして因子分析の結果に対しクラスタ分析を行うことで，各企業を類似度に従って分類するとともに，生成されたグループの特徴を因子分析から得られた少数の因子により解釈し，アンケートの回答における類型つまり日本企業のIFRS適用の影響の捉え方の類型を把握する。

本研究の第1の目的は上述の「IFRS適用の捉え方の類型化」であるが，第

2の目的は，2016年から2017年と目されていたIFRS適用を，企業群がどのように認識していたかの検証である。2007年の「東京合意」とそれに続く2008年の「連結先行」以降，IFRS適用に関する議論が活発化した。その内容は，IFRS適用を肯定的に捉えるものから警戒するもの，等多岐にわたる。これらのなかには逸話的なものもあり，実際に企業がどのようにIFRS適用をどのように捉えているかは，不明な点が多かった。本研究では日本企業のCFOから直接収集したアンケート結果を分析することによって，日本企業のIFRS適用の態度を明らかにするものである。

2 アンケートの概要

分析対象のアンケートは2013年10月に行われ，2013年12月から2014年1月に回収されたものである。日本の証券取引所上場企業会社3,581社（第一部・第二部ならびに新興企業）のCFOに対し質問票を送付し，292社から回答が得られている。同アンケートは自国基準とは異なる会計基準（IFRS）を適用した場合のコストとベネフィットならびに影響を洗い出し，その程度を測定することを目的としている。各質問はIFRSを未導入の企業が導入することになった場合の影響と困難さの程度を1から7の数字で回答することを求めている。

たとえば4はどちらでもないということを表し，7に近づくにつれて影響度（困難度）がより高いということを表しており，1に近づくにつれて影響度（困難度）がより低いということを表している。質問には経営への影響を図る項目や業務への影響などを測る質問があり，IFRS適用の影響を多方面から測ることを試みている。アンケートの具体的な質問項目については第3節の**図表11-1**を参照されたい。

以下の分析では292社の回答のうち，不完全な回答を除外した226社の回答を対象とする。アンケートベースの調査の常であるが，したがって，本章の分析結果は日本の証券取引所上場企業会社3,581社の傾向を表すものではなく，アンケートに完全回答した企業の傾向を表すものであることに注意されたい。

第2節 分析手法とその適用方法

本研究はクラスタ分析を用いて,企業群を類似するもの同士に分類することにより,本アンケートにおける企業間の構造を把握することを目的としている。しかし本アンケートは質問数が70以上と多いため,アンケートにそのままクラスタ分析を適用し,あるクラスタの企業群の特徴を得ようとしたとしても,その共通する特徴が明確にわからない可能性がある。そこで,本研究ではクラスタ分析の前段階として因子分析を行うことにより,この問題点を回避する。まず,因子分析により各質問間の相関性から,それらの実現値を決定づけるより深い要因(因子)を推定し,各企業のアンケートにおける特徴をより少数の因子によって解釈可能にする。こうして各企業のアンケートにおける特徴を簡素化した上で,企業の8つの因子に対する得点(因子得点)に対しクラスタ分析を行い,企業群を類似するもの同士に分類することを考える。こうすることによりクラスタ分析の結果,得られたクラスタ内の企業群の特徴が,より明確になることが期待できる。

なお後述のように本研究のクラスタ分析では従来の手法に改良を加えた上で,より類似性の高い安定したクラスタ抽出を目指す。以下では簡単に各手法を紹介する。

1 因子分析

因子分析とは,変数間の相関性をもとに実現値を決定づけるより深い潜在要因(因子)を推定する手法である。N個の因子を仮定すると観測変数x_{ij}は以下のように表せる。

$$x_{ij} = a_{1j} \cdot f_{1i} + a_{2j} \cdot f_{2i} + \cdots + a_{Nj} \cdot f_{Ni} + e_{ij}$$

x_{ij}:観測対象jの変数iに対する観測値
a_{nj}:観測対象jの因子nに対する因子得点
f_{ni}:因子nの変数iに対する因子負荷量
e_{ij}:独自因子

因子負荷量はそれぞれの因子が各変数にどの程度影響しているかを表し,因

子得点はそれぞれの因子に対して観測対象がどの程度その要素を持っているかを表す。因子分析により潜在的な少数の因子の得点によって観測対象の特徴を表すことができ，解釈を容易にすることができる。より詳しい説明は，たとえば市川［2010］などにある。

2　クラスタ分析

クラスタ分析とはサンプル間の距離によって類似度を測り，その類似度に基づいてサンプルをいくつかのグループに分類する手法である。主観や感覚に頼りがちなグルーピングを，数学的に定義された距離に基づき客観的な基準に従って行うことで，データの潜在的な構造や知見を発見することができる。クラスタ分析にはいくつかの手法が提案されているが（佐藤［2009］などを参照のこと），本研究ではk-means++法をサブルーチン的に用いる，繰り返しk-means++法を利用する。

k-means++法は，Arthur and Vassilvitskii［2007］により提案された手法で，広く用いられているk-means法（MacQueen et al.［1967］）を改良した手法である。k-means法，ならびにk-means++法は最初にクラスタ数を決定し，そのクラスタ数と同じ数だけ初期中心点をランダムに設定する。そして各サンプルを最も近い中心点に所属させ，同じ中心点に所属するサンプル間の重心を新たな中心点とする。この操作を繰り返すことによりサンプルを分類する。

k-means法とk-means++法は，k-means法が初期中心点を単純にランダムに配置するのに対し，k-means++法が初期中心点をよりばらけた形に配置することにより，分類ぶれの低減を狙っている点で異なる。この工夫によりk-means++法はk-means法よりは安定した分類が可能であるが，データによってはまだ不安定な結果しか得られないことがある。本研究では初期値によらないより安定したクラスタを抽出するため提案された，繰り返しk-means++法を用いる（大迫他［2015］）。

本研究における，繰り返しk-means++法の適用手順について説明する。まずk-means++法によるkクラスタへの分類をn回実行し，そのうち各企業同士が同じクラスタに所属された回数を企業間の類似度とみなし企業群をグラフ化する。ここでのグラフとは，頂点と2頂点を結ぶ辺からなる離散構造のこと

をいう（Willson［2001］）である。各企業を頂点，企業間の同じクラスタに所属された回数を辺とする。さらにその回数（辺の重み）に対して閾値を設定し，閾値以下の辺を削除することでグラフを生成する。そして生成されたグラフの連結部分グラフをクラスタとみなす。試行回数nは多いほど望ましいが，後述のように本研究では$n=100$としている。

3　本研究での因子分析とクラスタ分析の適用概要

　本研究では，アンケートの全項目数のうち2008年の調査（小津・梅原［2011］）でも用いられた54項目の質問に対する各企業からの回答を分析する。分析では各質問の実現値を決定づけている8つの因子を仮定し，54個の質問を8つの因子に集約する因子分析を適用する。因子分析ではまず，各因子の各質問に対する影響を表す8×54（因子数×質問数）個の因子負荷量と各企業の各因子に対する226×8（企業数×因子数）個の因子得点を算出する。なお因子負荷量，因子得点の算出には最尤法および直行回転であるバリマックス回転を用いる。そして算出された因子負荷量により各因子を推測し，その因子に対する因子得点によって各企業の本アンケートにおける特徴を解釈可能にする。次に因子分析により算出された因子得点に対しクラスタ分析を適用し，各企業を8つのクラスタに分類する。生成された各クラスタの中心の因子得点により各クラスタのアンケートにおける特徴を捉え，対象企業のIFRSの捉え方の8つの典型を把握する。また各クラスタの所属企業の業種，資本金などのデータとアンケートにおける特徴とを比較し，IFRS導入の捉え方の傾向（たとえば，"売上げの小さい企業はIFRSの業務時間への影響を大きく感じる傾向にある"など）を探る。

第3節　因子分析の結果

　因子分析の適用により，各因子に対して各質問の因子負荷量が算出された。以下の**図表11-2**から**図表11-9**は各因子の因子負荷量を棒グラフにしたものである。横軸が質問番号，縦軸が因子負荷量を表しており，棒グラフが高い（因子負荷量が高い）質問ほど，その因子からの影響が大きいといえる。**図表11-2から図表11-9**では注目すべき大きい値また小さい値（0.35以上および

−0.35以下）をとる質問の棒グラフを色付けしている。なお質問番号と質問の対応は**図表11-1**に示すとおりである。

前述のように因子負荷量はそれぞれの因子が各質問にどの程度影響しているかを表している。各因子について因子負荷量の高い質問を把握し，そして，そ

[図表11-1] アンケートの質問項目

1	専門知識の習得		28	外部監査の時間
2	担当者のトレーニング		29	役識者の勤務時間
3	適用基準の将来変更にかかわる不確実性		30	IR報告のための時間
4	基準の複雑性		31	コンサルタントとの協議時間
5	基準解釈の不確実性		32	配当支払能力
6	日本基準とIFRSの相違		33	財務制限条項を満たす能力
7	日本基準と他国基準との調整		34	資金借入能力
8	管理会計システムの調整		35	資金調達方法の決定
9	ITシステムへの影響		36	信用格付け
10	金融商品		37	株式市場の評価
11	資産の減損		38	アナリストの認識
12	無形資産		39	利益のボラティリティ
13	退職後給付		40	従業員利益連動型報酬制度
14	リース		41	税金費用
15	負債と資本の区分		42	経営上の意思決定
16	研究開発費		43	経営戦略
17	法人税		44	同国他社との比較可能性
18	株式報酬		45	他国他社との比較可能性
19	収益認識		46	株主向けの情報の質
20	企業結合		47	株主からの資金調達
21	ジョイントベンチャーにおける持分		48	債権者からの資金調達
22	連結財務諸表		49	資本コスト
23	過年度遡及修正		50	外国規制当局の要求する調整や情報
24	業績報告様式		51	複数の財務諸表・調整表の作成コスト
25	IFRS導入と関連がない業務の業務時間		52	日本基準
26	社内経理担当者の作業時間		53	IFRS
27	監査人との協議時間		54	米国基準

れらの質問の回答を決定づけるような潜在的な要素を解釈することにより，各因子を便宜的に以下のように定義した。

因子1：適用による業務時間の増加の程度，および米国基準の評価の高さに関する因子
因子2：資本市場などにおける適用によるメリットに関する因子
因子3：適用による会計領域へのコストの増加の程度に関する因子
因子4：適用における担当者に必要とされるトレーニングの困難度に関する因子
因子5：適用による経営戦略および経営上の意思決定への影響に関する因子
因子6：日本基準およびIFRSの評価の高さに関する因子
因子7：適用に伴う資金調達コストの高さに関する因子
因子8：株式市場での評価に関する因子

因子分析の適用により上記の8つの因子によって各企業を特徴づけることが可能になった。次節ではこの因子分析の結果に基づき，クラスタ分析を行う。

[図表11-2] 因子1の各質問に対する因子負荷量

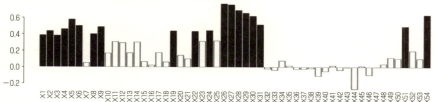

[図表11-3] 因子2の各質問に対する因子負荷量

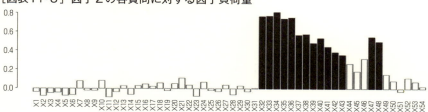

第11章　IFRS適用の影響に関するCFOアンケートの因子分析とクラスタ分析　203

[図表11-4] 因子3の各質問に対する因子負荷量

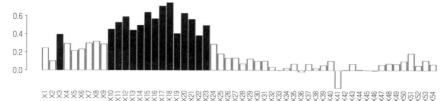

[図表11-5] 因子4の各質問に対する因子負荷量

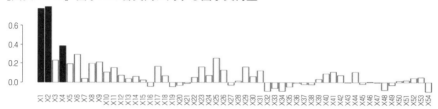

[図表11-6] 因子5の各質問に対する因子負荷量

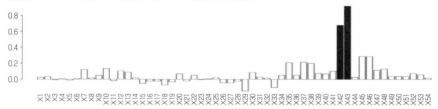

[図表11-7] 因子6の各質問に対する因子負荷量

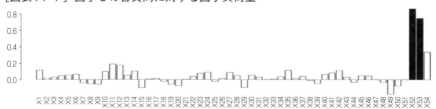

[図表11-8] 因子7の各質問に対する因子負荷量

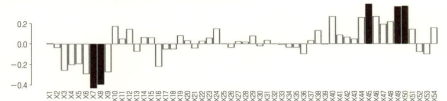

[図表11-9] 因子8の各質問に対する因子負荷量

第4節　クラスタ分析の結果

　本節では第2節の2で紹介した，繰り返しk-means++法によるクラスタ分析を行う。繰り返しk-means++法では，複数回適用したk-means++の分類結果をもとに企業群をグラフ化し閾値以下の辺を除去することによりクラスタ（連結グラフ）を生成する。

　閾値の設定においては，各クラスタ（連結グラフ）のまとまり度合いと孤立点（どの頂点とも辺で結ばれていない点）の少なさを考慮する。本研究では各クラスタのまとまり度合いの指標として，頂点数2以上の各連結グラフの直径の平均値を用いる。なお，直径とは，そのグラフにおいて最も離れた2頂点間の距離を指す。この平均値が小さいほど生成されたクラスタのまとまり度合いが高いといえる。図表11-10は横軸が1から100の閾値，縦軸が孤立点数を表す。また図表11-11は横軸が1から100の閾値，縦軸が頂点数2以上の連結グラフの平均直径を表す。この2つの図表により，孤立点，平均直径ともになるべく小さくなるよう，閾値を76と設定した。

[図表11-10] 各閾値に対する孤立点数　　[図表11-11] 各閾値に対する頂点数2以上の連結グラフの平均直径

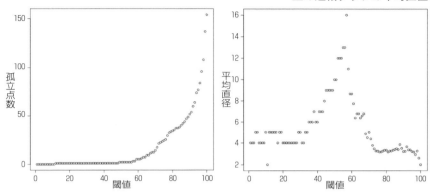

　この方法により抽出されたクラスタ（連結グラフ）の企業群（頂点）は，100回のk-means++法の実行のうち76回以上同じクラスタに所属されていることになる。したがって，本手法によって生成されたクラスタはk-means法の初期値設定による誤差がある程度除去されているといえる。

[図表11-12] 作成されたクラスタ構造

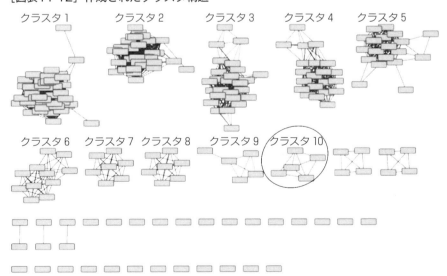

図表11-12は，クラスタ分析の適用により作成された企業群のクラスタ構造を表す図である。前述のとおり，頂点（1つの四角）が各企業を表している。またアンケート回答結果における類似度が高い頂点（企業）同士が辺で結ばれており，いくつかのグループ（連結グラフ）を形成しているのがわかる。本研究では，これらのグループをクラスタとみなす。本節では生成されたクラスタ（連結グラフ）のうち企業数が5以上のものに注目し分析を行う。そして構成企業数5以上のクラスタに対し，構成企業数の多い順にクラスタ1からクラスタ10と名付けた。今回のクラスタ分析ではアンケートの回答結果を対象としているため，各クラスタの構成企業はアンケート回答結果における類似度が高くなっている。一方，クラスタ構成企業の属性（業種など）は企業により多種多様であるが一定の傾向も認められる。

たとえば，クラスタ10は5つの企業a社，b社，c社，d社，e社から構成されている。a社は東証2部上場の繊維メーカー，b社は東証一部上場の化学製品メーカー，c社は東証一部上場の機械製品メーカー，d社は東証一部上場の輸送用機器メーカー，e社は東証一部上場の倉庫・運輸関連企業となっている。このクラスタでは5社中4社が東証一部上場企業となっている。

以下の**図表11-13**，**図表11-14**はそれぞれ各クラスタを構成する企業数，各クラスタ構成企業の平均因子得点を表している。

図表11-14の各クラスタの因子得点の高低と第3節の各因子の特徴を照らし合わせ，各クラスタの本アンケートにおける特徴を以下のように解釈した。

クラスタ1：適用における業務時間の増加幅は小さいと考え，また米国基準の評価が低い企業群
クラスタ2：日本基準およびIFRSを高く評価しかつ，資本コストが減少すると考える企業群
クラスタ3：適用における業務時間の増加幅が大きいと考え，また担当者のトレーニングの困難度が高いと考えるが，会計領域のコストの増加幅は小さいと考える企業群
クラスタ4：日本基準，IFRSの評価が低く，また適用における担当者のトレーニングの困難度は低いと考える企業群

第11章　IFRS適用の影響に関するCFOアンケートの因子分析とクラスタ分析　207

[図表11-13] 各クラスタの構成企業数

	クラスタ1	クラスタ2	クラスタ3	クラスタ4	クラスタ5	クラスタ6	クラスタ7	クラスタ8	クラスタ9	クラスタ10	その他
企業数	52	34	26	21	19	11	7	7	5	5	39

(注) 分析対象としているクラスタ1からクラスタ10までに入っていない企業をその他とした。

[図表11-14] 各クラスタの平均因子得点

	因子1	因子2	因子3	因子4	因子5	因子6	因子7	因子8
クラスタ1	-0.947	0.057	-0.056	0.370	-0.166	-0.357	-0.076	-0.248
クラスタ2	0.453	-0.132	0.384	0.101	-0.142	0.964	-0.740	-0.186
クラスタ3	0.964	0.116	-0.963	0.720	-0.033	-0.224	0.195	-0.510
クラスタ4	0.041	0.398	-0.277	-1.717	-0.069	-0.721	0.169	-0.230
クラスタ5	-0.068	-0.002	-0.264	0.089	-0.402	0.189	0.419	1.847
クラスタ6	0.413	-0.270	-0.036	-0.365	2.272	0.748	0.440	-0.045
クラスタ7	-0.031	0.619	0.529	0.273	1.497	0.296	-0.191	1.645
クラスタ8	0.000	-1.755	0.754	-0.204	-1.053	0.445	0.597	-0.841
クラスタ9	0.826	0.035	-0.433	-0.312	-3.082	0.527	0.106	0.581
クラスタ10	-0.951	-0.034	-0.513	-0.912	-0.111	-0.334	-0.295	-0.156

クラスタ5：適用によって株式市場での評価に良い影響があると考える企業群
クラスタ6：適用により経営環境に良い影響があると考え，かつ日本基準，IFRSの評価が高い企業群
クラスタ7：適用により経営環境に良い影響があると考え，株式市場での評価に良い影響があると考える企業群
クラスタ8：適用により株式市場での評価に悪影響があると考え，また経営環境へも悪影響があると考える企業群
クラスタ9：適用による業務時間の増加幅が大きいと考え，また米国基準の評価が高い企業群
クラスタ10：適用による業務時間の増加幅は小さくまた，担当者のトレーニングの困難度も高くないと考える企業群

　クラスタ分析の結果をまとめると次のようになる。クラスタ1，3，4は業務時間の増加幅，会計基準や会計処理の変更コストの増加幅，IFRS適用に関する担当者トレーニング（教育コスト）の増加幅はさほど大きくないと捉えている企業群である。この企業群は最も大きい集団（186社中98社）であり，IFRS適用コストに関しては中立的な態度である。クラスタ2，5，6，7，10は，資本コストの減少を期待する企業群のほか，IFRS適用によって株式市場での評価や経営環境に良い影響を捉える企業群である（186社中71社）。これらは，IFRS適用をポジティブに捉えているといえる。これに対して，クラスタ8，9は，株式市場での評価や経営環境に悪影響があると考え，業務時間も増加すると捉えている。この企業群はIFRS適用にネガティブといえるかもしれないが，その総数は少ない（186社中12社）。

第5節　各クラスタ構成企業の傾向

　第4節では企業のアンケートの回答結果に対し，因子分析およびクラスタ分析を適用することにより企業のアンケート回答における類型（クラスタ）を把握した。本節では，この第4節のアンケート分析結果と外的な情報を照らし合わせた分析，いわば統合的な分析を行う。具体的には，第4節で把握した回答の類型（クラスタ）に対し，それぞれの企業属性を確認することにより，各企業が置かれている状況とIFRS適用への捉え方の関係について考察する。本節で利用する外的な情報としては，企業を特徴づけるものとして，(1)主要証券取引所，(2)財務指標，(3)業種構成を取り上げる。

　まず，(1)主要証券取引所について考察する。主要証券取引所の情報は，緩やかに企業規模・性質を反映していると考えられる。たとえば，東証一部にはいわゆる大企業が多く上場しているのに対し，東証二部は中小企業が中心である[1]。他にもマザーズはその上場条件から新興企業が多いなどの傾向がある。このような視点から，各クラスタへの分類と主要証券取引所の情報を照らし合わせる。

　下記の**図表11-15**および**図表11-17**は各クラスタに所属する企業の主要証券取引所と業種の内訳を表している。各行がクラスタに対応し，そのクラスタを構成する企業の主要証券取引所の内訳がどのようになっているかを表す表である。つまり，横に見て各項目の和を取ると100%となる。これに対し，**図表11-16**および**図表11-18**は各業種と各証券取引所の内訳を表しており，各列が属性（業種あるいは証券取引所）に対応し，その要素がどのクラスタに散らばっているかを表す表である。つまり，縦に見て各項目の和をとると100%となる。**図表11-19**はクラスタごとあるいは属性ごとの割合を見た**図表11-15**から**図表11-18**とは異なり，単純に各クラスタの平均資本金等を表している。

　さて，(1)主要証券取引所の傾向（**図表11-15**，**図表11-16**）をやや詳しく見る。

---

[1] 具体的には，本アンケート実施時の2013年末の株式時価総額は東証一部が458,484,253百万円，東証二部が5,539,515百万円，マザーズが3,594,363百万円であり，東証一部は二部の80倍以上の規模である。

[図表11-15] 各クラスタに占める主要証券取引所の割合

	東証一部	東証二部	ジャスダック	東証マザーズ	大証	その他
全体	55%	11%	20%	4%	5%	4%
クラスタ1	52%	10%	19%	8%	4%	8%
クラスタ2	62%	18%	15%	0%	6%	0%
クラスタ3	38%	8%	31%	4%	12%	8%
クラスタ4	57%	10%	24%	5%	5%	0%
クラスタ5	53%	5%	37%	0%	0%	5%
クラスタ6	73%	9%	18%	0%	0%	0%
クラスタ7	86%	0%	0%	14%	0%	0%
クラスタ8	43%	43%	14%	0%	0%	0%
クラスタ9	80%	0%	0%	0%	20%	0%
クラスタ10	80%	20%	0%	0%	0%	0%

(注1) 母数が小さいため福証，名証，札証，REITはまとめて「その他」とした。
(注2) 具体的には，本アンケート実施時の2013年末の株式時価総額は東証一部が458,484,253百万円，東証二部が5,539,515百万円，マザーズが3,594,363百万円であり，東証一部は二部の80倍以上の規模である。

[図表11-16] 各証券取引所に占める各クラスタの割合

	回答企業合計	東証	東証二部	ジャスダック	東証マザーズ	大証	その他
クラスタ1	23%	22%	21%	22%	50%	18%	36%
クラスタ2	15%	17%	25%	11%	0%	18%	0%
クラスタ3	11%	8%	8%	17%	13%	27%	18%
クラスタ4	9%	10%	8%	11%	13%	9%	0%
クラスタ5	8%	8%	4%	15%	0%	0%	9%
クラスタ6	5%	6%	4%	4%	0%	0%	0%
クラスタ7	3%	5%	0%	0%	0%	0%	0%
クラスタ8	3%	2%	13%	2%	0%	0%	0%
クラスタ9	2%	3%	0%	0%	0%	9%	0%
クラスタ10	2%	3%	4%	0%	0%	0%	0%
その他	18%	17%	13%	17%	13%	18%	36%

(注1) 母数が小さいため福証，名証，札証，REITはまとめて「その他」とした。
(注2) 分析対象としているクラスタ1からクラスタ10までに入っていない企業（39社）を「その他」とした。

主要証券取引所の**図表11-15**は各クラスタに占める証券取引所の比率を表している。比較のため，表の１行目はクラスタに分類する前のアンケートに回答した226社全体の内訳を表している。たとえば，226社全体に占める東証一部上場企業の割合が55%であるのに対し，クラスタ６における東証一部上場企業の割合は73%と，平均を大きく上回っていることがわかる。このため，クラスタ６は他のクラスタに比べ東証一部上場企業が多いと言える。

図表11-16は各証券取引所に占めるクラスタ１からクラスタ10の比率を表している。この表でも比較のため，１列目は226社全体がどのクラスタに散らばっているか，すなわち各クラスタの全体に占める割合を表している。これを見ると，たとえばクラスタ１に属する企業は226社全体の23%であるのに対し，アンケートに答えた東証マザーズ上場企業に限定すると，クラスタ１に所属している企業の比率は50%となっている。このため，東証マザーズ上場企業は他の証券取引所に比べるとクラスタ１に多いといえる。もし東証マザーズ上場企業が一様に各クラスタに配分されているならばその割合は23%に近い値となっているはずだからである。

次に，(2)業種構成の傾向（**図表11-17**，**図表11-18**）をやや詳しく見る。ここでの業種は東京証券取引所が定める業種区分のうち大分類に基づいている。**図表11-17**，**図表11-18**とも，**図表11-15**，**図表11-16**と同様，１行目，１列目はそれぞれアンケートに回答した226社全社の割合を表している。**図表11-17**は各クラスタに占めるそれぞれの業種の比率を表している。たとえばクラスタ４に占める商業の比率は43%であり，226社全体に占める商業の比率の20%を大きく上回っているため，クラスタ４は他のクラスタに比べ商業が多いと言える。

図表11-18は各業種に占めるそれぞれのクラスタの比率を表している。たとえば，不動産業のうちクラスタ１に所属する企業の比率は78%となっていることがわかる。これは226社全体に占めるクラスタ１の構成企業数の比率である23%を大きく上回っているため不動産業は他の業種に比べクラスタ１に多いといえる。

[図表11-17] 各クラスタに占める各業種の割合

	水産・農林業	鉱業	建設業	製造業	電気・ガス業	運輸・情報通信業	商業	金融・保険業	不動産業	サービス業
全体	0%	0%	8%	39%	0%	17%	20%	4%	4%	7%
クラスタ1	0%	0%	4%	38%	0%	15%	19%	4%	13%	6%
クラスタ2	0%	0%	18%	44%	0%	21%	12%	0%	0%	6%
クラスタ3	0%	0%	12%	32%	0%	16%	24%	8%	0%	8%
クラスタ4	0%	0%	0%	33%	0%	10%	43%	5%	5%	5%
クラスタ5	0%	0%	5%	47%	0%	21%	11%	0%	0%	16%
クラスタ6	0%	0%	0%	55%	0%	18%	9%	9%	0%	9%
クラスタ7	0%	0%	0%	43%	0%	14%	14%	29%	0%	0%
クラスタ8	0%	0%	0%	71%	0%	0%	14%	0%	0%	14%
クラスタ9	0%	0%	0%	40%	0%	0%	40%	20%	0%	0%
クラスタ10	0%	0%	0%	80%	0%	20%	0%	0%	0%	0%

第11章 IFRS適用の影響に関するCFOアンケートの因子分析とクラスタ分析 213

[図表11-18] 各業種に占める各クラスタの割合

	回答企業合計	水産・農林業	鉱業	建設業	製造業	電気・ガス業	運輸・情報通信業	商業	金融・保険業	不動産業	サービス業
クラスタ1	23%	0%	0%	12%	22%	0%	21%	22%	20%	78%	20%
クラスタ2	15%	0%	0%	35%	17%	0%	18%	9%	0%	0%	13%
クラスタ3	11%	0%	0%	18%	9%	0%	11%	13%	20%	0%	13%
クラスタ4	9%	0%	0%	0%	8%	0%	5%	20%	10%	11%	7%
クラスタ5	8%	0%	0%	6%	10%	0%	11%	4%	0%	0%	20%
クラスタ6	5%	0%	0%	0%	7%	0%	5%	2%	10%	0%	7%
クラスタ7	3%	0%	0%	0%	3%	0%	3%	2%	20%	0%	0%
クラスタ8	3%	0%	0%	0%	6%	0%	0%	2%	0%	0%	7%
クラスタ9	2%	0%	0%	0%	2%	0%	0%	4%	10%	0%	0%
クラスタ10	2%	0%	0%	0%	4%	0%	3%	0%	0%	0%	0%
その他	18%	0%	0%	29%	11%	0%	24%	20%	10%	11%	13%

(注) 分析対象としているクラスタ1からクラスタ10までに入っていない企業（39社）を「その他」とした。

最後に，**図表11-19**は各クラスタの財務関係の属性をまとめたものである。ここで取り上げる財務に関係する属性は，資本金，従業員数，資産合計，負債合計，資本合計，株主資本，海外売上比率である。財務に関係する属性はこれ以外にも存在するが，よりIFRS適用に関連が強く，かつ基礎的な属性を選んでいる。表における値はいずれも各クラスタに属する企業の各属性の平均値である。この表からもさまざまなことが読み取れるが，たとえばクラスタ7の平均資本金，従業員数は84,364百万円，3,011人と全体平均の22,572百万円，1,466人と比べると極めて大きく，大規模な企業が集中していることが窺える。対照的に，クラスタ4の平均値は11,776百万円，762人であり，小規模な企業が集中していると考えられる。

以上が**図表11-15**から**図表11-19**までの見方と代表的な特徴であるが，この他にも多くの特徴を読み取ることができる。以下にその特徴を列挙する。なお，この特徴を読み取りやすくするため，**図表11-17**では全体の平均と比べて，突出して大きい値または小さい値を各クラスタ構成企業の偏りを示すものとして，太字にしている。

〔観察〕
1 適用における業務時間の増加幅が小さく，また米国基準の評価が低い企業群（クラスタ1）には東証マザーズ上場企業および不動産業が多い。
2 適用により経営環境に良い影響があり，日本基準およびIFRSの評価が高い企業群（クラスタ6）には東証一部上場企業が多い。
3 日本基準，IFRSの評価が低いが，適用における担当者のトレーニングの困難度は高くないと考える企業群（クラスタ4）には商業が多い。
4 適用によって株式市場での評価に良い影響があると考える企業群（クラスタ5）にはサービス業が多い。
5 経営環境に良い影響があり株式市場での評価にも良い影響があると考える企業群（クラスタ7）には，東証一部上場企業および東証マザーズ上場企業および金融・保険業が多い。
6 適用により株式市場での評価に悪影響があると考え，また経営環境にも悪影響があると考える企業群（クラスタ8）には，製造業およびサービ

第11章 IFRS適用の影響に関するCFOアンケートの因子分析とクラスタ分析 215

[図表11-19] 各クラスタの財務指標

	資本金(百万円)	従業員(人)	資産合計(百万円)	負債合計(百万円)	純資産合計/資本合計(百万円)	株主資本(百万円)	当期利益/親会社の所有者に帰属する純利益[累計]	ROE	ROA	財務レバレッジ	海外売上比率(%)
全体	22,572	1,466	716,986	664,748	165,751	137,778	9,263	6.38	5.48	2.71	15
クラスタ1	31,956	1,318	594,434	311,062	283,371	229,188	14,817	9.17	6.09	2.68	15
クラスタ2	14,507	2,524	216,876	130,326	86,550	83,362	3,859	5.76	5.05	2.98	18
クラスタ3	16,982	991	378,224	293,323	84,901	81,081	7,771	6.84	6.25	2.23	7
クラスタ4	11,776	762	512,878	452,384	60,494	52,097	3,264	7.41	5.82	3.42	14
クラスタ5	8,038	1,257	123,805	63,051	60,753	52,680	942	3.80	4.25	2.39	13
クラスタ6	35,115	1,172	651,897	2,344,273	216,714	165,114	6,720	2.83	3.68	3.14	9
クラスタ7	84,364	3,011	8,672,127	7,939,702	732,425	629,347	63,754	7.31	6.70	2.28	22
クラスタ8	7,338	820	52,180	28,409	23,771	22,714	-576	-2.31	3.43	2.13	21
クラスタ9	11,403	1,352	581,613	525,501	56,111	51,298	2,982	8.44	7.78	3.24	14
クラスタ10	23,460	1,135	228,696	120,424	108,271	111,197	705	4.08	6.55	2.04	42

(注) 本表のデータは、会社四季報、2013年1集、東洋経済を集計したものである。従業員数のみ、単体財務諸表に基づく。

業が多い。

7 適用による業務時間の増加幅が大きく，米国基準の評価が高い企業群（クラスタ9）には，商業および金融・保険業が多い。

8 適用による業務時間の増加幅は小さくまた，担当者のトレーニングの困難度も高くないと考える企業群（クラスタ10）には，東証一部上場企業および製造業が多い。

9 東証二部上場企業は，平均よりも株式市場での評価に悪影響があると考え，また経営環境にも悪影響があると考える企業が集まる傾向がある（クラスタ8）。

10 東証マザーズ上場企業には，平均よりも適用における業務時間の増加幅が小さく，また米国基準の評価が低い企業が集まる傾向がある（クラスタ1）。

11 建設業には，日本基準およびIFRSを高く評価する企業（クラスタ2）が多い。

12 商業には，平均よりも日本基準，IFRSの評価が低いが，適用における担当者のトレーニングの困難度は高くないと考える企業（クラスタ4）が集まる傾向がある。

13 不動産業には，適用における業務時間の増加幅が小さく，また米国基準の評価が低い企業が多い（クラスタ1）。

14 日本基準，IFRSの評価が低く，また適用における担当者のトレーニングの困難度は低いと考える企業（クラスタ4），また適用により株式市場での評価に悪影響があると考え，また経営環境へも悪影響があると考える企業（クラスタ8）は，比較的小規模の企業が多い。

15 適用により経営環境に良い影響があると考え，株式市場での評価に良い影響があると考える企業（クラスタ7）は，比較的大規模の企業が多い。

第6節 おわりに

本研究では，会計基準IFRSの適用による影響に関する企業を対象としたアンケート調査に対し，因子分析とクラスタ分析を適用することにより，企業を

グルーピングし，さらにそのグループの特徴を把握することで企業のIFRS導入の捉え方の類型の把握を試みた。

まず第3節でアンケート項目の因子分析を行い，アンケート項目の特徴づけ，因子得点の導出を行った。第4節では，その結果に基づくクラスタリングを行い，アンケートに完全回答した226社を10クラスタへと分類した。その得られた10クラスタには，それぞれIFRS適用の捉え方に特徴的な傾向があることを確認した。これに対し第5節では，これらクラスタが「捉え方」とは別に業種等の企業属性による特徴づけが可能であるかについて分析を行った。214ページの観察がその結果であるが，たとえば業種や規模といった明確な企業属性を反映したクラスタの存在は確認できなかった。

しかしながら，いくつかの特徴的な傾向も観察できた。たとえば，前節の観察1，10，13はいずれもクラスタ1に関連する観察であるが，このクラスタに東証マザーズ上場企業と不動産業が多く，また逆に東証マザーズ上場企業・不動産業でクラスタ1に分類される企業が多いことを示しており，何らかの相関があることを示唆している。クラスタ1に属する企業数は52と本分析における最大のクラスタであり，これらの企業群をより詳しく分析することでIFRS適用の実態解明が期待できる。

あるいは逆に，業種による特徴らしい特徴がまったく確認できないという点が興味深い場合もある。たとえば製造業がそのような例の1つである。**図表11-18の製造業の列は，第1列の「回答企業合計」の列と大きく変わらない割合であることが確認できる。つまり，製造業全体に共通する強い「IFRS適用に対する特徴的な捉え方」は存在せず，企業ごとにまちまちの捉え方をしていることが観察できる。これは，「製造業」という分類が，実際は多様なサブカテゴリからなる業種群であり，各企業の収益構造が極めて多様であることを反映しているものと考えられる。さらに，このことは「IFRS適用は特に製造業で大きな影響が予測されている」といった言説とは必ずしも整合せず，各企業が自らの置かれている状況と照らし合わせ，IFRS適用について比較的冷静に捉えている姿を現しているものとも考えられる。

以上が2013年に実施したアンケート結果に対する因子分析・クラスタ分析から読み取れる事項であるが，第1節の「2　アンケートの概要」でも述べたよ

うに，本章の分析結果は日本の証券取引所上場企業会社3,581社の傾向を表すものではなく，あくまでアンケートに完全回答した企業の傾向を表すものであることに注意する必要がある。

【謝　辞】

　本論文の一部は2015年3月14日にバレンシア大学におけるInternational Accounting Seminarにて発表された。同セミナーの参加者からは多くの有益なコメントを受けた。ここに謝意を表する。

《参考文献》

Arthur, David and Sergei Vassilvitskii [2007] "k-means++: The advantages of careful seeding," in Proceedings of the eighteenth annual ACM-SIAM symposium on Discrete algorithms, pp.1027-1035, Society for Industrial and Applied Mathematics.

MacQueen, James [1967] "Some methods for classification and analysis of multivariate observations," in Proceedings of the fifth Berkeley symposium on mathematical statistics and probability, Vol. 1, pp.281-297, Oakland, CA, USA.

Willson, R.J. [2001] 『グラフ理論入門』西関隆夫・西関裕子訳，近代科学社．

大迫俊輔・小野廣隆・小津稚加子 [2015]「IFRS導入の影響に関するCFOアンケート結果からの安定クラスタ抽出」，『日本オペレーションズ・リサーチ学会秋季研究発表会アブストラクト集』公益社団法人日本オペレーションズ・リサーチ学会，252-253頁．

小津稚加子・梅原秀継 [2011]『IFRS導入のコスト分析』中央経済社．

佐藤義治 [2009]『多変量データの分類―判別分析・クラスター分析』朝倉書店．

柳井晴夫・繁桝算男・前川眞一・市川雅教 [1990]『因子分析―その理論と方法』朝倉書店．

（大迫 俊輔・小野 廣隆・小津 稚加子）

第12章

IFRSの日本の税務への影響

第1節 はじめに

　IFRSに税務上，どのように対応すべきか。これはASBJとIASBとのコンバージェンス・プロジェクトが開始された2005年以降，法人税法上の主要なテーマの1つになっている。東京合意によってコンバージェンスが加速する中，2009年6月30日付で企業会計審議会から「我が国における国際会計基準の取扱いに関する意見書（中間報告）」が公表され，一定の上場企業の連結財務諸表につき，IFRSの任意適用を認める方針が示されたことを機に議論が本格化したといえよう。

　税務の観点からは，IFRSの影響がどの程度，個別財務諸表に及ぶかが問題になるが，その前年に示されたコンバージェンスに係るスキーム（連結先行）[1]の曖昧さに加え，中間報告は個別財務諸表への将来的なIFRS適用に含みを残した[2]ためその対応も俎上に載るなど[3]，当初，議論は同床異夢の様相を呈していた。IFRSについて，どのような導入フェーズを想定するかにより，法人税法へのインパクトや課題は当然に異なるからである[4]。

　その後，2013年6月19日付で企業会計審議会から「国際会計基準（IFRS）へ

　1　このような考え方が金融庁から初めて示されたのは，2008年8月のことである（「会計基準の国際化。『連結先行』で改正へ」日本経済新聞2008年8月13日朝刊）。

　2　これについては，連結財務諸表への強制適用の是非を判断する際に「幅広い見地から検討を行う必要がある」（中間報告，16頁）と述べられていた。

　3　たとえば，税理士法人プライスウォーターハウスクーパース・あらた監査法人編［2011］では，個別財務諸表にIFRSが適用された場合の税務への影響が論じられている。

の対応のあり方に関する当面の方針」[5]が公表されたことにより、IFRS対応に関する議論は一応の収束をみせることになる。このような状況下における税務上の論点については、すでに坂本［2013］および坂本［2015］において、解釈論と立法論の双方の観点から論じているところではあるが、本章では、あらためて解釈論からの接近を試みたい[6]。ここでは焦点をしぼるため、個別計算規定の解釈には触れない。法人税法22条4項における「一般に公正妥当と認められる会計処理の基準」（以下、「公正処理基準」という）の解釈を取り上げる。検討にあたり、多くの判例を引用して現行税法の解釈について述べるが、これは、このような基礎的研究なしには、IFRSが税務に及ぼす影響について正しい議論を行うことができないと考えるからである。

なお、本論に先立ち、税務との係わりからわが国の会計制度を整理し、本章の視座を明らかにする。

第2節　IFRSの課税所得計算への影響——予備的考察

1　制度設計の観点から

2015年6月30日付で、ASBJより「修正国際基準（国際会計基準と企業会計基準委員会による修正会計基準によって構成される会計基準）」（以下、「JMIS」という）が公表された。これにより2016年3月期から、わが国の資本市場では、J-GAAP、US-GAAP、IFRS、JMISの4つの会計基準の中からいずれか1つを適用することが可能となった。中小企業向けの会計である「中小企業の会計に関する指針」（以下、「中小会計指針」という）、「中小企業の会計に関する基本要

4　コンバージェンスの場合には法人税法の解釈や立法に対する影響は限定的になるのに対して、個別財務諸表にIFRSを適用すると検討すべき課題は山積する。この点について詳しくは、坂本［2010］122-126頁を参照。

5　ここでは、連単分離を前提に、IFRSの任意適用の積上げを図ることが掲げられている。具体的には、①任意適用要件の緩和、②IFRSの適用の方法、③単体開示の簡素化の方針が打ち出された。

6　本章の議論は、直近の判例を追加してはいるが、坂本［2015］を整理したものであることをあらかじめお断りしておきたい。これは、この論文における筆者の主張が、今後、IFRSとの関係で重要な論点になると考えるからである。

領」（以下，「中小会計要領」という）をあわせると6つの会計基準や指針等が併存することになる[7]。会計基準の国際的統合化に歩を進める一方で，国内に目を転じれば複数の会計基準や指針等が併存するかつてない状況といえよう。これらを上場の有無，個別と連結という観点から区分し，さらに，課税所得計算への影響を図示したものが**図表12-1**である。

[図表12-1] IFRSの課税所得計算への影響

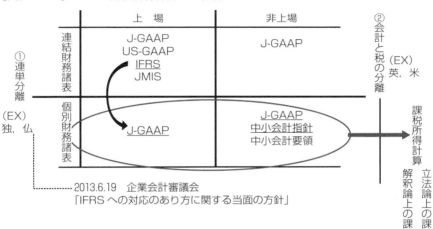

連結財務諸表に適用される会計基準（以下，「連結基準」という）を除き，いずれも法人税制と直接に関連するわけだが，IFRSの影響はコンバージェンスにより個別財務諸表に適用される会計基準（以下，「個別基準」という）に及び（下線部：J-GAAP，中小会計指針），さらに課税所得計算にも及んでいることが確認できる。それゆえ法人税法がいかに対応すべきかが課題（立法論，解釈論）になるのだが，すぐに気がつくのは，そもそもコンバージェンスの対象になら

7　このような会計基準の「複線化」は世界的な傾向といってよい。河﨑［2014］67-83頁は，会計基準複線化の意味を，①大企業会計制度と中小企業会計制度の二分化，②各会計制度内部での複数の会計基準の併存と捉え，EU，ドイツ，フランス，英国，米国，シンガポール，中国および韓国の8カ国・地域における複線化の現状を浮き彫りにしている。共通するのはIFRS導入を機に複線化が生じていることだが，IFRS自体も中小企業版IFRSと二分化する等，その実態は複雑である。

ない項目[8]は税務に影響しないこと，そして，税務上の課題は制度設計のあり方と密接な関係を有していることである。制度設計の観点からは，連単分離（①）か，あるいは，会計と税の分離（②）が完全に実現されるのであればIFRSに係る論点のほとんどは消滅するであろう。以上より，税務上の検討が必要とされるのは，コンバージェンスの対象になり，なおかつ，①又は②の選択が行われ̇な̇い̇ケースに限定されることになる。

　この点，わが国では2005年のコンバージェンス・プロジェクト開始以降，2009年に「連結先行」（「我が国における国際会計基準の取扱いに関する意見書（中間報告）」），2013年に「連単分離」（「国際会計基準（IFRS）への対応のあり方に関する当面の方針」）の方針がともに企業会計審議会より公表されている。前者は，「先行」という文言からも窺えるように連結基準に引き続き個別基準のコンバージェンスが進められていくスキームであり，時間的なズレはあるものの連結基準と個別基準の一致が前提になっていた。この場合，連結基準が先行している間はIFRSの影響は個別基準に及ばないことになるが，当初より，その時間軸はもとより対象となる範囲も曖昧であったことは否めない。

　また，後者については，ここでいう連単分離が何を意味するのかは必ずしも明らかではない。個別基準のコンバージェンスの有無のみならず範囲ないし程度に解釈の余地が残るからである。現に，包括利益計算書や退職給付の数理計

8　正確には，コンバージェンスの議論の俎上に載らない項目とコンバージェンスが検討されたが結果としてJ-GAAPが維持された項目である。代表的なものとして前者は減価償却が，後者は開発費やのれんの会計処理があげられる。この点，ASBJが「減価償却に関する会計基準」の開発着手に向け検討を始めたことは注目すべきである（ASBJ［2016］7頁，IFRS／ASBJセッション［2016］）。わが国では税法基準による会計処理が企業実務として定着し，監査上もこれを容認しているので（監査・保証実務委員会報告第81号「減価償却に関する当面の監査上の取扱い」），実務および税務への大きな影響が予想される。

9　たとえば，次の項目である。
・連結財務諸表にのみ包括利益計算書が導入されている。
・退職給付会計の数理計算上の差異について，連結基準では未認識処理が認められておらず，連結貸借対照表の純資産の部「その他の包括利益累計額」に計上するのに対し，個別基準では未認識処理が要求されている。
・貸借対照表の純資産の部に計上するOCIの勘定科目は，連結貸借対照表では「その他の包括利益累計額」であり，個別貸借対照表では「評価・換算差額等」である。
・子会社化のための株式取得関連費用を連結基準では費用処理するが，個別基準では取得原価に含める。

算上の差異等の一部の例外[9]を除いて連単一致しており，個別基準にIFRSの影響が及んでいる[10]。この状態は今後も続くであろう。

それでは，もう1つの構想—会計と税の分離—は，どうであろうか[11]。これについては，わが国がいわゆる確定決算主義を堅持[12]していることは周知のとおりである。わが国に限らず両者のリンクが密な国では，税制や関連諸法制に多大な影響を及ぼすこともあり，このような根本的な解決策は提案されることはあっても実現には至っていない。

2　企業会計と法人税法との関係から

1で概観したとおり，個別基準へのIFRSの影響を抑えつつも，それが課税所得計算に及んでいるのがわが国の実情である。もっとも，そのインパクトは企業会計と法人税法とのリンクの程度に左右される。両者の関係が強固になるほどインパクトは大きく，脆弱になるほど小さくなる。ここでやや結論を先取りすると，わが国では確定決算主義を採りながらも1990年代を境に，立法と解釈の双方において，企業会計と法人税法のリンクが弱まる傾向にある。

よく知られているように，立法上では，税制調査会・法人課税小委員会［1996］において企業会計との乖離が宣言され，そこで示された「法人税の課税所得は，今後とも，商法・企業会計原則に則った会計処理に基づいて算定することを基本としつつも，適正な課税を行う観点から，必要に応じ，商法・企業会計原則における会計処理と異なった取扱いとすることが適切と考える」

10　このような状況はわが国同様に連単分離の考え方を採っているドイツやフランスでも，その経緯こそ異なるものの観察することができる。ドイツでは貸借対照表現代化法（BilMoG）により商法の計算規定とIFRSとのコンバージェンスが進められ，フランスでも国内基準であるPCGをIFRSに近づけていく方向で改訂が行われた。詳しくは，齋藤・古田［2008］を参照。

11　共時的分析からはイギリスやアメリカのケースが散見されるが，これらの国ではもとより会計と税との関係が脆弱であり，税務上の対応をとる必要がないというのが正しい理解である。詳しくは，坂本・藤井［2008］を参照。

12　議論の方向性としては「維持か廃止かという二者択一の問題ではなく，あくまでも程度の問題」（齋藤・鈴木・坂本・古田・藤井［2008］60頁，日本租税研究協会・税務会計研究会［2011］，9頁）という認識でおおむね一致しており，現行法制から生ずる論点を捨象する構想や制度設計を取り上げている論考はほとんどみられない。なお，IFRSと確定決算主義の関係について詳しくは，伊藤［2013］96-123頁（第3部　IFRSと確定決算主義）を参照。

(四・3（ウ））との方針が踏襲されている[13]。これまで法人税制はコンバージェンスに是々非々で対応してきたが、このような状況において、IFRSの影響が課税所得計算に及び得るのはコンバージェンスに呼応した税制改正が行われる（法人税法や通達の改正を通じてIFRSの内容が反映される）[14]か、あるいは、「別段の定め」が置かれていない場合である。

それでは、解釈上はどうだろうか。上述の「『別段の定め』が置かれていない場合」の課税所得計算は公正処理基準に委ねられている。したがって、公正処理基準の解釈次第で、IFRSの影響が直接的に課税所得計算に及ぶこともあれば、反対に税務上否認される可能性もある。IFRSの内容自体が争点になった事例[15]はまだ少ないが、後述するように、将来的には増えることが予想される。

公正処理基準をどのように解釈するか、この問題について、わが国は豊富な議論や判決・裁決の蓄積を有している。次節では、今後の議論の基礎を提供すべく、公正処理基準に係る解釈の共通性や関連性を明らかにする。

第3節　会計基準の変容と法人税法22条4項

わが国では、課税所得の算定について租税法上の明文規定が多数設けられており、そのような成文法が存在しない場合に法の空白を埋めるために法人税法

13　このような行き方が法人税法の実体的規定に与える影響を考えてみると、企業会計と調和するのであれば、法人税法の規定を、コンバージェンスを経た企業会計基準の内容に沿って改正する必要が生じる。また、公正処理基準に委ねていた部分については、これまでどおり定めを置かないか、あるいは、確認規定を新設するといった選択肢もある。反対に、企業会計から乖離する場合には、法人税法の規定は基本的にそのまま維持されるが、これまで公正処理基準に委ねていた部分は、「別段の定め」によりあらたに手当てされることになる（坂本[2013]、66-67頁）。

14　たとえば、所有権移転外ファイナンス・リース取引のオンバランス処理（法64条2）、工事進行基準の適用範囲の拡大（法基通2-4-19）、LIFOの廃止（法令28①）等である。詳しくは、日本租税研究協会・税務会計研究会[2011] 9-11頁、荒井[2013] 144-146頁を参照。

15　たとえば、東京地判平成27年2月5日判例集未登載（平成23年（行ウ）267号）。本事例は、不動産販売取引の収益計上時期に係るものである。IAS第18号第14項に定める準則が公正処理基準に当たるかどうかが争点の1つになっていたが、納税者の会計処理はそもそも同条項を満たさないと判示され、公正処理基準についての判断は下されなかった。

22条4項が置かれている。税法に規定のない，いわゆる白地部分は会計学と租税法学との交錯領域に当たり，双方からのアプローチが議論の深化につながる反面，それをどのように捉えるべきかという見解の対立も生じやすい。

同条項は，法人の収益・費用等の額を公正処理基準に従って計算すべき旨を定めているが，具体的な内容に関して何ら触れられていないこともあり，その解釈をめぐり創設当初よりかまびすしい議論が交わされ[16]，事例の蓄積へとつながっていった。会計学と租税法学との交錯領域であることを意識しつつそれらを俯瞰するならば，公正処理基準が企業会計制度そのものを指すのか，あるいは，そこには租税法的な要素も入り込む余地があるのか，といった議論に力点の1つが置かれていたことは確かであろう。両者の主張は平行線を辿り論争が終結したわけではないが，これらの議論がその後の解釈の土壌をつくったといえる。

1　裁判例にみる公正処理基準の解釈

公正処理基準について裁判官の判断が示されるようになったのは，昭和50年前後からであり[17]，平成期に入り急激に増加している[18]。最近でも，東京地判平成27年9月25日（平成25年（行ウ）第676号），東京地判平成27年3月27日（平成24年（行ウ）第160号）（控訴審東京高判平成28年4月21日（平成27年（行コ）第157号）），東京地判平成27年2月26日判例集未登載（平成24年（行ウ）592号），前掲東京地判平成27年2月5日，東京地判平成26年1月27日判例集未登載（平成24年（行ウ）549号），東京地判平成25年10月30日税資263号順号12324（控訴審東京高判平成26年4月23日訟月60巻12号2655頁），東京地判平成25年2月25日税資263号順号12154（控訴審東京高判平成25年7月19日税資263号順号12263），東京地判

16　詳しくは，坂本［2014］31-32頁を参照。
17　東京地判昭和50年8月28日行裁例集26巻7・8号944頁，東京地判昭和52年8月30日税資95号402頁，東京地判昭和52年12月26日判時909号110頁等。
18　このうち公正処理基準の定義を直接判示したものは少なく，共通するのは公正処理基準であるかどうかは「一般社会通念」に照らして判断されるという点である。東京地判昭和54年9月19日判タ414号138頁，大阪高判平成3年12月19日行裁例集42巻11・12号1894頁，福岡地判平成11年12月21日税資245号991頁，神戸地判平成14年9月12日訟月50巻3号1096頁，東京地判平成19年1月31日税資257号順号10623等。

平成24年11月2日税資262号順号12088（控訴審東京高判平成26年8月29日税資264号順号12523（平成24年（行コ）466号））といった裁判例がみられる。

　裁判例を俯瞰すると，納税者の会計処理と課税庁が推奨する処理のどちらが公正処理基準に当たるのか，納税者の会計処理を法人税法22条4項を根拠に否認できるのか[19]といった基本的な構図が浮き彫りになる。納税者の会計処理はそもそも適切とはいい難いものから，社会的に認知されているものまでさまざまだが，訴訟にまで至った場合には否認されることが多く，これは企業会計基準によった処理とて例外ではない[20]。

　判決にみる公正処理基準の解釈は興味深い示唆を与えている。公正処理基準による判断枠組みにおいては慣行性が重視され，そこでは通達の優位性を確認できること[21]，そして税法の趣旨や目的を解釈に織り込む場面が見受けられることである。これは，法人税法22条4項に「適正かつ公平な課税の実現」といった機能を持たせることを意味する。このうち前者については，遅くとも1990年代後半には「会計慣行」の解釈が変わり，すでに行われている事実に限らず，新たに合理的な慣行が生まれようとしている場合にはそれも含むと解するのが多数説となった（弥永［2013］80頁）。

　近時，強調されるのは後者であり，大竹貿易事件（最判平成5年11月25日民集47巻9号5278頁）以降，顕著である。本件は，船荷証券が発行されている商品の輸出取引による収益を取引銀行による荷為替手形の買取りの時点で計上する会計処理（納税者）と，船積みの時点で計上する会計処理（課税庁）のいずれ

19　たとえば，最判平成6年9月16日刑集48巻6号357頁では，所得秘匿協力者に支払った手数料について，公正処理基準による判断枠組みが用いられ当該費用の損金性が否認されている。同様な事例として，最判平成9年3月12日税資224号611頁，高松高判平成10年1月27日税資230号201頁，最判平成20年6月13日税資258号順号10969等。

20　たとえば，前掲福岡地判平成11年12月21日，最判平成18年6月23日税資256号順号10434。いずれも企業会計基準（納税者）と通達（課税庁）による処理が争われた事例である。公表後間もないとはいえ企業会計基準が使用されていたにもかかわらず，裁判所はこれを考慮せず課税庁の主張を認めている。詳しくは，坂本［2014］34-35頁を参照。

21　通達による処理が会社法（商法），法人税法において認められる法的根拠は，当該処理が一般的かつ合理的であり反復継続して相当期間行われている場合，会社法431条（旧商法32②）を介し「一般に公正妥当と認められる企業会計の慣行」（「公正ナル会計慣行」）となり，さらに，公正処理基準（法法22④）とは確立した会計慣行を広く含む（金子［2014］307頁）と解されている点に求めることができる。

が公正処理基準に当たるかが争われた事例であり，課税庁による更正処分は適法とされ，次のように判示されている。

> 「ある収益をどの事業年度に計上すべきかは，一般に公正妥当と認められる会計処理の基準に従うべきであり，これによれば，収益は，その実現があった時，すなわち，その収入すべき権利が確定したときの属する年度の益金に計上すべきものと考えられる。もっとも，法人税法22条4項は，現に法人のした利益計算が法人税法の企図する公平な所得計算という要請に反するものでない限り，課税所得の計算上もこれを是認するのが相当であるとの見地から，収益を一般に公正妥当と認められる会計処理の基準に従って計上すべきものと定めたものと解される。」（圏点－筆者）

本判決には2つの重要な意義がある。1つは最高裁として初めて法人税法における収益計上基準を示したことであり，あと1つは公正処理基準の解釈に直接的に言及したことである。判決では，収益計上基準の法的根拠を公正処理基準に求めた上で，収入は「その収入すべき権利が確定したときの属する年度の益金に計上すべき」として所得税法同様に権利確定主義[22, 23]によることを，また，公正処理基準は，その解釈において「公平な所得計算という要請」を受けることを明らかにしている。いずれも租税法の観点からの公正処理基準の解釈と捉えることができよう[24]。この場合，法人税法の権利確定主義の要請が企業会計上の実現主義と異なり，かつ前者が優先される範囲で，納税者の企業会計

---

22 権利確定主義とは，資産の譲渡や役務の提供により対価に係る権利が確定した時に収益が課税の対象となるとする考え方である。法令上の明示的根拠を欠いているが，本判決を機に判例実務をほぼ支配している。岡村［2008］58頁，一高［2014］192頁を参照。

23 所得税法では年度帰属の原則として権利確定主義がとられている。条文上の根拠は所得税法36条1項であり，同条項に定める「収入すべき金額」は「収入すべき権利の確定した金額」と解されている（最判昭和40年9月8日刑集19巻6号630頁，最判昭和49年3月8日民集28巻2号186頁，最判昭和53年2月24日民集32巻1号43頁）。詳しくは，金子［2014］270-273頁を参照。

24 判決文前段に「収益は，その実現があった時」に計上すべきとあるが，これは所得が実現した時という意味であり企業会計上の実現主義を指すものではない。この点について，藤曲［2014］は「包括的所得概念の下では未実現の所得も所得であるが，現行制度上の法人税…は，原則として未実現の所得は課税の対象としておらず，実現した所得のみを課税の対象としている。このような脈路…における『実現があった時』ということである」（50頁）と述べている。

上の収益計上時期は法人税法上の益金の年度帰属上修正されることになる（一高［2014］191-192頁）。なお，一般的には権利確定主義とは法的な権利関係を基準として考えるべきであるが，判決では「取引の経済的実態からみて合理的なものとみられる収益計上の基準」についても，その処理の継続適用を要件に是認すべきとされており，権利確定の時期に一定の幅を持たせている。

最高裁は，この理解を本件にあてはめ，船積基準については「船荷証券が発行されている場合でも，商品の船積時点において，その取引によって収入すべき権利が既に確定したものとして，これを収益に計上するという会計処理も，合理的なものというべきであり，一般に公正妥当と認められる会計処理の基準に適合する」としている。他方，為替取組日基準については，「商品の船積みによって既に確定したものとみられる売買代金請求権を，為替手形を取引銀行に買い取ってもらうことにより現実に売買代金相当額を回収する時点まで待って，収益に計上するものであって，その収益計上時期を人為的に操作する余地を生じさせる点において，一般に公正妥当と認められる会計処理の基準に適合するものとはいえない」とし，このような処理は「法人税法の企図する公平な所得計算の要請という観点からも是認し難い」と判示した（坂本［2015］4-9頁）。

2　大竹貿易事件の影響——公正処理基準をめぐる訴訟の増加

大竹貿易事件は所得の年度帰属の問題に関する代表的なものだが，ここでは公正処理基準の解釈に租税法の視角が持ち込まれた点に注目したい。もとよりこのような解釈に対しては批判[25]も存するところではあるが，税法という法律に組み込まれた以上，税負担の公平を維持するために企業の会計処理を否認しても，あながち不合理であるといいきれないであろう。現に，この判決以降，収益認識の場面に限らず，下級審判決では当該判示が直接引用[26]され，あるい

---

[25]　たとえば，岡村［2008］38頁は「課税庁や裁判所が，公平負担や税収確保の目的を背後に，『公正妥当な会計処理の基準』という文言を利用して，別段の定めとして立法されていないルールを作り出そうとする試み」であり，「本来の会計的な公正さが，法や社会通念の観点からの公正さにすり替えられている」と指摘している。また，大竹貿易事件においても2人の裁判官から反対意見が付されている。

はその考え方を踏襲する姿勢[27]を確認でき，さらには公正処理基準による判断枠組みを用いて納税者の会計処理を否認するといった裁判例[28]すらみられるようになった。

　このような解釈論の展開をどのように捉えるべきであろうか。会計基準の変容との関連でいうならば，ある会計処理が会社法431条に定める「一般に公正妥当と認められる企業会計の慣行」に該当しても，当該処理が公正処理基準になるかどうかは別途検討を要するということであろう。このことを裏づけるように，公正処理基準をめぐる訴訟は本判決を機に急激に増え，平成6年から平成27年までの事件数（判決年度ベース）は概ね60件ほどとそれ以前に比して倍増している[29]。奇しくも，会計基準の国際的調和化や統合化に向けての作業が進められた時期でもあるが，企業会計の変容が訴訟の増加をもたらしたというよりは，権利確定主義や適正な課税の実現といった視角が強調されたことがその要因であり，多くの裁判例はそれを雄弁に語っている。

　留意すべきは，近時，この傾向が一層強まっていることである。前掲東京地判平成25年2月25日をみても，これまでにも増して税法独自の視角が強調されている。本件は，不動産流動化実務指針による会計処理をめぐる事例であり，

26　大阪地判平成7年12月20日税資214号981頁，前掲福岡地判平成11年12月21日，高知地判平成16年3月26日税資254号順号9609，大阪地判平成16年4月20日税資254号順号9633，大阪高判平成16年5月11日税資254号順号9645，神戸地判平成17年3月23日税資255号順号9966，東京地判平成18年9月26日税資256号順号10513，東京地判平成20年7月11日税資258号順号10988，東京高判平成21年2月18日税資259号順号11144，東京地判平成21年6月24日税資259号順号11231，札幌地判平成21年8月28日税資259号順号11264，東京地判平成22年4月28日税資260号順号11431，東京地判平成24年2月28日税資262号順号11892，広島地判平成25年1月15日税資263号順号12126，前掲東京地判平成25年2月25日，前掲東京地判平成25年10月30日，前掲東京地判平成26年1月27日，前掲東京高判平成26年8月29日，前掲東京地判平成27年2月5日，前掲東京地判平成27年9月25日，前掲東京高判平成28年4月21日等。

27　神戸地判平成6年9月28日税資205号669頁，大阪地判平成10年10月28日税資238号892頁，名古屋地判平成13年7月16日訴月48巻9号2322頁，東京高判平成14年3月14日訟月49巻5号1571頁，新潟地判平成19年10月5日税資257号順号10796等。

28　前掲脚注19参照。

29　係争事業年度ベースでみると同期間の事件数は40件ほどである。なお，コンバージェンス・プロジェクトが始まった2005年以降が係争事業年度となっている裁判例はまだ少ない。前掲広島地判平成25年1月15日，前掲東京地判平成25年2月25日，前掲東京地判平成25年10月30日，前掲東京地判平成26年1月27日，前掲東京地判平成27年2月5日，前掲東京地判平成27年2月26日等。

裁判所は「法人が収益等の額の計算に当たって採った会計処理の基準がそこにいう『一般に公正妥当と認められる会計処理の基準』（税会計処理基準）に該当するといえるか否かについては，上記に述べたところ（適正な課税および納税義務の履行の確保（法人税法１条参照）－筆者）を目的とする同法の独自の観点から判断されるものであって，企業会計上の公正妥当な会計処理の基準（公正会計基準）とされるものと常に一致することを前提とするものではない」（圏点－筆者）とした上で，実務指針の取扱いは「公平な所得計算という要請とは別の観点に立って定められたものとして，税会計処理基準に該当するものとは解し難い」と判示した。本判決では，「税会計処理基準」という概念を初めて用い，企業会計上の公正妥当な会計処理の基準（公正会計基準）との違いを強調している。控訴審（前掲東京高判平成25年7月19日）も原判決を支持しており，一般に公正妥当と認められる企業会計の慣行と公正処理基準とが必ずしも一致しないことは，もはや暗黙の了解になっているようにもみえる（坂本［2015］10-11頁）。

第4節　おわりに

　1990年代後半，企業会計が法人税法と乖離し国際的調和化に向けて歩みはじめたのとほぼ時を同じくして，法人税法もまた企業会計と袂を分かち，かつての蜜月時代は終焉を迎えた。現行税制には企業会計と乖離している項目が多くみられるが，すでに述べたとおり，これは税制調査会・法人課税小委員会［1996］が示した方針を具現した結果である。このような立法上の対応に遡ること数年，解釈の領域でもパラダイムシフトが起きていた事実は興味い。これもまた企業会計からの乖離と捉えることができよう。

　IFRS導入に伴う解釈論上の課題を検討するにあたっては，まず現行税法の解釈を明らかにする必要がある。その意味で，本章は今後の議論の基礎を提供したにすぎないが，同時にこの作業は重要な論点をも浮き彫りにしている。公正処理基準による判断枠組みでは権利確定主義や適正な課税の実現といった視角が強調され，さらに通達の優位性を確認できるといったことからも想像がつくであろう。収益認識である。周知のとおり，わが国では企業会計原則が実現

主義に基づく原則的な考え方を示しているが，収益の認識および測定に関する包括的な会計基準は存在していない。このため，より詳細な規定をもつ法人税法や通達の取扱いが会計実務に大きな影響を与えている。

　このような状況下，2014年5月28日付でIASBより「顧客との契約から生じる収益」（IFRS15号）が公表された。ASBJは，翌2015年3月20日に開催された第308回企業会計基準委員会において，IFRS15号を踏まえた収益認識に関する包括的な基準開発に着手することを決定し，本稿執筆時現在（2017年5月時点），2017年6月の公開草案公表を目標に検討を進めている。新基準の全容はまだ明らかではないが，資産・負債アプローチによる収益の認識時期（支配の移転）や対価の測定等，法人税法との関係で検討課題は多い。そう考えると，前掲東京地判平成25年2月25日の判示は示唆的ですらある（坂本［2015］11-12頁）。

《参考文献》

荒井優美子［2013］「税務申告におけるIFRSの位置付け」『産業経理』第72巻第4号，123-147頁。
一高龍司［2014］「法人税法22条2項と4項の関係」『公正処理基準の再検討』税務会計研究学会特別委員会，191-204頁。
伊藤邦雄責任編集［2013］『別冊企業会計　企業会計制度の再構築』中央経済社。
岡村忠生［2008］『法人税法講義（第3版）』成文堂。
河﨑照行［2014］「諸外国における会計基準の複線化」『税務会計研究』第25号，67-83頁。
金子宏［2014］『租税法（第19版）』弘文堂。
企業会計審議会［2009］「我が国における国際会計基準の取扱いに関する意見書（中間報告）」。
企業会計審議会［2013］「国際会計基準（IFRS）への対応のあり方に関する当面の方針」。
齋藤真哉・古田美保［2008］「主要国の会計と税務に関する実態調査（その2）―ドイツとフランス―」『会計基準』第23号，252-262頁。
齋藤真哉・鈴木一水・坂本雅士・古田美保・藤井誠［2008］『調査報告企業会計と税法等との調整に関する現状分析と課題』財務会計基準機構。
坂本雅士・藤井誠［2008］「主要国の会計と税務に関する実態調査（その1）―アメリカとイギリス―」『会計基準』第22号，185-196頁。
坂本雅士［2010］「IFRS導入と税務法制」『税務弘報』第58巻第13号，121-128頁。
坂本雅士［2013］「企業会計基準の複線化と法人税法」『會計』第183巻第6号，57-70頁。
坂本雅士［2014］「法人税法における公正処理基準について―解釈論の展開と課題―」『會計』第186巻第2号，28-42頁。
坂本雅士［2015］「会計基準の多様化に伴う税務論点―公正処理基準の観点から―」『會計』第187巻第3号，1-15頁。

税制調査会・法人課税小委員会 [1996]「法人課税小委員会報告」.
税理士法人プライスウォーターハウスクーパース・あらた監査法人編 [2011]『IFRSをめぐる税務を見据える』税務経理協会.
日本租税研究協会・税務会計研究会 [2011]『企業会計基準のコンバージェンスと法人税法の対応』㈳日本租税研究協会.
藤曲武美 [2014]「収益計上基準の基本的な考え方」, 朝倉洋子, 藤曲武美, 山本守之著『税務判決・裁決例の読み方』中央経済社, 48-62頁.
弥永真生 [2013]『会計基準と法』中央経済社.
ASBJ [2016]「中期運営方針」(2016年8月12日).
IFRS／ASBJセッション [2016]「のれんの会計処理に関するIASBの審議状況とASBJによる意見発信」日本会計研究学会第75回 (2016年9月14日).

(坂本 雅士)

索　引

[英文]

CFOの意識 … 4
EFRAG … 16
EU … 3, 16
EU会計指令 … 16, 108
FAF … 67
FASB … 67, 177, 179
FSC … 159
IASB … 17, 65, 137
IAS規則 … 106, 135
IFRSF … 66
IFRS初度適用における免除項目 … 164
IFRS適用 … 10, 192, 217
IFRS適用事例 … 159
IFRS適用スケジュール … 162
IFRS適用による会計数値への影響 … 163
IFRS適用による純資産・財務比率への影響 … 167
IFRS適用による発生コスト … 6
IFRS適用の影響 … 121
IFRS適用のコスト … 170
IFRS適用のベネフィット … 170
IFRS適用プロジェクトチーム … 162
IFRS転換計画 … 162
IFRSの影響分析 … 5
IFRSの導入戦略 … 9
k-means++法 … 199
SEC … 177
Suchman … 31, 33
T-GAAP … 160
T-GAAPとIFRSの主要な差異 … 167

[あ行]

アドプション … 159
イギリス財務報告評議会（FRC） … 72
一般に公正妥当と認められる会計処理の基準 … 220
一般に公正妥当と認められる企業会計の慣行 … 229
一般目的財務諸表 … 147
一般目的財務報告の目的 … 50
因子得点 … 200
因子負荷量 … 200
因子分析 … 198
インタビュー … 7, 145, 160
影響の正統性 … 34, 35, 45
影響評価 … 16
影響分析諮問グループ（EACG） … 18
エフェクト … 1, 62
エフェクト研究 … 5, 15
エフェクトの範囲 … 6
エフェクト分析 … 17, 79
エンドースメント … 83
エンドースメント・メカニズム … 8
欧州会計学会（EAA） … 24
欧州財務報告諮問グループ（EFRAG） … 72
欧州証券市場監督局（ESMA） … 71
欧州の公益 … 88, 89, 132
オーストラリア … 4
大竹貿易事件 … 226
オプション … 149, 151

[か行]

会計基準設定主体 … 95, 123, 140
会計基準設定主体にとってのフィードバック型有用性 … 56
会計の計算構造 … 47
会計プロフェッションの二層化 … 139
開示の簡素化 … 139
外部性 … 6

確定決算主義‥‥‥‥‥‥‥‥‥‥‥‥‥223
過去に認識した金融資産の指定‥‥‥‥164
価値関連性‥‥‥‥‥‥‥‥‥‥‥‥‥‥74
ガバナンス‥‥‥‥‥‥‥‥‥‥‥98, 130
環境会計‥‥‥‥‥‥‥‥‥‥‥‥‥‥134
機会費用‥‥‥‥‥‥‥‥‥‥‥‥‥‥‥6
企業会計基準委員会（ASBJ）‥‥‥‥72
企業合併‥‥‥‥‥‥‥‥‥‥‥‥‥‥164
教育‥‥‥‥‥‥‥‥‥‥‥‥‥‥‥‥150
教育コスト‥‥‥‥‥‥‥‥‥‥‥‥‥208
金融危機‥‥‥‥‥‥‥‥‥‥‥‥‥‥‥41
クラスタ‥‥‥‥‥‥‥‥‥‥‥5, 199, 204
クラスタ分析‥‥‥‥‥‥‥‥‥‥‥‥199
グラフ‥‥‥‥‥‥‥‥‥‥‥‥‥‥‥199
繰り返しk-means++法‥‥‥‥‥‥‥‥199
経済的便益‥‥‥‥‥‥‥‥‥‥‥‥‥‥51
計算構造の技術的側面‥‥‥‥‥‥‥‥‥49
計算構造の具体的側面‥‥‥‥‥‥‥‥‥52
結果の正統性‥‥‥‥‥‥‥‥‥35, 43, 45
研究方法‥‥‥‥‥‥‥‥‥‥‥‥‥‥135
減損‥‥‥‥‥‥‥‥‥‥‥‥‥‥‥‥133
権利確定主義‥‥‥‥‥‥‥‥‥‥‥‥227
広義の政治的正統性‥‥‥‥‥‥‥‥39, 43
公正価値‥‥‥‥‥‥‥‥‥‥‥‥‥‥‥53
公正処理基準‥‥‥‥‥‥‥‥‥‥220, 224
公的説明責任‥‥‥‥‥‥‥‥‥‥‥‥146
公平な所得計算という要請‥‥‥‥‥‥227
顧客との契約から生じる収益‥‥‥‥‥231
国際財務報告基準（IFRS）3号‥‥‥18, 65
コスト‥‥‥‥‥‥‥‥‥‥‥‥‥139, 143
コスト・ベネフィット‥‥‥‥‥‥‥‥‥19
コンドースメント‥‥‥‥‥‥‥‥‥‥179
コンバージェンス‥‥‥‥‥‥‥‥‥‥160

[さ行]

財務会計基準審議会（FASB）‥‥‥‥‥65
財務会計財団（FAF）‥‥‥‥‥‥‥‥‥65
財務報告評議会‥‥‥‥‥‥‥‥‥‥‥141
最尤法‥‥‥‥‥‥‥‥‥‥‥‥‥‥‥200

自己完結型基準‥‥‥‥‥‥‥‥‥‥‥137
事後評価‥‥‥‥‥‥‥‥‥‥‥‥‥5, 11
資産負債アプローチ‥‥‥‥‥‥‥‥‥‥8
事前・事後分析‥‥‥‥‥‥‥‥‥‥‥121
事前エフェクト‥‥‥‥‥‥‥‥‥176, 186
事前評価‥‥‥‥‥‥‥‥‥‥‥‥‥5, 11
実現主義‥‥‥‥‥‥‥‥‥‥‥‥‥‥227
実質的正統性‥‥‥‥‥‥‥‥‥‥‥‥‥36
資本市場研究‥‥‥‥‥‥‥‥‥‥‥‥131
従業員給付‥‥‥‥‥‥‥‥‥‥‥‥‥164
証券取引委員会（SEC）‥‥‥‥‥‥‥68
証券取引所‥‥‥‥‥‥‥‥‥‥‥‥‥209
情報要請（RFI）‥‥‥‥‥‥‥‥‥‥‥65
新規株式公開（IPO）‥‥‥‥‥‥‥‥147
信大セメント‥‥‥‥‥‥‥‥‥‥‥‥161
税会計処理基準‥‥‥‥‥‥‥‥‥‥‥230
政治的正統性‥‥‥‥‥‥‥‥‥36, 38, 39
正統性‥‥‥‥‥‥‥‥‥‥‥‥‥‥8, 31
税務への影響‥‥‥‥‥‥‥‥‥‥‥‥‥10
戦略レポート‥‥‥‥‥‥‥‥‥‥‥‥123

[た行]

台湾‥‥‥‥‥‥‥‥‥‥‥‥‥‥‥4, 159
中小企業‥‥‥‥‥‥‥‥‥‥‥‥‥‥124
中小企業向けIFRS‥‥‥‥‥‥‥‥16, 137
ディファレンシャル・レポーティング‥‥104
適用後レビュー（PiR）‥‥‥17, 65, 66, 78, 105
適用後レビューにおける学術研究
　レビュー‥‥‥‥‥‥‥‥‥‥‥‥‥73
適用前レビュー‥‥‥‥‥‥‥‥‥‥‥135
出口価格‥‥‥‥‥‥‥‥‥‥‥‥‥‥‥53
テクニカル・エキスパート・グループ‥‥96
手続的正統性(Burland and Colasse)
　‥‥‥‥‥‥‥‥‥‥‥‥‥‥‥36, 38
手続の正統性(Suchman)‥‥‥‥‥35, 45
デュー・プロセス‥‥‥‥‥8, 18, 65, 66, 105
ドイツ‥‥‥‥‥‥‥‥‥‥‥‥‥‥‥‥3
ドイツ会計基準委員会（DRSC）‥‥‥103
ドイツ商法典（HGB）‥‥‥‥‥‥‥‥104

東京合意……………………………177
投資者にとってのフィードバック型
　有用性……………………………57
投資者にとってのフィードフォワード型
　有用性……………………………57
特徴の正統性…………………34, 43, 44
特別目的財務諸表………………148, 153

[な行]

日本企業………………………………4
任意適用……………………………175

[は行]

発展途上国…………………………137
パリ協定……………………………133
バリマックス回転…………………200
判決にみる公正処理基準の解釈…226
非財務情報……………………130, 134
非上場企業…………………………107
非報告主体…………………………144
評価・換算差額等……………………60
フィードバック………………………55
フィードフォワード…………………55
負債と資本の区分…………………133
フランス………………………………3
プロアクティブ活動…………………88

ベネフィット……………………139, 141
報告差別化………………………138, 140
報告差別化フレームワーク………9, 142, 152
報告主体……………………………142, 144
法人税法22条4項…………………220, 224

[ま行]

埋没リスク……………………………6
みなし原価…………………………164
メイシュタット報告書……………88, 132

[や行]

有形固定資産の再評価……………149

[ら行]

累積換算差額………………………164
連結グラフ…………………………204
連結先行……………………………222
連結部分グラフ……………………200
連単分離……………………………222
ロードマップ案……………………179

[わ行]

割引概念……………………………133

■執筆者一覧

《編著者》

小津　稚加子（おづ　ちかこ）　　執筆担当／序章・第7章・第11章

九州大学大学院経済学研究院准教授。神戸商科大学大学院経営学研究科博士後期課程単位取得退学・経営学修士。2007年より日本学術会議連携会員。主要業績に，『多国籍企業の会計』（監訳）中央経済社（2007年），小津稚加子・梅原秀継編著『IFRS導入のコスト分析』中央経済社（2011年），Ozu, C., Nakamura, M., Nagata, K., Gray, S.J., "Transitioning to IFRS in Japan: Corporate Perceptions of Costs and Benefits," *Australian Accounting Review*. （2017年 forthcoming）等がある。

《執筆者》（執筆順）

潮﨑　智美（しおさき　ともみ）　　執筆担当／第1章・第6章

九州大学大学院経済学研究院准教授。九州大学大学院経済学研究科博士後期課程単位取得退学・博士（経済学）。主要業績に，「IFRS導入に伴う監査領域の拡大―EUおよびドイツの事例―」『企業会計』（2009年），「グローバルな会計基準設定とIFRS導入」『国際会計研究学会年報臨時増刊号』（2011年），「欧州資本市場におけるlocal GAAPの適用―ドイツの事例を中心として―」『国際会計研究学会年報』（2016年：国際会計研究学会学会賞受賞）等がある。

山田　康裕（やまだ　やすひろ）　　執筆担当／第2章

立教大学経済学部教授。京都大学大学院経済学研究科博士後期課程単位取得退学・博士（経済学）。2010年から2012年まで税理士試験委員。主要業績に，『財務業績報告の基礎概念』滋賀大学経済学部（2007年），「グローバル・ガバナンスとしての会計基準設定」『會計』第178巻第2号（2010年），「金融危機における国際会計基準審議会の承認」『ディスクロージャーニュース』第33巻（2016年）等がある。

岡田　裕正（おかだ　ひろまさ）　　執筆担当／第3章

長崎大学経済学部教授。九州大学大学院経済学研究科博士後期課程単位取得退学・経済学修士。主要業績に，Tsunogaya, N., Okada, H., and Patel, C., "The Case for Economic and Accounting Dualism: Towards Reconciling the Japanese Accounting System with the Global Trend of Fair Value Accounting," *Accounting, Economics, and Law*, Volume 1, Issue 2. （2008年），「包括利益と純利益の並存―ASBJ討議資料との関連で―」『会計理論学会年報』第23巻（2008年），「包括利益と純利益」『会計利潤のトポロジー』同文舘出版（2008年，第2章担当）等がある。

辻川　尚起（つじかわ　なおき）　執筆担当／第4章
兵庫県立大学経営学部准教授。神戸大学大学院経営学研究科博士後期課程修了・博士（経営学）。主要業績に、「会計規制の政策評価―90年代末の金融不安・貸し渋りの解消を目的とした会計基準の効果測定―」山地秀俊編『マクロ会計政策の評価』神戸大学経済経営研究所（2002年、第1章担当）、「会計基準設定への適正手続導入の意義―FASB設立期を事例に―」『商大論集』（2015年）等がある。

渡邉　雅雄（わたなべ　まさお）　執筆担当／第5章
明治大学専門職大学院会計専門職研究科准教授。明治大学大学院商学研究科博士後期課程修了・博士（商学）。主要業績に、「オフバランス会計と目的指向型の会計基準設定」『国際会計研究学会年報』2012年度第1号（2013年）、「金融資産の譲渡に伴う回収サービス業務資産の会計処理」倉田幸路編著『財務会計の現状と課題』白桃書房（2014年、第9章担当）、「欧州における会計基準のエフェクト分析と欧州財務報告諮問グループの役割」『産業経理』第74巻第4号（2015年）等がある。

Ronita Ram（ロニータ・ラム）　執筆担当／第8章
英国レディング大学ヘンリービジネススクール講師。豪州シドニー大学博士号。2012年Emerald/EFMD Highly Commended Doctoral Research Award for the Interdisciplinary Accounting Research Categoryを受賞。主要業績に、Ram, R. and Reddy, M., "Corporate Governance in Fiji's Native Land Trust Board," *Pacific Economic Bulletin* (2007), Ram, R. and Newberry, S., "Corporate Governance and International Financial Reporting Standards (IFRS): The Case of Developing Countries," in *Research in Accounting in Emerging Economies-Corporate Governance in Less Developed and Emerging Economies* (2008), Ram, R. and Newberry, S., "IFRS for SMEs: The IASB's due process," *Australian Accounting Review* (2013) 等がある。

Sidney J. Gray（シドニー・J・グレイ）　執筆担当／第8章
豪州シドニー大学ビジネススクール教授。英国ランカスター大学博士号。主要業績に、Gray, S.J. and Kang, H. "Accounting Transparency and International Standard Setting" in *The Oxford Handbook of Economic and Institutional Transparency*, ed. J.Forssbaeck and L.Oxelheim, Oxford University Press. (2015), Hellman, N., Gray, S.J, Morris, R.D. and Haller, A., "The Persistence of International Accounting Differences as Measured on Transition to IFRS," *Accounting and Business Research* (2015), Fee, A., Heizmann, H. and Gray, S.J., "Towards a Theory of Effective Cross-Cultural Capacity Development: The Experience of Australian NGO Expatriates in Vietnam," *International Journal of Human Resource Management* (2017) 等がある。

境　宏恵（さかい　ひろえ）　　翻訳担当／第8章
　福井県立大学経済学部准教授。京都大学大学院経済学研究科博士後期課程修了・博士（経済学）。主要業績に，「中小企業の会計と発展途上国の会計」『地域総合研究』第31巻第1号（2003年），「福井県企業の経営革新の全体像—アンケート調査結果—」上總康行・中沢孝夫編著『東アジアと地域経済2012　経営革新から地域経済活性化へ』京都大学出版会（2012年，第5章担当）等がある。

仲尾次　洋子（なかおじ　ようこ）　　執筆担当／第9章
　名桜大学国際学群教授。近畿大学大学院商学研究科博士後期課程修了・博士（商学）。主要業績に，「台湾におけるIFRSアドプションの課題—台湾企業の事例をてがかりとして—」『會計』（2012年），「台湾」河﨑照行編著『中小企業の会計制度—日本・欧州・アジア・オセアニアの分析—』中央経済社（2015年，第13章担当），「台湾におけるIFRSの適用—台湾ハイテク企業の事例を中心に—」『商経学叢』近畿大学（2016年）等がある。

中村　美保（なかむら　みほ）　　執筆担当／第10章
　大分大学経済学部准教授。一橋大学大学院商学研究科博士後期課程修了・博士（商学）。主要業績に，「業績報告プロジェクトの変遷とマネジメントアプローチへの転換」『會計』（2010年），「包括利益情報と企業の資金調達行動—債権者保護の観点からの検討—」『會計』（2013年），「IFRS概念フレームワーク討議資料における当期損益の質的要件とOCI項目の認識範囲に関する考察」『産業経理』（2014年）等がある。

永田　京子（ながた　きょうこ）　　執筆担当／第10章
　東京工業大学工学院経営工学系准教授。一橋大学大学院商学研究科博士後期課程修了・博士（商学）。主要業績に，"Does earnings management lead to favorable IPO price formation or further underpricing? Evidence from Japan," *Journal of Multinational Financial Management*（2013年），「分類操作による利益調整行動」『証券アナリストジャーナル』（2013年），「のれんをめぐる実証研究の新動向」『証券アナリストジャーナル』（2016年）等がある。

小野　廣隆（おの　ひろたか）　　執筆担当／第11章
　名古屋大学大学院情報学研究科数理情報学専攻教授。京都大学大学院情報学研究科博士後期課程修了・博士（情報学）。2011年に情報処理学会山下記念研究賞を受賞。主要業績に，Makino, K. and Ono, H., "Deductive inference for the interiors and exteriors of horn theories," *ACM Trans. Comput. Log*（2012），Hasunuma, T., Ishii, T., Ono, H., and Uno, Y., "A Linear Time Algorithm for L (2, 1)-Labeling of Trees," *Algorithmica*（2013），Cooper, C., Elsässer, R., Ono, H. and Radzik, T. "Coalescing Random Walks and Voting on Connected Graphs," *SIAM J. Discrete Math*（2013）等がある。

大迫　俊輔（おおさこ　しゅんすけ）　　執筆担当／第11章

　伊藤忠テクノソリューションズ株式会社勤務。九州大学大学院経済学府経済工学専攻修了（修士（経済学））。主要業績に，大迫俊輔・小野廣隆・小津稚加子「IFRS導入の影響に関するCFOアンケート結果からの安定クラスタ抽出」『日本オペレーションズ・リサーチ学会秋季研究発表会アブストラクト集』（2015年）がある。

坂本　雅士（さかもと　まさし）　　執筆担当／第12章

　立教大学経済学部教授。一橋大学大学院商学研究科博士後期課程単位取得・経営学修士。主要業績に，「特別償却制度」『日税研論集　減価償却課税制度』第69号，(2016年，第7章担当)，「わが国の税務会計教育をめぐる現状と課題（上）・（中）・（下）」『立教経済学研究』第70巻第1～3号（2016,　2017年，上松公雄他と共著），「グローカル時代の税務会計」『會計』第191巻　第2号（2017年）等がある。

IFRS適用のエフェクト研究

2017年8月10日　第1版第1刷発行

編著者　小　津　稚加子
発行者　山　本　　　継
発行所　㈱中央経済社
発売元　㈱中央経済グループ
　　　　　パブリッシング

〒101-0051　東京都千代田区神田神保町1-31-2
　　　　電話　03 (3293) 3371 (編集代表)
　　　　　　　03 (3293) 3381 (営業代表)
　　　　http://www.chuokeizai.co.jp/
製版／三英グラフィック・アーツ㈱
印刷／三英印刷㈱
製本／誠　製　本㈱

Ⓒ 2017
Printed in Japan

＊頁の「欠落」や「順序違い」などがありましたらお取り替えいたしますので発売元までご送付ください。(送料小社負担)

ISBN978-4-502-23011-0　C3034

JCOPY〈出版者著作権管理機構委託出版物〉本書を無断で複写複製(コピー)することは，著作権法上の例外を除き，禁じられています。本書をコピーされる場合は事前に出版者著作権管理機構(JCOPY)の許諾を受けてください。
JCOPY〈http://www.jcopy.or.jp　e メール：info@jcopy.or.jp　電話：03-3513-6969〉

会計と会計学の到達点を理論的に総括し、
現時点での成果を将来に引き継ぐ

体系現代会計学 全12巻

■総編集者■

斎藤静樹(主幹)・安藤英義・伊藤邦雄・大塚宗春
北村敬子・谷　武幸・平松一夫

■各巻書名および責任編集者■

第1巻	企業会計の基礎概念	斎藤静樹・徳賀芳弘
第2巻	企業会計の計算構造	北村敬子・新田忠誓・柴　健次
第3巻	会計情報の有用性	伊藤邦雄・桜井久勝
第4巻	会計基準のコンバージェンス	平松一夫・辻山栄子
第5巻	企業会計と法制度	安藤英義・古賀智敏・田中建二
第6巻	財務報告のフロンティア	広瀬義州・藤井秀樹
第7巻	会計監査と企業統治	千代田邦夫・鳥羽至英
第8巻	会計と会計学の歴史	千葉準一・中野常男
第9巻	政府と非営利組織の会計	大塚宗春・黒川行治
第10巻	業績管理会計	谷　武幸・小林啓孝・小倉　昇
第11巻	戦略管理会計	淺田孝幸・伊藤嘉博
第12巻	日本企業の管理会計システム	廣本敏郎・加登　豊・岡野　浩

中央経済社